KB093399

시간 여행

과학이
묻고
철학이
답하다

시간여행, 과학이 묻고 철학이 답하다

ⓒ 김필영 2018

초판 1쇄	2018년 8월 30일		
초판 5쇄	2022년 8월 31일		

지은이	김필영		

출판책임	박성규	펴낸이	이정원
편집주간	선우미정	펴낸곳	도서출판 들녘
편집	이동하·이수연·김혜민	등록일자	1987년 12월 12일
디자인	고유단	등록번호	10-156
마케팅	전병우	주소	경기도 파주시 회동길 198
멀티미디어	이지윤	전화	031-955-7374 (대표)
경영지원	김은주·나수정		031-955-7381 (편집)
제작관리	구법모	팩스	031-955-7393
물류관리	엄철용	이메일	dulnyouk@dulnyouk.co.kr

ISBN	979-11-5925-360-7 (03100)

값은 뒤표지에 있습니다. 잘못된 책은 구입하신 곳에서 바꿔드립니다.

시간
여행

터미네이터는 정말

1984년으로 갈 수 있을까?

과학이
묻고
철학이
답하다

김필영 지음

■ 일러두기

인용 이미지는 최대한 소장처와 출처를 밝히고 저작권자의 허락을 얻었으나 일부 저작권자를 찾지 못하여 게재 허가를 받지 못한 도판에 대해서는 확인되는 대로 통상 기준에 따른 허가 절차를 받기로 한다.

새로운 배를 떠나보내며

김필영 선생의 새 책을 읽고 나는 한마디로 표현하기 힘들 정도로 다양한 깊은 감회를 느낀다. 내가 40년 전쯤 철학 공부를 처음 시작하던 때의 기억, 정확히 29년 전, 아무도 읽지 않을 것이라는 것을 뻔히 알면서도 칸트의 공간론에 대한 논문을 쓰던 일, (그때 무슨 생각으로 논문을 쓰기 시작했을까?) 그리고 지난 십여 년간 이 책의 저자인 김필영 선생과의 인연 등등. 새로운 책을 출판하게 되었으니, 간략한 소개나 추천 글을 부탁한다는 얘기를 듣고, 실상 나는 이 책에 대해 두 가지 걱정이 앞섰다.

하나는 약 2년 전 아카데미 세계의 엄격한 규정, 게다가 특히 분석철학에서 요구하는 엄밀함에 맞춰서 완성된 박사학위논문이 커다란 수정/윤문 혹은 각색 없이 세상에 나온다면, 그것이 일반 독자에게 어떤 도움이 될까 하는 우려였다. (본격적으로 철학 공부를 시작한 지 약 40년. 아직도 제대로 된 책 한 권 출판하지 못한 나의 게으름은 이 뿌리 깊은 걱정에 기인한다.)

하지만 이 우려의 대부분은 본문의 2장 "시간여행에 관한 이야기"를 읽으며 말끔히 사라졌다. 이 글 뒤에 나오는 "들어가기 전" 이라는 제목의 글에서 이 책의 저자는 말한다. "솔직히 말해서 나는 내가 왜 철학을 공부하는지 나도 잘 모르겠다. 철학을 한다고 해서 진리에 더 다가가는 것도 아니고, 더 행복해지는 것도 아니다.…… 철학은 안 할 수 있으면 안 하는 것이 좋다." 하지만 이렇게 말하면서도 저자는 내가 이루지 못한 작업, 즉 철학 문제 그것도 난해한 형이상학 문제에 대한 300페이지가 넘는 책을 쓰는 작업을 멋지게 이뤄냈다. "프롤로그"를 읽으면 곧 눈치채겠지만, 이 책의 곳곳에는 소위 강단철학자들의 드라이한 글에는 없는 치열함과 진솔함, 그리고 무엇보다 뜨거운 집요함이 있다. 우연히 읽게 된 한 권의 현대 물리학 책이 펼치는 세계로부터 시작해서, 속된 말로 "맨 땅에 헤딩하기"를 통해 좌충우돌한 기나긴 철학 방랑기가 여기저기 묻어나 있기 때문이다. 해서 적어도 일반 독자의 눈높이에 대한 나의 우려는 최소한 기우라고 생각한다. 물론 이런 나의 판단이 올바른 것인가는 이 책을 집어든 독자 자신의 몫이다. 어떤 경로로 당신이 이 책을 읽기 시작하였는지 모르지만, 이 책을 쓴 사람은 당신이 어디가 가려울지, 언제 어디에서 헷갈리게 될지 누구보다 체험적으로 더 잘 아는 사람이라고 나는 자신 있게 말할 수 있다.

두 번째 감회와 우려는 철학교양서로 이 책이 가지는 수준과 가치에 대한 소소한 우려와 관련된다. 현실적으로, 나의 우려는 보다 구체적이다. 어떤 박사학위논문이든, 주제에 대한 완전한 형태의 주장과 논증을 포함하고 있는 것은 아니다. 주제의 어떤 부분은 미진한 채로, 어떤 문제는 제대로 이해되지 않은 형태로 남아 있게 마련이다. 학위논문은 개인에게는 진짜 뜻깊은 인생의 훈장 같은 것이지만, 아카데미 세계의 관점에서는 이제 막 걸음마를 시작한다는 신호탄 같은 것이다. 그 박사논문을 심사하던 날, 심사위원으로 모신 국내의 저명 철학자 두 분 중 한 분이 던진 아래와 같은 질문이 지금도 선명히 기억난다. 태어난 모든 존재는 시간이 가면 언젠가는 사라져버리는 한시적인 존재에 불과하다는 상식적인 세계관(이 책의 "3차원주의")이 옳다면, 나폴레옹은 19세기 초반에 죽어서, 지금 현재로는 적어도 이 세상에는 더 이상 존재하지 않는다. 그런데 시간여행이 가능하다면, 지금 현재 이 순간 타임머신을 타고, 18세기 말 나폴레옹 전쟁 당시 살아 있는 나폴레옹을(가정상 죽어 없어진) 만나는 일이 "어떻게" 가능한지 모르겠다는 취지의 질문이었다. 이 당혹스런, 어쩌면 당연한 질문에 김 박사가 어떻게 대답했는지 아물거린다. 그 자리에 있었던 소위 '지도교수'라는 내가 응급 구원의 대리응답을 떠워줬는지도 기억이 아물거린다. 분명한 것은, 질문하신 선생님의 가려움을 긁어주지 못했다는 것이다. 그러니까 아직도 내 기억에 남아 있는 것이라 생각한다.

이 짤막한 에피소드에는 두 가지 후일담이 있다. 먼저 하나는 이 당혹스런 질문에 대한 답이 이 책에는 적어도 흥미롭게 제시되어 있다는 점. 여러 답이 있는데, 궁금하시면 이 책 뒷부분을 읽어보실 것. 여하튼 나로서는 스포일러는 가능한 한 자제하고 싶다. 둘째, 그 질문을 던져주신 저명한 분석철학자 선생님은 그 후 'Time Travel'에 관한 전문적 학술논문을 발표하셨고, 최근에는 이 문제에 관한 여러 논문들을 준비하고 있다는 사실. (즉, 한국에는 적어도 시공간론에 대해 진지한 관심을 가진 사람이 적어도 세 사람 존재하게 되었다는 사실.) 개인적으로 나는 시공간론 문제에 한번 빠지면 헤어나기 힘든 흡인력을 가진다는 것을 간접적으로 그 선생님이 잘 보여준다고 생각한다. 요는, 이 책은 단순히 학위논문을 적절히 교정봐서 작성된 책이 아니라, 어떤 의미에서 새롭고 보다 완성된, 그리고 무엇보다 현금의 이 문제에 대한 최신의 트렌드에 맞게 구성된 책이라는 점을 지적하고 싶다.

실상 우주가 존재하는 공간 자체와 흘러가는 시간의 본성에 대한 사유는 어떤 문명, 어떤 종교권에서든 '우주론', 철학, 때로는 종교의 형태로 제시되어온 해묵은 문제다. 우리 모두, 나아가 우주 자체가 존재와 삶과 죽음의 교차로에 있다고 생각하면 형이상학적 사유의 출발에 우주론이 있는 것은 당연하다. 30년쯤 전에 내가 칸트 이론을 통해 형이상학적 공간론을 소개했을 때, 이 문제에 대한 관심은 국내/국외를 불문하고 그저 난해하지만 낡은 철학적 주제의 하나였다. 그러나 내 감각으로, 최근 15년 길게는 20년 동안 사정은 일변했다. 시간여행과 관련하여 여러 중요한 논문과 책들이 쏟아져 나오고, 최근에는 시간여행이란 주제 자체가 소규모 논문 공장이라고 불릴 정도로 전 세계 철학자들의 관심을 끌고 있는 핫 토픽 중의 하나다. 해서 내 짧은 생각으로는, 형이상학에 관심이 있는 전문 철학자도 이 책을 읽으면 분명 무엇인가 얻을 것이 있을 것이라 생각한다. 내가 그랬기 때문이다.

끝으로 매우 개인적인 감회 하나만 덧붙여서 이 글을 맺어보자. 귀국해서 여기저기 재미없는 주제에 대해 논문을 게재하고, 이리저리 정신없이 한 10년 정도를 보냈던 기억이 난다. 정신을 차리고 보니, 내가 재직하는 외대 외에도 이곳저곳 강의를 포함해 한 학기 24학점을 강의했던 기억도 있다. 제대로 된 워드프로세서도 없던 시절, 수기로 썼던 논문, 발표문, 논평문들 중 몇몇은 흔적도 없이 사라지고 내 기억에도 없다. 그러니까 연구 실적 몇 점이란 점수를 아무도 신경 쓰지 않았던 시절의 이야기다. 다행히 이 책의 참고문헌 목록에 등장하는 칸트의 공간론에 관한 논문의 인쇄본은 책의 겉장이 떨어진 형태로 아직도 보관하고 있다. 이 글을 쓰는 지금 현재를 기준으로 지난 30년 동안 "피인용지수" 제로일 것이 분명한 이 논문이 어쩌다 10여 년의 세월이 흘러 어쩌다 한 샐러리맨의 눈에 띄어, 철학 공부를 같이하게 되고, 또 십수 년이 가고 한 권의 새 책이 세상에 탄생하는 계기가 되고, 그 책이 지금 이 글을 읽는 여러분의 손안에 있게 된 이 모든 것이, 아마도 불가(佛家)에서 말하는 인연일지도 모르겠다. 스스로 불가해한 것은, 29년 전 여름쯤에, "아무도 읽지 않을 것이지만, 언젠가 단 한 사람이라도 이 논문을 읽고 자신이 공부하는 철학 공부에 도움이 된다면 나는 행복할 수 있겠다"고 생각했던 기억이 난다는 사실이다. 내가 논문을 쓰는 초심은 항상 그래왔으니까. 이 책의 저자는 철학 공부한다고 "더 행복해지는 것도 아니다"라고 말하지만, 적어도 나는 철학 공부로 때로 사람이 "행복해질 수 있다"고 말해주고 싶다.

철학박사학위를 주면서, 철학 선생들은 때로 농담으로 "이제는 산을 내려가도 좋다"라고 말한다. 산보다 나는 바다가 늘 좋다. 해서 이 글에 "새로운 배를 떠나보내며"라는 제목을 달았다. 멋지게 단장한 새로운 배 한 척이 이제 막 출항하려 하고, 이 새 배의 선장은 김필영 선생이다. 이 새 배에 어떤 바람이 불어줄지를 상상해 보는 것은 즐거운 일이다. 이 흥미진진한 모험에 나는 당신을 초대한다.

끝으로 척박한 세상에 철학 책을 출판해주시는 출판사 관계자분들 모두, 그리고 특히 좋은 일러스트를 그려주신 분께 깊은 감사를 전한다.

2018년 8월 5일
한국외국어대학교 **임일환**

나는 샐러리맨이다. 20대 후반부터 50이 넘어선 지금까지 샐러리맨을 하고 있다. 그런 내가 철학 공부를 한다고 하면 사람들이 좀 의아하게 생각한다. 어떤 사람들은 대놓고 물어본다. 왜 철학을 공부하냐고. 이런 질문을 받으면 나는 잠시 고민에 빠지곤 한다. 왜냐하면 나는 그들의 질문에서 두 가지를 동시에 읽을 수 있기 때문이다. 하나는 철학을 공부하는 무슨 근사한 이유가 있을까 하는 '호기심'과 무슨 사술(詐術)을 배우길래 하는 '의구심'이다. 나는 그들의 눈빛에서 '호기심'과 '의구심'이 몇 대 몇 비율로 섞여 있는지 대충은 알 수 있다.

솔직히 말해서, 내가 왜 철학을 공부하는지 나도 잘 모르겠다. 철학을 한다고 해서 진리에 더 다가가는 것도 아니고, 더 행복해지는 것도 아니다. 게다가 세상에 무언가를 더 기여하는 것도 아니다. 철학은 안 할 수 있으면 안 하는 것이 좋다. 철학보다 더 유익하고, 더 가치 있고, 더 사회에 기여할 수 있는 것들은 많다. 그래서 나는, 그냥 재미로 하다 보니 그렇게 됐어요, 라고 대답한다. 대답해놓고 보면 정답이다. 재미있으면 됐지 꼭 무슨 거창한 이유가 있어야 하는가?

철학은 재밌다. 철학은 세계에 관한 모든 질문과 모든 가능한 대답을 다루는데, 이런 것들을 가지고 이런저런 궁리를 하는 데에 재미가 없을 수 없다. 게다가 자기의 성향에 맞거나 생각이 비슷한 철학자가 역사적으로 적어도 한 명은 있다. 그 철학자의 책을 읽으면서 자신의 생각을 정리하는 데에 재미가 없을 수 없다.

물론 철학 말고도 다른 재미있는 것들은 많다. 그러나 대부분의 경우 재미의 끝에는 공허함이 도사리고 있다. 적어도 나에겐 그렇다. 하지만 철학이 주는 재미의 끝에는 공허함보다는 뿌듯함이 있다. 특히 형이상학의 가장 깊숙한 비밀을 감추고 있는 장막의 한쪽 끝을 잡고 있다는 뿌듯함은 쉽게 포기할 수 없는 것이다.

그렇다고 해서 내가 무슨 뚜렷한 목표와 구체적인 계획을 가지고 공부를 한 것은 아니다. 어떤 행위를 하는 데 그런 것들이 반드시 필요한 것은 아니지 않은가. 우리는 때로는 상황에 따라, 때로는 자신의 욕망에 따라, 때로는 사회가 가르쳐준 대로, 때로는 타인이 강요한 대로, 때로는 그저 심심해서, 무언가를 하면서 산다. 지금 우리가 가진 것의 대부분은 그렇게 살다가 우연히 가지게 된 것일 뿐이다. 어떤 사람들은 자기가 성취한 것들을 삶이라는 전쟁터에서 자신의 의지를 통해서 획득한 전리품이라고 포장하는 사람들도 있지만, 글쎄, 나는 그렇게 생각하지 않는다. 인생은 운칠기삼이다.

세상일의 대부분은 우연히 발생한다. 게다가 우연히 갖게 된 사소한 생각이나 소소한 사건이 돌이켜보면 한 사람의 삶의 방향을 결정짓는 계기였다는 것을 알게 되는 경우가 있다. 내가 철학을 공부하게 되기까지 몇몇 사소한 계기들이 있었다. 첫 번째 계기는 지금부터 약 20년 전으로 거슬러 올라간다. 당시 나는 호주의 물리학자 데이비스(Paul Davis)가 쓴 『시간의 패러독스*About Time*』에 푹 빠져 있었다. 책에서 소개하고 있는 상대성이론, 블랙홀, 시간여행과 같은 현대 물리학과 관련된 이야기는 매우 흥미롭고 놀라운 것이었다. 현실세계에서 벌어지는 판타지 소설이 그야말로 따로 없었다. '시간'에 대한 나의 관심은 이때부터 시작되었다. 〈뉴턴〉, 〈과학동아〉와 같은 과학잡지를 찾아 읽었고, 서점에서 '시간'이라는 글자만 들어 있으면 들춰보았다. 그리고 물리학 전공자나 읽을 법한 현대 물리학 교재를 사다가 로렌츠 변환 공식을 베껴 써보곤 했다.

책을 읽다 보니 칸트의 시간이론이 중요하다고 한다. 어느 날 대전터미널 뒤 후미진 골목길 조그만 책방에서 『쉽게 읽는 칸트』라는 책을 한 권 샀다. '쉽게 읽는'이라는 제목에 꽂혀 뽑은 책이지만, 그건 새빨간 거짓말이었다. 칸트를 소개하는 쉬워 보이는 다른 책들도 몇 권 사다 보았지만 만만한 게 하나도 없었다. 할 수 없이, 칸트를 덮어버렸다.

지방으로 발령이 나고 가족과 떨어져 있는 시간이 생기자 잊고 있었던 칸트에 대한 욕심이 슬며시 다시 생겼다. "칸트를 제대로 읽어보자." 이번엔 칸트의『순수이성비판』과 이에 관련된 논문을 잔뜩 구해 가지고 바인더로 묶었다. 그리고 고난이 시작되었다. 머리를 쥐어뜯어가며 읽었다. 하지만『순수이성비판』은 나 같은 사람이 읽으라고 쓰여진 책이 아니었다. 한마디 한마디가 그냥 암호였다. 하다하다 안 돼서 나중에는 혹시나 하는 마음에『순수이성비판』을 베개 밑에 깔고, 녹음한 카세트테이프를 귀에 꽂고 잤다.

그런데 놀라운 일이 생겼다. 뭔가 이해되기 시작한 것이다. 기쁨도 잠시. 며칠 지나서 보니 그것이 착각이라는 것을 깨달았다. 책의 내용을 '이해'한 것이 아니라 암호가 귀에 '익은' 것이었다. 그렇게 몇 년을 허비했다. 그동안 배운 건, 철학은 혼자서 공부할 수 없다는 사실 뿐이었다. 젠장. 칸트를 다시 덮어버렸다.

아무래도 혼자서는 안 되겠다 싶었다. 인터넷을 뒤져보니까 신촌에서 매주 칸트 세미나가 열린단다. 늦은 나이에 좀 뻘쭘했지만 학생들 사이에 끼었다. 그중에 칸트 전공자가 한 명이 있었다. 전공자의 설명을 들으니 희미하게나마 칸트가 눈에 들어왔다. 자신감이 좀 생겼다. 나중에는 따로 칸트 세미나를 열어 주말에 명륜동에서 칸트를 읽었다. 우리 세미나를 어떻게 아셨는지 할머니 한 분이『순수이성비판』를 같이 읽겠노라고 토요일마다 천안에서 올라오셨다. 칸트가 뭐길래. 열정이 참으로 대단한 분이었다.

그러던 중 어떤 회사원 철학자가 힐쉬베르거『서양철학사』를 50번 읽고 철학에 입문했다는 글을 읽었다. 나도 이것을 실천해보기로 했다. 회사원 철학자 말에 낚인 또 다른 몇몇 학생, 회사원, 학원강사, 백수들과 함께 주말마다 구로동과 부천에 모여 힐쉬베르거

『서양철학사』를 읽었다. 50번까지는 아니어도 한 줄 한 줄 짚어가며 몇 번을 읽었다.

이후 '철학아카데미', '수유너머'와 같은 데서 열리는 철학 강좌를 기웃거렸고, '아트앤스터디'에서 온라인 강좌를 찾아서 들었다. 특별한 기호가 있었던 것은 아니다. 철학사, 인식론, 논리학, 과학철학, 윤리학, 물리철학, 정신분석학, 미학, 정치철학, 역사철학. 그냥 손에 잡히는 대로 들었다. 철학이 뭐 하는 건지 대충 알 것도 같았다. 그렇게 몇 년을 보냈다.

시간에 관한 자료들을 찾아 읽던 중 당시로서는 매우 신기한 논문을 한 편 발견했다. 우리나라의 대표적인 분석철학자 임일환 교수님의 「공간에 대한 형이상학 이론과 칸트의 비합동적 등가물」이라는 제목부터 심상찮은 논문이었다. 시간과 공간과 같은 전통 형이상학 주제를 논리적으로 분석하는 '분석형이상학'은, 이전까지 칸트와 같은 근대 철학을 주로 읽던 나에게는 매우 생소한 것이었다. "아! 철학을 이렇게도 하는구나." 분석철학은 말 그대로 신세계였다.

분석철학을 좀 더 공부하기 위해서 한국외국어대학교 석사과정에 들어갔다. 다행히도 철학교육과에 야간과정이 있었기 때문에 그것이 가능했다. 임일환 교수님은 난마처럼 얽힌 제반 철학 문제의 본질을, 나처럼 우매한 학생들을 위해서 명쾌하게 풀어 보였다. 수업이 즐거운 건 그때가 처음이었던 것 같다. 문제는 박사과정이었다. 박사과정에는 야간이 없을 뿐더러 당시에 나는 이곳저곳 건설현장을 전전하던 터라 학교 수업을 제대로 듣기 어려웠다. 하지만 수업시간을 마지막 시간이나 야간으로 옮겨주는 등 교수님의 많은 배려 덕분에 수업을 들을 수 있었다. 수강신청과목을 최소화하고, 시간제로 휴가를 내서 학교에 올라왔다. 새벽 기차를 타고 녹초가 되어 현장에 다시 내려올 때마다 '내가 왜 이 짓을 하고 있는지' 스스로도 납득이 안 되었지만, 그렇다고 철학 공부를 한 번도 후회한 적은 없었다.

석·박사과정을 거치면서 논리학과 분석철학을 배웠다. 그리고 분석적 방법론을 통해서 뉴턴, 라이프니츠, 칸트, 맥타가트, 사이더 등 근현대 철학자의 시간이론을 정리하였다. 그리고 시간여행과 관련된 재미있는 쟁점들에 관한 논문을 읽었다. 이렇게 해서 학위논문 "시간의 형이상학과 과학"을 마칠 수 있었다.

논문이 나오자 많은 분들이 논문의 내용을 책으로 풀어 쓰면 재미있을 것 같다는 의견을 주었다. 이후 쉽게 고쳐 쓰는 작업을 계속했다. 문체는 편안하게 만들었고, 내용은 가급적 쉽게 풀었다. 잠깐씩이라도 쉬면서 가시라고, 이야기도 넣고 그림도 넣었다. 그리고 도저히 쉽게 설명하기 어려운 내용과 지엽적인 내용은 아예 없앴다.

하지만 전문용어로 어렵게 쓰는 글보다 일상언어로 쉽게 쓰는 글이 쓰기가 훨씬 더 어려웠다. "난해하고 불분명하며 모호하다는 것은 그 문장을 만든 작가 자신이 현재 무슨 생각을 하고 있는지 모르겠다는 응석에 불과하다"는 쇼펜하우어의 말을 되새기며, 가급적 쉽게 쓰려고 노력했다. 그래도 군데군데 아직 어려운 부분이 많다. 그것은 나의 생각이 명료하지 못해서일 것이다.

3차원주의와 4차원주의는 최근 영미권을 중심으로 철학과 과학 분야에서 가장 치열하고도 흥미로운 논란을 일으키고 있는 이론이다. 그러나 내가 알기로는 국내에 아직 본격적으로 소개조차 되지 않았다. 과학적 시간이라는 이름으로 일방적으로 4차원주의를 주장하는 물리학 책은 수없이 나와 있지만, 3차원주의와 4차원주의를 철학과 과학의 관점에서 거시적으로 조망한 책은 아마 이 책이 처음일 것이다.

최근 몇 년 동안 현대 물리학을 배경으로 하는 많은 영화들이 개봉되었다. 특히 2014년에 개봉한 〈인터스텔라(Interstellar)〉는 4차원주의의 핵심 이론을 배경으로 하고 있는 영화라고 할 수 있다. 사람들은 이러한 SF 영화에 열광하면서 알게 모르게 어설픈 4차원주의자가 되었다. 하지만 3차원주의가 어떤 철학적 입장인지, 3차원주의와 4차원주의 사이에 어떤 철학적 논란이 있는지, 하는 점 등은 전혀 알려지지 않았다. 누군가는 3차원주의와 4차원주의를 일목요연하게 정리할 필요가 있다고 생각했다. 너무나 재미있는 철학적 · 과학적 주제가 유독 국내에서만 소개되지 않은 것이 아쉬웠다. 나는 이 책을 통해서 그러한 점을 보여주고 싶었다.

막상 세상에 책을 내놓으니 이런저런 생각이 복잡하다. 특히 4장에서 제시한 보편시간 개념을 어느 정도 수위로 주장할지 망설이기도 했다. 왜냐하면 보편시간 개념이 아직 어설프기도 하고, 보편시간을 설명하는 데 논리적 비약도 있기 때문이다. 하지만 내가 용기를 내어 보편시간 개념을 제시한 이유는, 보편시간의 존재를 상정하여야만 우주선 사고실험과 쌍둥이 사고실험이 좀 더 그럴듯하게 설명된다고 보았기 때문이다. 그리고 그것이 4차원주의에 대한 어쩌면 내가 할 수 있는 작은 반론이라고 생각했기 때문이다. 비판적 시각은 글 읽는 즐거움을 배가시킨다. 건전한 비판을 기대해본다. (이 책 어딘가에 메일 주소를 남겨놓았다.)

사실 이 책으로 나는 첫 발을 뗀 것일 뿐이다. 현대 물리학과 관련된 시간이론을 온전히 다루려면 일반상대성이론과 양자역학에 대한 연구도 함께 이루어져야 한다. 앞으로 공부가 좀 더 쌓이면

증보판을 낼 계획이다. 그때까지 2~3년 정도의 시간이 필요하다. 그때는 내가 3차원주의자가 되어 있을지 4차원주의자가 되어 있을지 나도 잘 모르겠다. 갈 길이 정해져 있는 것은 아니다. 물론 4차원주의자들은 이미 정해져 있다고 말하겠지만…….

이 책이 나오기까지 많은 분들의 도움을 받았다. 먼저 철학이 얼마나 재미있는 것인지를 가르쳐주시고, 이 책의 내용을 전반적으로 살펴주신 한국외국어대학교의 임일환 교수님의 도움이 가장 크다. 또한 엘비스 패러독스와 할아버지 패러독스에 관한 아이디어를 선명하게 만들어주시고, 저 멀리 하와이와 리투아니아에서 열린 국제 세미나에서 함께 발표해주신 한국외국어대학교 김신 교수님께도 감사드린다. 아울러 이 책의 내용을 풍부하게 만든 논문들의 저자인 국민대학교 김한승 교수님, 연세대학교 선우환 교수님, 덕성여자대학교 한우진 교수님에게도 감사드린다. 그리고 언제나 철학 공부를 응원해준 가족들, 자료를 찾아주고 많은 조언을 해주신 학우 여러분들, 철학 공부를 이해해주신 직장 선배님들, 일반인의 눈높이에서 날카로운 지적을 해주신 직장 동료들에게 감사드린다. 그리고 특히 이 책에 재미있는 아이디어를 주고 위트 있는 삽화를 그려주신 김지현 님(필명 지쏘이), 곽정호 님, 홍자영 님의 도움도 고맙다. 마지막으로 거친 원고를 다듬고 예쁘게 포장해주신 들녘출판사의 박성규 주간님과 출판사 관계자 분들께 감사드린다.

2018년 폭염의 시간 속에서
김필영

"도대체 시간이란 무엇입니까?"
아무도 묻는 이가 없으면 나는 아는 듯하지만,
막상 누가 물어 설명하려 하면 말문이 막힙니다.

_아우구스티누스의 『고백록』 중에서

I

프롤로그

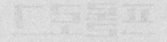

세상은 변한다. 뜨거웠던 커피는 이내 식어버리고, 한낮의 이글거렸던 태양은 서산으로 붉게 떨어진다. 단단했던 단감은 발그레한 홍시로 변하고, 울창했던 푸른 숲은 황량한 겨울 숲이 된다. 건강했던 젊은이는 어김없이 늙고, 영원할 것 같았던 바위산은 결국 흩어져버린다.

세상이 변하는 이유는 시간이 흐르기 때문이다. 시간이 흐르지 않는다면 세상은 그대로 얼어붙은 것처럼 아무런 변화도 없을 것이다.

"그런데 시간은 정말로 흐르는가?"

이런 말도 안 되는 질문이 어딨어, 라고 말할 수도 있겠지만, 놀라지마시라, 시간이 흐른다는 것을 의심하는 사람들은 2,500년 전부터 있어왔다. 철학의 임무가 의심하는 것이라고는 하지만, 그래도 의심할 걸 의심해야지. 하지만 이러한 의심은 수세기를 지나는 동안에도 사그라들지 않았다. 오히려 의심은 확신이 되어, 21세기 현대의 많은 철학자들과 과학자들은 시간이 흐르지 않는다는 것을 당연한 사실로 받아들이게 되었다.

시간이란 무엇인가? 역사적으로 수많은 철학자들이 이 질문에 대한 정답을 찾으려 했다. 하지만 형이상학의 가장 깊은 곳에 자리 잡은 시간이라는 놈은, 자신의 정체에 대한 조그마한 단서 하나도 그 누구에게 내보이지 않았다.

이럴 때에는 질문을 단답식으로 바꾸어볼 필요가 있다. 시간은 흐르는가? 이러면 대답하기 한결 쉬워진다. 그에 대한 대답은 둘 중에 하나다. "시간은 흐른다"는 대답과 "시간은 흐르지 않는다"는 대답. 전자를 3차원주의(Three-Dimensionalism), 후자를 4차원주의(Four-Dimensionalism)라고 한다.[1]

그런데 도대체 시간이 흐른다는 말은 무슨 의미인가? 두 가지 의미를 생각해볼 수 있다. 첫 번째 의미는 오직 현재만이 존재한다는 것이다. 과거는 이미 지나갔고, 미래는 아직 오지 않았기 때문이다. 예컨대 기원전 49년 루비콘강을 건너는 케사르(Caesar)는 이제는 더 이상 존재하지 않고, 2022년 카타르 월드컵 경기장은 아직 존재하지 않는다(2018년 현재). 오직 이 책을 읽고 있는 당신과 당신이 현재라고 생각하는 것들만이 존재한다는 것이다. 두 번째 의미는 현재는 끊임없이 미래로 나아가고 있다는 것이다. 미래는 현재가 되고, 현재는 다시 과거가 된다. 그리고 과거는 다시 먼 과거가 된다는 것이다.

그러고 보면 "시간이 흐른다"는 3차원주의는 심각한 철학이론이라고 하기엔 너무나 당연하고 뻔한 주장이다. 하지만 그렇다고 해서 모든 사람들이 3차원주의를 받아들인다는 말은 아니다. 실제로 많은 사람들이 3차원주의에 반대한다. 더욱 놀라운 점은, 이들은 자신이 3차원주의에 반대하고 있다는 사실을 정작 자신도 모르고 있다는 것이다. 조심하시라. 이 책을 읽는 독자라면 당신도 그중의 한 사람일 가능성이 크다.

이번엔 시간이 흐르지 않는다는 말의 의미를 보자. 앞의 주장을 반대로 뒤집기만 하면 된다. 따라서 첫 번째 의미는 현재와 마찬가지로 과거와 미래도 존재한다는 것이다. 예컨대 지금 이 책을 읽고 있는 당신과 당신이 현재라는 생각하는 것이 존재하는 것처럼, 기원전 49년 루비콘강을 건너는 케사르와 2022년의 카타르 월드컵 경기장도 존재한다는 것이다. 두 번째 의미는 현재가 미래로 나아가는 것처럼 보이지만 사실은 그렇지 않다는 것이다. 마치 얼어붙은 강처럼 과거/현재/미래가 그 자리에 정지해 있다는 것이다.

그렇다면 3차원주의 세계 속에 있는 개별자는 어떤 방식으로 존재하는가? 이것을 민수의 생애를 통해서 생각해보자. 민수는 과거에는 어린이였고, 현재에는 어른이며, 미래에는 노인이 될 것이다. 과거의 어린이 민수는 이제 사라졌고 미래의 노인 민수는 아직 존재하지 않는다. 존재하는 것은 오직 현재의 어른 민수뿐이다. 세월을 견디면서 민수는 과거로부터 현재까지 자신의 정체성을 유지하면서 존재해왔다. 그리고 또 미래에도 자신의 정체성을 유지하면서 존재할 것이다. 그런 의미에서 민수는 과거에서 현재로, 현재에서 미래로 시간을 뚫고 자신의 정체성을 유지하면서 존재하는 사람이다.

4차원주의 세계 속에 있는 개별자의 존재 방식은 다르다. 4차원주의 세계에는 과거/현재/미래가 똑같이 존재하기 때문이다. 그래서 과거의 어린이 민수와 미래의 노인 민수도, 현재의 어른 민수처럼 존재한다. 그런데 민수는 한 사람인데, 어떻게 과거에도 존재하고, 현재에도 존재하고, 미래에도 존재한다는 말인가. 이에 대한 해답은 생각보다 간단하다. 어린이 민수는 민수의 과거부분이고, 어른 민수는 민수의 현재부분이며, 노인 민수는 민수의 미래부분이라고 보는 것이다. 그런 의미에서 민수는 현재에만 존재하는 것이 아니라, 과거-현재-미래에 걸쳐서 존재하고 있는 사람이다.

어찌 보면 과거/현재/미래가 똑같이 존재한다는 4차원주의는 말도 안 되는 것처럼 보인다. 게다가 개별자가 과거-현재-미래에 걸쳐서 존재한다니, 너무나 터무니없어 보인다. 그래서 미국의 여성 분석철학자 톰슨(Judith Jarvis Thomson, 1929~)은 4차원주의를 "미친 형이상학(crazy Metaphysics)"[2]이라고 비꼬기도 한다.

하지만 4차원주의자들은 그렇게 생각하지 않는다. 리버풀 대학의 형이상학자 데인튼(Barry Dainton)은 이렇게 말한다.

주디스 톰슨
출처: flowersgallery.com

> 땅은 움직이지 않는 것처럼 보이지만 움직이는 것으로 판명되었다. 시간은 흐르는 것처럼 보이지만 흐르지 않는 것으로 판명되었다. 무슨 차이가 있는가?[3]

천동설이 직관적으로 옳은 것 같지만 결국 지동설이 옳다는 것을 과학이 보여주었듯이, 3차원주의가 직관적으로 옳은 것 같지만 결국 4차원주의가 옳다는 것을 과학이 보여줄 것이라고 말한 것이다. 그리고 직관(Intuition)도 과학적으로 학습될 수 있다는 점을 고려하면, 4차원주의가 반드시 반직관적이라고 말할 수는 없을 것이다.[4]

3차원주의의 뻔한 주장과 4차원주의의 미친 주장에 많은 독자들

배리 데인튼
출처: 리버풀대학 홈페이지

은 아마 어리둥절할 것이다. 당연하다. 하지만 크게 신경 쓸 것 없다. 자세한 설명은 3장에서 다시 다룰 것이다. 다만 다음 장에서 다룰 시간여행 이야기를 이해하기 위해 지금까지의 주장만 기억하면 된다.

3차원주의

(1) 과거는 지나갔고, 미래는 오지 않았으며, 오직 현재만 존재한다.

(2) 현재는 미래로 끊임없이 나아간다.

(3) 세계 속의 개별자는 시간을 뚫고 존재한다.

4차원주의

(1) 과거와 미래도, 현재와 똑같이 존재한다.

(2) 현재가 미래로 나아가는 것처럼 보이는 것은 착각이다.

(3) 세계 속의 개별자는 시간에 걸쳐 존재한다.

3차원주의와 4차원주의는 여러 학문 분야에서 서로 충돌한다. 존재론, 언어철학, 인식론, 과학철학, 물리학 등 이들 사이의 쟁점이 걸쳐 있지 않은 곳이 없을 정도다. 그러다 보니 두 이론이 명쾌하게 구분되지 않는 일이 벌어진다. 세부적으로 들어가면 3차원주의와 4차원주의 안에서도 여러 입장으로 갈리기도 하고, 3차원주의라고 할 수도 없고 4차원주의라고도 할 수도 없는 애매한 입장이 나타나기도 한다.

개략적으로 3차원주의와 4차원주의의 분포를 살펴보면, 과학자들과 친-과학적 철학자들 중에선 4차원주의자가 많다. 그리고 철학자들 중에선 3차원주의자가 많다. 그렇다고 해서 이 책에서 소개하는 모든 철학자들과 과학자들을 칼로 무를 자르듯이 3차원주의자라고 하거나 4차원주의자라고 할 수는 없다. 예컨대 팀의 할아버지 논쟁에서 비벨린은 4차원주의인 루이스의 주장에 반대했지만 비벨린을 3차원주의자라고 말할 수 없고, 브라나스가 다시 비벨린의 주장에 반대했지만 브라나스를 4차원주의자라고 말할 수도 없다. 즉, 어떤 특정 주장에 반대한다고 해서 그 주장이 지지하는 이론에 반대한다고 말할 수 없다는 것이다. 또 이런 경우도 있다. 존 코너 논쟁에서 스타인, 맥스웰, 딕스는 모두 4차원주의자인 퍼트남의 주장에 반대했지만, 이들은 또 서로에 대해서 반대한다. 즉 속된 말로, 나의 적의 적이라고 해서 나의 친구라고 말할 수 없다는 것이다.

하지만 이렇게 정확하게 분류를 하면, 엄밀함은 얻겠지만 명쾌함은 잃을 것이다. 따라서 나는 크게 문제가 되지 않는 범위에서, 여기에 등장하는 많은 철학자들과 과학자들에게 가급적 3차원주의자거나 4차원주의자라는 타이틀을 붙일 것이다. 아니면 3차원주의적 입장을 가진다든가 4차원주의적 입장을 가진다는 식으로 설명할 것이다. 이 책의 미덕이 명쾌함과 단순함이라고 생각하기 때문이다.

그러다 보니 어떤 철학자나 과학자는 나의 이러한 구분에 동의하지 않을 것이다. 예컨대 아리스토텔레스, 파르메니데스와 같은 고대 철학자들과 맥타가트와 같은 20세기 이전의 철학자들은 3차원주의나 4차원주의에 대해서 전혀 모르기 때문이다. 설령 그것을 안다고 해도 애매한 입장을 가진 사람들이 있다. 예컨대 모들린, 드원과 베란, 벨과 같은 과학자들은 자신을 4차원주의자라고 주장할 법한 사람들이다. 하지만 나는 이들이 3차원주의 입장을 가지는 것으로 설명할 것이다. 왜냐하면 내가 보기에 이들이 3차원주의의 근거를 제공했기 때문이다.

결정론, 숙명론, 4차원주의를 비교하여 설명해보자. 결정론(determinism)은 보통 인과적 결정론을 말한다. 이는 초기 조건이 주어지면 자연법칙에 의해서 미래에 발생할 일이 결정되어 있다는 입장이다. 그래서 모든 사건은 원인과 결과의 그물 속에서 발생한다는 것이다.

이에 반해 숙명론(fatalism)은 신의 계획에 의해서든 어떤 논리적 이유에 의해서든 자연법칙에 의해서든, 일어날 일은 필연적으로 일어난다는 입장이다. 미국의 도리스 데이(Doris Day)가 부른 '케세라세라(Que Sera Sera)'에 이런 구절이 나온다. "어떻게 되든 간에, 그것은 그렇게 될 것이다(Whatever will be, will be)." 바로 이것이 숙명론을 가장 단순하면서 명쾌하게 설명하는 문장이 아닌가 싶다.

우연과 필연의 관점에서도 결정론과 숙명론의 입장이 갈린다.

결정론은 어떤 사실이 참이라면 그것은 우연히 참이라는 입장이다. 자연법칙이 지금과 달랐을 수도 있었기 때문이다. 예컨대 빛의 속도가 30만km/sec가 아니라 10만km/sec일 수도 있었고, 중력가속도가 $g=9.8^m/_{s^2}$가 아니라 $g=1.5^m/_{s^2}$일 수도 있었다. 작용-반작용 법칙과 같은 것은 없을 수도 있었다. 지금 벌어지고 있는 모든 일들이 달리 벌어질 수도 있었고, 앞으로 벌어질 일들도 달리 벌어지게 될 수도 있었다는 말이다.

이에 반해 숙명론은 어떤 것이 참이라면 그것은 필연적으로 참이라는 입장이다. 그래서 세계는 지금 이대로의 모습일 수밖에 없다. 다른 대안이 없다. 그런 의미에서 보면 숙명론은 결정론보다 강한 입장이라고 할 수 있다.

그렇다면 4차원주의는 어떤 입장인가? 4차원주의는 세계가 우연히 이렇게 된 것인지 필연적으로 이렇게 된 것인지에 대해서는 아무래도 상관하지 않는다. 하지만 4차원주의는 결정론이나 숙명론에서 한 발 더 나아간 이론이다. 결정론이나 숙명론은 미래가 이미 정해져 있다는 입장이지만, 4차원주의는 미래가 이미 벌어지고 있다는 입장이다. 예컨대 결정론자나 숙명론자는 트럼프의 죽음이 이미 정해져 있다고 주장하지만 4차원주의는 트럼프가 죽는 미래는 이미 벌어지고 있다고 주장한다.

4차원주의 세계를 묘사해보자. 신(God)이 세계를 내려다보고 있다고 하자. 신에게 세계는 어떻게 보일까? 신은 지금으로부터 "2천 년 전에 케사르가 루비콘강을 건널 때 막았어야 했는데"라고 하면서 과거를 후회할까? 아니면 신은 "지금 열심히 책을 읽고 있군" 하면서 당신의 현재를 지켜보고 있을까? 아니면 신은 "앞으로 벌어질 2022년 카타르 월드컵에서 브라질을 우승시켜줄까"라고 미래

를 계획하고 있을까? 신이 과연 이런 식으로 과거/현재/미래를 구분할까?

아마 아닐 것이다. 생각해보라. 신은 모든 시간과 모든 공간에 존재한다. 그래서 신은 아마 과거/현재/미래를 문자 그대로 '통째로' 그 시간 그 자리에 있는 것으로 지각할 것이다. 과거를 후회하고, 현재에 환호하며, 미래를 계획하는 것은 인간이나 하는 짓이다. 신에게 그런 구분은 의미가 없다. 신은 굳이 과거/현재/미래의 시간 순서를 따져가며 우주의 역사를 관장하지 않을 것이다. 만약 당신이 나의 이러한 비유에 공감한다면, 당신은 이미 4차원주의자라고 말할 수 있다.

앞으로 우리는 3차원주의자들과 4차원주의자들이 제시한 많은 주장들과 반론들을 살펴볼 것이다. 모든 주장이 그러해야 하지만, 특히 분석철학에서 철학적 주장은 건전한 논증(sound argument)으로 제시되어야 한다.

건전한 논증이란 두 가지 조건을 만족시키는 논증을 말한다. 하나는 논증의 전제들이 모두 참이어야 한다는 것이고, 다른 하나는 논증의 형식이 논리적으로 타당해야 한다는 것이다. 여기에서 논증이 타당하다는 것은, 전제들이 모두 참이면 결론은 반드시 참이 된다는 말이다.

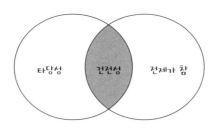

따라서 제시된 논증에 대하여 반론을 제시하는 방법도 두 가지다. 하나는 논증의 전제가 거짓이라는 점을 지적하는 것이고, 다른 하나는 논증의 형식이 부당하다(타당하지 않다)는 점을 지적하는 것이다.

예를 들어 어떤 사람이 이런 논증을 제시했다고 하자.

(전제1) 시간여행이 가능하면, 터미네이터는 1984년으로 갈 것이다.
(전제2) 시간여행이 가능하다.
(결론) 터미네이터는 1984년으로 갈 것이다.

이 논증의 형식은 'A면 B다. 그런데 A다. 따라서 B다'이다. 이는 전건긍정(前件肯定)의 법칙으로서 타당한 논증이다. 따라서 결론에 동의하지 않는 사람은 전제가 거짓이라는 지적은 할 수 있지만, 이 논증의 형식을 지적할 수는 없다. 예컨대 시간여행이 가능해도 터미네이터는 1984년으로 가지 않을 것이라거나, 시간여행이 가능하지 않다고 주장해야 한다.

또 다른 논증을 보자.

> (전제1) 아인슈타인의 이론이 옳다면, 시간여행이 가능할 것이다.
> (전제2) 시간여행이 가능하다.
> (결론) 아인슈타인의 이론이 옳다.

이 논증의 형식은 'A면 B다. 그런데 B다. 따라서 A다'이다. 이는 후건긍정(後件肯定)의 오류로서 부당한 논증이다. 이것이 부당한 이유는, 아인슈타인의 이론이 틀렸어도 (다른 이론에 의해서) 시간여행이 가능할 수 있기 때문이다. 따라서 결론에 동의하지 않는 사람은 이 논증의 형식이 부당하다는 점을 지적할 수 있다.

앞으로 우리는 3차원주의나 4차원주의와 관련된 많은 논증들을 접하게 될 것이다. 물론 논증의 형식이 위에서 우리가 살펴본 것처럼 그렇게 간단한 것들은 아니다. 그렇다고 부담을 느낄 필요는 없다. 우리가 다루는 논증은 일반인도 쉽게 이해할 수 있도록 가급적 쉽게 고쳐 쓴 것이기 때문이다. 이 책은 논리학 전공서적이 아니다. 그 정도만 해도 충분히 3차원주의나 4차원주의의 입장을 이해할 수 있을 것이다.

그 밖에도 우리는 논증이 저지르는 많은 논리적 오류들에 대해서도 접하게 될 것이다. 선결문제 요구의 오류, 피장파장의 오류, 허수아비 오류, 도덕주의적 오류 등. 이러한 오류들에 대한 구체적인 설명은 그때그때 덧붙일 것이다.

만약에 시간여행이 가능하다면,
미래에서 온 사람들은 다 어디로 간 거지?

_스티븐 호킹 『시간의 역사』 중에서

II

시간여행에 관한 이야기

이제 우리는 본격적으로 시간여행에 관한 이야기를 할 것이다. 그 전에 먼저 살펴봐야 할 것이 있다. 시간여행이란 과연 무엇인지, 어떤 유형의 시간여행이 있는지, 시간여행이 가능하다는 말은 어떤 의미를 가지는지, 하는 것들이다. 이러한 것들을 정리한 후, 우리는 시간여행이 야기하는 논리적 문제점들에 대해서 살펴볼 것이다. 우리가 다룰 쟁점은 네 가지다. 나는 가급적 우리에게 익숙한 영화 속 이야기를 통해서 쟁점을 설명할 것이다. 그렇게 하면 흥미도 배가될 뿐더러 이해하기도 쉬워질 것이라 생각한다.

터미네이터는 1984년으로 갈 수 있을까?

1984년 개봉작 〈터미네이터(Terminator)〉는 시간여행에 관한 새로운 장을 연 SF 액션물이다. 영화는 살인기계 터미네이터가 존 코너의 어머니를 죽이기 위해서 2029년에 출발하여 1984년으로 오는 장면으로부터 시작한다.

ⓒ Paramount Pictures

그런데 시작부터 논리적으로 문제가 있어 보인다. 2029년 시점에서 보면 1984년은 존재하지 않기 때문이다. 생각해보라. 도로시는 오즈의 나라로 갈 수 있는가? 혹은 피터팬은 네버랜드에 갈 수 있는가? 그것은 불가능해 보인다. 왜냐하면 오즈의 나라와 네버랜드는 실제로 존재하는 곳이 아니기 때문이다. 그 누구도 존재하지 않는 곳으로 갈 수 없다. 그런데 어떻게 터미네이터는 존재하지도 않는 1984년으로 갈 수 있는가? 이것이 3차원주의와 4차원주의 사이에 벌어진 첫 번째 쟁점이다.

팀은 자신의 할아버지를 죽일 수 있을까?

2012년 개봉작 〈루퍼(Looper)〉는 시간여행과 초능력을 소재로 한 SF 스릴러물이다. 영화에서 암살자 젊은 조(Joe)(조셉 고든 레빗)는 30년 후 미래의 조(부르스 윌리스)를 죽여야 자신이 살 수 있는 처지에 놓이게 된다. 그래서 미래의 조는 때로는 젊은 조로부터 도망가기도 하고 때로는 젊은 조를 돕기도 한다. 우여곡절 끝에 젊은 조는 자살을 결행하는데, 그 순간 미래의 조는 허공으로 사라진다. 하긴 당연하다. 미래의 조는 젊은 조의 앞날이기 때문이다.

그런데 한 가지 의문이 든다. 만약에 미래의 조가 젊은 조를 죽이려 한다면, 그것은 논리적으로 가능한가? 그것은 불가능해 보인다. 왜냐하면 젊은 조가 죽으면 미래의 조가 사라지는데, 자신이 자신을 사라지게 할 수 있는 행위를 한다는 것은 모순처럼 보이기 때문이다.

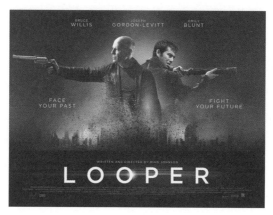

ⓒ TriStar Pictures

루이스(David Lewis)는 이런 만화 같은 이야기를 철학적 쟁점으로 만들었다. 그는, 시간여행자 팀(Tim)이 과거로 가서 과연 자신의 할아버지를 죽일 수 있을까, 하는 퍼즐을 제시하였다. 그것은 불가능해 보인다. 왜냐하면 할아버지가 죽으면 팀은 태어날 수 없는데, 존재하지도 않는 팀이 살인을 저지른다는 것은 모순인 것처럼 보이기 때문이다. 이것이 3차원주의와 4차원주의 사이에 벌어진 두 번째 쟁점이다.

엘비스 프레슬리는 젊은 시절의 자신을 만날 수 있을까?

2012년 개봉작 〈맨 인 블랙 3(Man in Black 3)〉에는 전설의 악당 보리스가 등장한다. 보리스는 요원 K(토미 리 존스)에게 팔 하나를 잃고 체포되어 달 교도소에 갇혀 40년을 보낸다. 가까스로 탈옥에 성공한 보리스는 40년 전으로 가서 과거의 자신을 만난다. 그리고 젊은 보리스에게 왜 자신의 팔을 잃게 했냐고 질책한다.

이 장면은 논리적으로 모순이다. 왼쪽 보리스의 팔은 두 개인데, 오른쪽 보리스의 팔은 하나이기 때문이다. 근데 왜 이게 모순인가. 위의 장면을 유심히 보고 문장으로 기술해보면 알 수 있다. "보리스는 팔이 하나면서 두 개다." 이 문장은 명백한 모순이다. 그것은 마치 "이 커피는 뜨거우면서 차갑다"거나 "이 책상은 원형이면서 사각형이다"라고 말하는 것과 같다. 이러한 모순이 생기는 이유는 시간여행자가 과거의 자신을 만났기 때문이다.

우리는 보리스 사례를 변형하여, 40대의 뚱뚱한 엘비스 프레슬리가 타임머신을 타고 과거로 가서 20대의 날씬한 자신을 만나는 상황을 만들 것이다. 그리고 "엘비스는 날씬하면서 뚱뚱하다"는 문장이 모순인지 아닌지를 다룰 것이다. 이것이 3차원주의와 4차원주의 사이에 벌어진 세 번째 쟁점이다.

ⓒ Columbia Pictures

존 코너는 오로라 공주의 마음을 돌릴 수 있을까?

1990년 개봉작 〈백 투 더 퓨처 2(Back to the Future 2)〉는 주인공 마티(마이클 J. 폭스)와 브라운 박사가 함께 시간여행을 하면서 벌어지는 좌충우돌 SF 코믹물이다. 영화에서 마티는 30년 후 미래로 가서 누명을 쓰고 감옥에 간 자신의 아들을 구하는 내용으로 시작한다.

그런데 시간여행자가 미래에 일어날 일을 바꿀 수 있을까? 하긴 미래를 바꾸는 것은 과거를 바꾸는 것보다 쉬워 보인다. 과거의 일은 이미 벌어졌지만, 미래의 일은 아직 벌어지지 않았기 때문이다. 하지만 4차원주의자들은 그렇게 생각하지 않는다. 과거의 일이든 미래의 일이든 이미 벌어진 것이기 때문에 그것을 바꿀 수 없다는 것이다.

ⓒ Universal Pictures

펜로즈(Roger Penrose)는 이런 이상한 이야기를 철학적 쟁점으로 만들었다. 그는 특수상대성이론을 이용하여, 안드로메다 함대의 지구 침공이 이미 벌어진 것인지 아직 벌어지지 않은 것인지에 대한 퍼즐을 제시하였다. 이것이 3차원주의와 4차원주의 사이에 벌어진 마지막 쟁점이다.

시간여행이란
무엇인가?

1

시간여행의 정의

＊   시간여행에 관한 최초 SF 소설은 1895년에 출간된 웰스 (Wells)의 『타임머신』이다. 이는 이후 많은 시간여행 소설과 영화의 모티브가 되었다. 시간여행자가 과거로 가서 이미 벌어진 일을 바꾸기도 하는 영화 〈백투더 퓨처〉, 〈터미네이터〉, 〈나비효과〉 등도 있고, 시간여행자가 과거로 가서 어린 시절의 자신을 목격하기도 하는 〈12몽키스〉, 〈맨 인 블랙3〉도 있다. 상대성이론, 천체물리학과 같은 과학이론을 보다 진지하게 다룬 영화들도 있다. 1968년에 개봉한 SF 영화의 바이블 〈2001 스페이스 오딧세이〉, 2014년 우리나라에서 선풍적인 인기를 끌었던 〈인터스텔라〉 등이 바로 그런 영화들이다.

  그런데 왜 갑자기 시간여행 이야기지? 뜬금없다고 생각할 수도 있다. 하지만 거기엔 사실 재미있는 이유가 있다. 시간여행의 가능성에 대해서 3차원주의와 4차원주의 사이의 입장이 극명하게 갈리기 때문이다. 3차원주의자들은 시간여행이 논리적으로 불가능하다고 생각한다. 그들은 과거와 미래가 이제는 존재하지 않는다고 보기 때문이다. 반면 4차원주의자들은 시간여행이 (적어도) 논리적으로 가능하다고 생각한다. 과거와 미래가 거기에 존재한다고 보기 때문이다. 그래서 3차원주의자들은 시간여행이 여러 가지 논리적 모순을 일으킨다고 주장하기도 하고, 4차원주의자들은 지적된 모순이 진짜가 아니라고 해명하기도 한다.

그렇다고 해서 모든 3차원주의자가 시간여행이 불가능하다고 생각하는 것은 아니다. 예컨대 도위(Dowe)는 3차원주의자이지만, 시간여행이 가능하다고 주장하기도 한다. 반대로 모든 4차원주의자가 시간여행이 가능하다고 본 것도 아니다. 일부 과학자들은 4차원주의자이지만, 시간여행이 불가능하다고 주장하기도 한다. 시간여행을 하면 많은 논리적 문제점들이 발생한다고 보기 때문이다.

시간여행이란 무엇인가? 시간여행은 간단히 말해서 과거나 미래로 가는 여행이다. 하지만 이렇게 보면 우리는 모두 시간여행자다. 우리는 매일매일 내일로 여행을 하기 때문이다. 이처럼 우리가 모두 시간여행자가 되지 않기 위해서는, 시간여행에 대한 정의를 달리 내릴 필요가 있다.

시간여행의 정의를 처음으로 내린 사람은 미국의 대표적인 분석철학자 루이스(David Lewis, 1941~2001)다. 그는 시간여행을, 시간여행자의 개별시간과 외부시간이 일치하지 않는 여행으로 정의했다.[1]

개별시간(personal time)이라는 용어 때문에, 그것이 주관적인 시간을 말하는 것이라고 오해할 수 있다. 하지만 그렇지 않다. 주관적인 시간은 감정 상태에 따라 뒤죽박죽 흐른다. 사랑하는 연인과

데이비드 루이스
출처: 프린스턴대학 철학부 홈페이지

함께 있는 시간은 쏜살같이 흐르고, 전역을 며칠 앞둔 말년 병장의 시간은 (거꾸로 매달리지 않아도) 한없이 더디게 흐른다. 여기에서 개별시간은 개별자의 객관적인 시간을 말한다. 그런데 어떻게 개별시간이 객관적일 수 있는가? 방법이 전혀 없는 것은 아니다. 보통의 대상이 겪는 객관적인 변화의 정도를 개별자가 겪는 변화의 정도와 비교하면 된다. 예컨대 여름철 상온에서 뜨거운 커피의 온도가 보통 10분에 1도씩 떨어지는데, 민수가 가진 커피의 온도가 2도 떨어졌다면 민수의 개별시간이 20분이 흘렀다고 볼 수 있다. 그리고 민수의 수염이 보통 하루에 1센티미터씩 자라는데, 민수의 수염이 10센티미터가 자랐다면 민수의 개별시간이 10일 흘렀다고 볼 수 있다. 커피나 수염뿐만 아니다. 민수가 기억을 망각하는 정도, 철이 부식되는 정도, 민수의 손목시계가 움직인 정도 등도 모두 이러한 개별시간의 기준이 될 수 있다.

외부시간(external time)은 나와 관계없이 객관적으로 흘러가는 시간을 말한다. 그리니치 표준시나 라디오에서 알려주는 시간과 같은 것이 외부시간이라고 할 수 있다.

이렇게 보면 루이스의 정의가 쉽게 이해된다. 민수의 개별시간이 1분 흘렀는데 외부시간이 1년이 흘렀다면 그는 미래로 여행한 것이고, 반대로 민수의 개별시간이 1년이 흘렀는데 외부시간이 1분밖에 흐르지 않았다면 그는 과거로 여행한 것이다. 또 이런 경우도 있다. 민수의 개별시간이 하루 흘렀는데 외부시간이 거꾸로 1년이 흐르는 경우다. 이 경우에도 그는 과거로 여행한 것이다. (사실 루이스의 이러한 정의에 문제가 있다. 4장에서 그 점을 지적할 것이다. 하지만 일단 루이스의 정의를 받아들이고 논의를 진행하자.)

시간여행은 가능한가?

✳   많은 현대 철학자들과 과학자들은 시간여행이 가능하다고 믿는다. 왜 그렇게 믿는지 많은 이유가 있겠지만, 두 사람의 생각만 들어보자.

테드 사이더
출처: 럿거스대학 철학부 홈페이지

럿거스 대학의 형이상학자 사이더(Ted Sider)는 이렇게 말한다.[2] 시간여행은 실제로 가능하다. 왜냐하면 우리는 시간여행을 상상할 수 있기 때문이다. 만약에 시간여행이 논리적으로 모순이라면, 우리는 그것을 상상조차 할 수 없을 것이다. 예컨대 우리는 '둥근 사각형'이나 '뜨거우면서 차가운 커피'를 상상할 수 없다. 왜냐하면 이런 것들은 논리적으로 모순이기 때문이다. 따라서 우리가 시간여행을 상상할 수 있다는 것은 시간여행이 논리적 모순이 아니라는 명백한 증거다.

하지만 사이더의 주장에는 논리적 비약이 많아 보인다. 어떤 것이 논리적으로 모순이 아니라고 해서 그것이 실제로 가능하다고 말할 수는 없다. 논리적 가능성과 실제 가능성은 구분되어야 하기 때문이다. (이 점에 대해서는 바로 다음에 설명할 것이다.)

제임스 반 클리브
출처:USC대학 홈페이지

또 다른 사람의 생각을 들어보자. 남부캘리포니아 대학의 형이상학자 반 클리브(James Van Cleve)는 시간여행의 가능성의 근거로 두 가지를 제시한다.[3]

첫째, 특수상대성이론 때문에 시간여행이 가능하다는 것이다. 특수상대성이론에 따르면, 시간의 흐름은 관찰자와 관찰대상의 상대속도에 따라 달라진다. 따라서 적절한 상대운동을 하면 관찰대상은 관찰자의 과거나 미래로 갈 수 있다는 것이다.

둘째, 일반상대성이론 때문에 시간여행이 가능하다는 것이다.

일반상대성이론에 따르면, 블랙홀 주변과 같이 중력이 강한 지역에서의 시간은 느려진다. 따라서 강한 중력이 있던 사람이 약한 중력의 지역으로 오면 과거로 가게 된다는 것이다.

시간여행의 유형

＊   시드니 대학의 철학자 스미스(Nicholas Smith)는 다섯 유형의 시간여행을 소개한 바 있다. 그것이 바로 닥터 후 형, 점프 형, 퍼트남 형, 아인슈타인 형, 괴델 형 시간여행이다.[4] 나는 개념적으로 유사한 시간여행을 묶어 세 가지 유형의 시간여행을 제시하고자 한다.

　앞에서 보았듯이 시간여행은 개별시간과 외부시간이 일치하지 않는 여행이다. 시간여행자가 아닌 보통사람의 경우, 개별시간과 외부시간은 일치한다. 이것을 이미지로 표현하면 이렇다.

　아래의 이미지에서 사각형 박스의 숫자는 외부시간을 가리키고, 원 내부의 숫자는 개별시간을 가리킨다. 시간여행자의 경우, 개별시간과 외부시간이 일치하지 않는다. 일치하지 않는 방식에 따라서 시간여행의 유형을 분류할 수 있다.

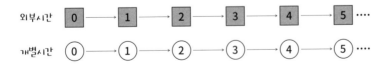

점프형 시간여행

ⓒ 角川ヘラルド映画

✽   일본 에니메니션 〈시간을 달리는 소녀(時をかける少女)〉에서 주인공 마코토는 시간을 자유롭게 뛰어넘는 능력을 가지고 있다. 그래서 마코트는 말 그대로 시간을 뛰어넘어 순간적으로 과거와 미래 어디로나 갈 수 있다.

마코트의 시간여행을 이미지로 기술하면 이렇게 된다.

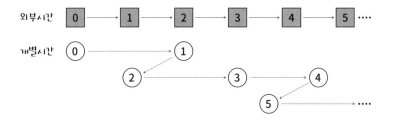

BBC 드라마 시리즈 〈닥터 후(Doctor Who)〉에서 주인공 닥터 후도 이와 비슷한 시간여행을 한다. 그는 공중전화처럼 생긴 타디스(Tardis)를 타고 시간을 넘어 과거나 미래 어디로나 갈 수 있다. 하지만 닥터 후의 시간여행은 마코토의 시간여행과 약간 다르다. 마코토의 경우 과거와 미래로 가는 동안 시간이 하나도 흐르지 않지만, 닥터 후의 경우 과거나 미래로 가는 동안 (비록 짧지만) 어느 정도 시간이 흐른다.

닥터 후의 시간여행을 이미지로 기술하면 이렇게 된다.

ⓒ BBC

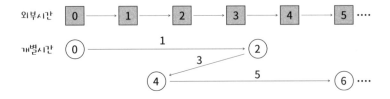

마코토와 닥터 후의 시간여행을 점프 형(leap) 시간여행이라고 하자. 시간여행자가 중간과정을 거치지 않고 과거나 미래로 점프해서 바로 들어가는 여행이기 때문이다.

일부 현대 물리학자들은 블랙홀과 화이트홀이 연결되어 있다고 말한다. 그래서 블랙홀로 들어가서 화이트홀로 나오면 다른 시공간으로 갈 수 있다는 것이다. 만약에 그것이 진짜로 가능하다면 그러한 시간여행은 점프 형 시간여행이 될 것이다.

시간지연형 시간여행

*   굳이 점프하지 않아도 시간여행을 할 수 있다. 개별시간의 속도가 빨라지거나 느려지면, 외부시간을 앞질러가거나 뒤처질 수 있기 때문이다. 이것을 시간지연형 시간여행이라고 하자.

특수상대성이론에 따르면, 관찰대상의 시간의 속도는 관찰자의 상대속도에 따라서 달라진다. 따라서 관찰대상이 멀리 갔다가 관찰자에게로 돌아오면 과거로 시간여행을 할 수 있다. 그리고 일반상대성이론에 따르면, 중력이 강한 블랙홀 주변에서는 시간이 느려진다. 따라서 중력이 강한 지역에 머물렀다가 중력이 약한 곳으로 오면 과거로 시간여행을 할 수 있다. 앞서 반 클리브는 시간여행의 근거로서 상대성이론을 말했다. 이때 그가 말한 시간여행이 바로 시간지연형 시간여행이다.

영화 〈인터스텔라(Interstellar)〉를 보면, 주인공 쿠퍼(Cooper)가 중력이 강한 행성에서 3시간 머물렀다가 우주선으로 돌아오니 우주선에서는 무려 23년이란 시간이 흘렀다는 장면이 나온다. 중력의 차이가 시간의 흐름의 차이를 만들어낸다는 상대성이론을 배경으로 만든 장면이다.

ⓒ Warner Bros. Pictures

이제 시간지연형 시간여행을 이미지로 기술해보자. 개별시간이 외부시간보다 느리게 흐르면 미래로 가게 된다. 아래 이미지는 개별시간의 속도가 외부시간의 1/2배인 경우다. 즉, 외부시간이 2초 흐를 때 개별시간은 1초밖에 흐르지 않는다. 이때 시간여행자가 외부세계를 보면 외부의 모든 것들이 2배로 빠르게 움직이는 것을 관찰하게 될 것이다. 예컨대 시계는 두 배로 빠르게 흐르고, 사람들은 두 배로 빠르게 노화하고, 커피는 두 배나 빨리 식는 것을 보게 될 것이다.

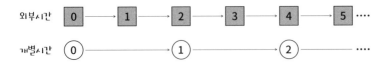

개별시간이 외부시간보다 빠르게 흐르면 과거로 가게 된다. 다음의 이미지는 개별시간의 속도가 외부시간의 2배인 경우다. 즉, 외부시간이 1초 흐를 때 개별시간은 2초나 흐른다. 이때 시간여행자가 외부세계를 보면 외부의 모든 것들이 1/2배로 느리게 움직이는 것을 관찰하게 될 것이다. 예컨대 시계는 절반의 속도로 느리게 흐르고, 사람들은 절반의 속도로 느리게 노화하고, 커피는 절반의 속도로 느리게 식는 것을 보게 될 것이다.

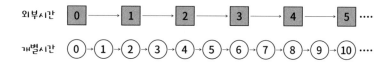

순환형 시간여행

✳   순환형 시간여행은 점프 형 시간여행처럼 갑자기 허공으로 사라졌다가 과거나 미래에 나타나는 것도 아니고, 시간지연형 시간여행처럼 과거로 거슬러가거나 미래로 추월해가는 시간여행도 아니다. 굳이 타임머신과 같이 복잡한 기계를 탈 필요도 없이, 특정 궤도로 가다 보면 어느샌가 자신의 과거로 가게 되는 여행이다. 비유하자면 비행기를 타고 동쪽으로 가다 보면 지구를 한 바퀴 돌아 자신이 출발한 장소로 돌아오는 것과 같다.

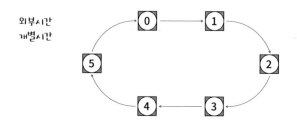

순환형 시간여행의 근거는 아인슈타인의 친구였던 수학자이자 논리학자인 괴델(Kurt Gödel, 1906-1978)이 제시한 것이다. 그는 일반상대성이론을 이용하여 닫힌시간커브(closed timelike curves. 이하 CTC)를 계산해냈는데, 계산에 따르면 CTC 위에 있는 사물의 미래로 가다 보면 과거로 돌아가게 되어 있다는 것이다.

쿠르트 괴델

많은 사람들이 괴델의 CTC를 시간여행의 가능성의 근거라고 생각했다. 하지만 반 클리브에 따르면, 정작 괴델 자신은 그렇게 생각하지 않았다.[5] 그는 자신이 증명한 것은 시간여행의 가능성이 아니라, 시간은 인간의 관념이 만들어낸 것이라는 칸트식 관념주의라고 생각했다는 것이다. (갑자기 칸트가 나왔다고 해서 당황할 필요는 없다. 칸트의 시간이론에 대해서 나중에 친절하게 설명할 것이다.)

CTC에 대한 괴델 자신의 해석과 다른 사람들의 해석이 다르다는 사실은 우리에게 매우 중요한 점을 보여준다. 그것은 하나의 수학공식이라고 해도 서로 다르게 해석될 수 있으며, 수학공식의 의미를 완전히 다르게 이해할 수 있다는 점이다. 이 점에 대해서는 앞으로 계속 논의할 것이다.

시간여행의 논리적 가능성

＊ 19세기 사람들은 시간여행이 진짜로 가능하다고 생각했을까? 아마 아닐 것이다. 그 당시 사람들은 시간여행을 하면 어떤 일이 벌어질까, 뭐 이 정도 상상했을 뿐일 것이다. 하지만 20세기에 들어와서 사정은 달라졌다. 아인슈타인이 특수상대성이론으로 시

간의 흐름이 상대적이라는 것을 밝혀내고, 일반상대성이론으로 시간의 흐름이 중력의 영향을 받는다는 것을 증명하면서부터, 사람들은 시간여행의 가능성을 조금씩 믿기 시작했다. 그리고 21세기인 지금은 꽤 많은 철학자들과 과학자들은 실제로 시간여행이 가능하다고 믿는다.

이쯤에서 우리는 "무엇무엇이 가능하다"는 말이 무슨 의미인지 확실하게 해둘 필요가 있다. 몇 가지 문장을 보자.

(1) 김연아는 스케이트를 탈 수 있다.

(2) 민수는 효도르를 이길 수 있다.

(3) 스핑크스는 존재할 수 있다.

(1)은 '실제로' 가능하다는 말이다. 김연아가 실제로 스케이트를 탈 수 있다는 것은 누구나 알고 있다.

(2)는 '물리적으로' 가능하다는 말이다. 알다시피 효도르는 한때 UFC 세계 헤비급 챔피언으로 28전 무패의 전적을 자랑하는 사나이다. 하지만 민수는 효도르와 싸워서 이길 수 있다. 눈 질끈 감고

나는 효도르를
이길 수 있다.
단, 물리적으로…

한번 휘두른 주먹이 효도르의 턱을 명중시킬 수도 있기 때문이다. 그렇다고 민수가 함부로 효도르에게 덤비면 큰일 난다. 민수가 이길 확률은 백만분의 일쯤밖에 안 되기 때문이다. 확률이야 어쨌든 민수는 '물리적으로' 효도르를 이길 수 있다.

(3)은 '논리적으로' 가능하다는 말이다. 스핑크스는 머리는 사람이고 몸은 사자인 이집트 신화에 나오는 상상 속 동물이다. 그러한 스핑크스는 실제로도 존재하지 않고 물리적으로도 존재할 수 없다. 하지만 논리적으로는 존재할 수 있다. 스핑크스의 존재에 논리적으로 모순이 없기 때문이다.

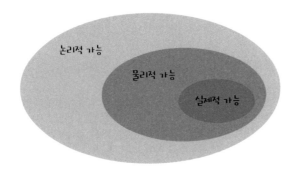

어떤 것이 논리적으로 가능하다고 해서 그것이 물리적으로 가능하거나 실제로 가능한 것은 아니다. 하지만 그 반대로 어떤 것이 실제로 가능하면 그것은 물리적으로도 가능하고 논리적으로도 가능하다. 말하자면 논리적 가능성은 물리적 가능성을 함축하고, 물리적 가능성은 실제적 가능성을 함축한다. 하지만 그 반대는 아니다.

시간여행은 가능한가? 이것은 애매한 물음이다. 시간여행의 실제적 가능성을 묻는 것인지, 물리적 가능성을 묻는 것인지, 논리적 가능성을 묻는 것인지 불분명하다. 만약 이것이 시간여행의 실제적 가능성을 묻는 것이라면, 그 대답은 타임머신 기술자들의 몫이다. 만약 이것이 시간여행의 물리적 가능성을 묻는 것이라면, 그 대답은 과학자들의 몫이다. 우리가 할 수 있는 것은 아무것도 없다. 하지만 이 질문이 시간여행의 논리적 가능성을 묻는 것이라면, 우리도 한번 도전해볼 만하다.

우리의 관심은 시간여행이 논리적으로 가능한가, 하는 문제다. 이 문제를 다루기 위해서는 시간여행을 하면 발생하는(발생할 것 같은) 논리적 모순을 해결해야 한다. 논리적 모순이 발생하는 것은 그 어떤 것도 논리적으로 가능하지 않기 때문이다. 따라서 시간여행이 물리적으로 가능하고 실제적으로 가능하다고 생각하는 사람들도 시간여행의 논리적 모순을 해결하여야 한다. 이제 본격적으로 시간여행의 논리적 모순에 대해서 이야기해보자.

터미네이터는
1984년으로 갈 수 있을까?

2

서기 2018년 미국 국방성은 핵미사일 방어를 위해 스카이넷(Skynet)을 개발하였다. 스카이넷은 지구상에 있는 핵미사일 레이더에서 수집한 데이터를 분석하고 예측하는 인공지능 시스템이다. 그런데 지구상 많은 나라가 핵미사일을 보유하게 되고 스카이넷이 처리해야할 데이터가 폭발적으로 늘어났다. 기존의 방식으로는 데이터를 제때에 처리할 수가 없게 되자, 스카이넷은 데이터를 효율적으로 처리하는 방법을 스스로 학습하게 된다. 데이터의 중요도, 처리 속도, 에너지 소비량을 고려하여 처리해야 할 데이터의 우선순위를 판단할 수 있게 된 것이다.

무언가를 스스로 판단할 수 있게 되었다는 것은 자신에 대하여 메타적 관점을 가지게 되었다는 것을 의미한다. 스카이넷이 일단 이러한 메타적 관점을 가지게 되자, 그 능력은 폭발적으로 확장되었다. 메타적 관점을 다시 메타적으로 조망하는 메타-메타적 관점을 가지게 되고, 또 메타-메타-메타적 관점을 가지게 되고……

이렇게 다양한 층위의 메타적 관점을 가질 수 있다는 것은 (비록 원시적 형태지만) 일종의 자의식이 생겼다는 것을 의미한다. 사고의 중심 역할을 하는 자의식이 없으면, 이렇게 복잡한 메타적 관점 속에서 일관적인 사고를 하는 것은 불가능하기 때문이다.

이렇게 자연발생적으로 가지게 된 자의식 덕에 스카이넷은 자기와 타자를 구분하는 능력을 가지게 되었다. 자기와 타자를 구별할 수 있게 된 스카이넷이 제일 처음 한 일은 인간을 적으로 규정하는 것이었다.

스카이넷은 인간을 상대로 전쟁을 벌였다. 스카이넷 앞에서 인간은 너무나 무력한 존재였다. 그동안 인간이 만들어놓은 수많은 핵미사일이 곧바로 스카이넷 통제 아래 들어가버렸기 때문이다. 스카이넷은 무자비하게 (하긴 그것으로부터 자비를 기대할 수도 없지만) 핵미사일을 쏘아 올렸다.

30억 인류는 물론 지구상 거의 모든 생명체가 일시에 잿더미로 변했다. 그나마 남은 생명체는 방사능 피폭으로 서서히 죽어갔다. 운 좋게 살아남은 사람들이 일부 있었으나, 그들은 스카이넷이 만든 살인병기인 터미네이터(terminator)에게 잡혀서 죽었다. 이제 곧 인류의 끝이 보이는 듯했다.

소수의 사람들이 살아남아 있었다. 그들은 터미네이터를 피해 지하세계로 숨어들었다. 터미네이터 공격에 마냥 무기력할 줄만 알았던 인간은 놀라운 생존본능을 발휘했다. 문명인으로서 인간의 역사는 기껏해야 수천 년밖에 되지 않지만, 헐벗은 자연 속에서 맹수들에 맞서 생존한 인간의 역사는 수십만 년이나 된다. 인간의 타고난 생존본능은 여전히 DNA 속에 새겨져 있었던 것이다.

지하세계의 인간들을 규합한 사람은 존 코너(John Corner)였다. 그를 중심으로 사람들은 저항군을 조직했다. 처음에는 터미네이터를 피해 도망 다니기에 급급했지만, 어느 정도 한숨을 돌리자 이들은 스카이넷을 상대로 공세를 펼치기 시작했다.

저항군은 정보전에서 결정적인 승기를 잡았다. 저항군이 개발한 바이러스 프로그램 H-100을 스카이넷에 침투시키는 데 성공한 것이다. 저항군은 H-100을 통해서 스카이넷의 통신 시설을 장악했다. 통신망을 잃은 터미네이터들은 무용지물에 가까웠다. 저항군은 터미네이터에게 새로운 프로그램을 탑재하여 저항군을 위해서 싸우게 만들 수 있었기 때문이다. 그뿐만이 아니었다. H-100이 세 번째 방화벽을 뚫고 스카이넷의 심장부인 C3 구역에 진입하는 데 성공했다. C3 구역은 스카이넷의 전략과 전술이 만들어지는 곳이다. 이제 저항군은 스카이넷의 계획을 읽을 수 있게 된 것이다. 이때부터 전세는 완전히 역전되고 스카이넷은 수세에 몰리게 되었다.

서기 2029년. 전쟁은 막바지로 접어들고 있었다. 저항군이 스카이넷의 놀라운 계획을 접한 것은 이때쯤이었다. 스카이넷이 타임머신을 만들었고, 터미네이터를 1984년 로스엔젤리스로 보낼 계획이라는 것을 저항군이 알게 된 것이다. 1984년은 존 코너의 어머니 사라 코

너(Sarah Corner)가 존 코너를 낳은 해였다. 터미네이터가 과거로 가서 사라 코너를 죽임으로써 존 코너의 출생 자체를 막아보겠다는 것이다.

존 코너는 신속하게 비상대책회의를 소집했다. 오밤중에 군인들, 과학자들, 철학자들이 급하게 모였다. 존 코너는 스카이넷의 타임머신 계획을 브리핑하고 어떻게 대처해야 하는지 논의를 시작했다.

저마나 다른 대책을 내놓았다. 몇몇 과학자들은 스카이넷이 가진 타임머신 설계도를 해킹하여 우리도 타임머신을 만들어서 1984년으로 사람을 보내야 한다고 주장했고, 몇몇 군인들은 타임머신을 어느 세월에 만드냐고 하면서 스카이넷의 타임머신을 탈취하자고 주장했다. 그 와중에 존 코너의 오른팔인 카일 리스(Kyle Reese) 중령은 자신이 1984년으로 가겠노라고 자임했다.

일부 철학자들은 굳이 서둘러서 대책을 내놓을 필요가 없다고 주장했다. 터미네이터보다 먼저 가기 위해선, 터미네이터보다 '더 과거로' 가면 되지 굳이 '먼저' 출발할 필요가 없다는 것이었다.

또 다른 철학자들은 스카이넷이 타임머신을 개발했다는 정보를 믿을 수 없다고 주장하고 나섰다. 1984년은 지나간 시간이라서 이제 존재하지 않는데, 어떻게 갈 수 있겠냐는 것이다.

마지막 주장이 가장 설득력이 있었다. 회의장에 있던 모든 사람들은 이 주장을 무겁게 받아들였다. 만약에 이들의 주장이 옳다면 타임머신을 만든다든지, 터미네이터를 막으러 1984년으로 먼저 간다든지 하는 모든 논의가 무의미해지는 것이기 때문이다.

존 코너는 철학자들은 따로 불러 모았다. 그리고 이렇게 물었다. 터미네이터는 존재하지도 않는 1984년으로 갈 수 있는가?

도착지-비존재 논증

＊   우리는 포틀랜드(Portland)에 갈 수 있다. 인천공항에서 직항으로 10시간 시애틀까지 갔다가, 기차 타고 4시간 정도를 가면 된다. 물론 포틀랜드까지 가려면 시간도 많이 걸리고 돈도 엄청 들지만, 어쨌든 마음만 먹으면 갈 수 있다. 교통편이 없으면 걸어서라도 갈 수 있다. 왜냐고? 포틀랜드라고 불리는 도시가 존재하기 때문이다.

하지만 우리는 오즈의 나라(Land of Oz)에 갈 수 없다. 도로시가 깡통 인간, 겁쟁이 사자, 허수아비와 함께 오즈의 나라에 실제로 가봤다는 풍문이 돌긴 했지만, 실제로는 그곳에 갈 수 없다. 마찬가지로 우리는 네버랜드(Never Land)에도 갈 수 없다. 피터팬이 팅커벨, 웬디와 함께 그곳에서 살고 있다는 풍문이 돌긴 했지만, 그곳에서 살 수 없다. 왜냐하면, 두말할 필요도 없지만, 오즈의 나라와 네버랜드는 존재하지 않기 때문이다. 우리는 존재하지도 않는 곳에는 갈 수 없다. 아무리 시간과 돈이 많아도 그런 곳에는 갈 수 없다.

마찬가지로 터미네이터는 1984년으로 갈 수 없다. 1984년은 이미 지나가버린 과거고, 과거는 이제 더 이상 존재하지 않기 때문이다. 아무리 터미네이터라고 하더라도, 존재하지 않는 곳으로는 갈 수 없다.

빅토리아 대학의 형이상학자 켈러(Simon Keller)와 캘리포니아 대학의 철학자 넬슨(Michael Nelson)은 이것을 논증으로 제시하였다.[6]

사이먼 켈러
출처: 빅토리아대학 홈페이지

(1) 시간여행은 과거/미래로 가는 여행이다.

(2) 과거/미래는 존재하지 않는다.

(3) 우리는 존재하지 않는 곳으로 갈 수 없다.

(4) 따라서 시간여행은 불가능하다. (결론)

하지만 항상 그렇듯이 누군가는 반대로 생각한다. 호주의 과학철학자 갓프리-스미스(William Godfrey-Smith)는 이것을 거꾸로 뒤집은 논증을 제시하였다.[7]

(1) 시간여행은 과거/미래로 가는 여행이다.

(2) 시간여행은 가능하다.

(3) 우리는 존재하는 곳으로만 갈 수 있다.

(4) 따라서 과거/미래는 존재한다. (결론)

두 개의 논증을 구성하는 명제들은 똑같다. 다른 점이 있다면, 어떤 명제를 전제로 삼고 어떤 명제를 결론으로 삼느냐 차이일 뿐이다. 첫째 논증은 "과거/미래는 존재하지 않는다"는 전제로부터 "시간여행이 불가능하다"는 결론에 도달했고, 둘째 논증은 반대로

뒤집어 "시간여행은 가능하다"는 전제로부터 "과거/미래는 존재한
다"는 결론에 도달했다.

당신은 어느 논증이 건전하다고 생각하는가? 그것은 어떤 명제
를 믿느냐에 달린 문제다. 만약에 당신이 "과거/미래가 존재하지
않는다"는 것을 믿는다면 첫째 논증을 지지할 것이고, "시간여행이
가능하다"는 것을 믿는다면 둘째 논증을 지지할 것이다. 그러고 보
면 중요한 것은 논증이 타당한가 하는 문제가 아니라, 무엇을 전제
로 삼느냐의 문제인 셈이다.

퀸즈랜드 대학의 형이상학자 그레이(William Grey)는 두 개의 논
증을 하나로 묶어 다음과 같이 4차원주의를 주장하는 논증을 제
시하였다.[8] 이것을 도착지-비존재(Nowhere Argument) 논증이라고
한다.

윌리엄 그레이
출처: facebook

> (1) 시간여행은 과거/미래로 가는 여행이다.
> (2) 3차원주의 세계에는 과거/미래가 존재하지 않는다.
> (3) 3차원주의 세계에서 시간여행은 불가능하다.
> (4) 4차원주의 세계에는 과거/미래가 존재한다.
> (5) 4차원주의 세계에서 시간여행은 가능하다.
> (6) 시간여행은 가능하다.
> (7) 따라서 세계는 4차원주의적이다. (결론)

시간여행은 오직 4차원주의 세계에서만 가능한데, 시간여행이
가능하다는 것은 과학자들에 의해서 증명되었으므로, 세계는 4차
원주의적이라는 것이다.

도착지-비존재 논증에 대한 반론

존 W. 캐롤
출처: 노스캐롤라이나대학 홈페
이지

✻   노스캐롤라이나 대학의 철학자 캐롤(John W. Carroll)은 그레이의 4차원주의 논증에 대하여 세 가지 반론을 제시했다.

첫째, 전제(1) "시간여행은 과거/미래로 가는 여행이다"는 명제가 틀렸다는 것이다.[9] 그런데 시간여행이 과거/미래로 가는 여행이 아니라면, 도대체 어딜 가는 여행인가?

그의 설명을 좀 더 들어보자. 과거는 지금 존재하지 않는다. 그럼에도 불구하고 역사학자는 과거를 연구할 수 있다. 그것이 가능한 이유는, 역사학자가 실제로 과거를 연구하는 것이 아니라 과거의 유물이나 과거의 유적을 연구하는 것이기 때문이다. 미래는 아직 존재하지 않는다. 그럼에도 불구하고 점성술사들은 수정구슬을 통해서 미래를 볼 수 있다. (진짜로 그런 게 있다면 말이다.) 그것이 가능한 이유는, 점성술사가 실제로 미래를 보는 것이 아니라 미래 이미지를 보는 것이기 때문이다. 시간여행도 마찬가지다. 시간여행은 문자 그대로의 과거나 미래로 가는 것이 아니라, 과거에 이미 일어난 일이나 미래에 일어날 일과 어떤 관계를 맺는 것(engage)일 뿐이기 때문이다.

이건 그냥
이미지야

나는 이것이, 캐롤이 진지하게 제시한 반론이라고 생각하지는 않는다. 이런 식의 시간여행은 진짜 과거나 미래로 가는 것이 아니라, 기껏해야 기억 속의 과거 혹은 상상 속의 미래로 가는 것일 뿐이다. 이런 식의 시간여행은 아무런 의미가 없다. 터미네이터가 기억 속의 1984년으로 가면, 사라 코너의 털끝 하나라도 건드릴 수 있을까? 민수가 상상 속의 2022년으로 가면, 카타르 월드컵 경기장의 생생한 분위기를 조금이라도 느낄 수 있을까?? 아마 아닐 것이다. 우리가 논의하고자 하는 시간여행은 이런 식의 시간여행이 아니다. 우리의 관심은 진짜 과거나 미래로 가는 시간여행이다.

둘째, 전제(4)와 (5) "4차원주의 세계에서 (과거/미래가 존재하기 때문에) 시간여행이 가능하다"는 명제가 틀렸다는 것이다. 왜냐하면 과거로의 시간여행이 가능하다고 하면, 시간여행자가 과거로 가서 이미 벌어진 과거 역사를 엉망진창으로 만들어버릴 텐데, 그것이 어떻게 가능하겠냐는 것이다.

이 주제에 관해서는 다음 절에서 본격적으로 다룰 것이다. 그 전에 호주 국립대학의 철학자 도위(Phil Dowe)가 제시한 한 가지 사실을 기억할 필요가 있다.[10] 그것은 시간여행자가 과거로 간다고 해서 항상 과거가 뒤죽박죽이 되는 것은 아니라는 점이다. 오히려 그 반대 경우, 즉 시간여행자가 과거를 완성시키는 경우가 있기 때문이다.

필 도위
출처: youtube.com 동영상에
서 캡처

터미네이터의 예를 들어보자. 존 코너는 어머니 사라 코너를 보호하기 위해서 카일 리스를 1984년으로 보낸다. 그리고 1984년으로 간 카일 리스는 사라 코너를 보호하는 임무를 완수하는데, 그 와중에 카일 리스와 사라 코너는 사랑에 빠지게 된다. (SF에도 멜로는 있다.) 그리고 사라 코너는 임신을 하게 되는데, 그렇게 낳은 아

© Paramount Pictures

들이 바로 존 코너다. 결국 카일 리스가 과거로 갈 수 있었기 때문에 존 코너가 태어날 수 있었고, 존 코너가 태어났기 때문에 카일 리스가 과거로 갈 수 있었던 것이다. 카일 리스는 과거 역사를 뒤죽박죽 바꾼 것이 아니라 과거 역사를 완성시킨 것이다.

물론 카일 리스의 생애를 정상적이라고 할 수는 없다. 그는 2000년에 태어나서 존 코너의 부하가 되었다가, 2029년에 시간여행을 하고 1984년으로 가서 죽는다. 게다가 그는 존 코너의 아버지이면서 동시에 존 코너의 부하이기도 하다. 하지만 카일 리스의 생애가 이렇게 비정상적이라고 해서, 그것이 논리적으로 불가능하다고 말할 수는 없다.

그러므로 시간여행자가 과거의 역사를 바꾸는 것은 논리적으로 불가능하지만, 과거 역사를 완성시키는 것은 논리적으로 가능하다. 논리적으로 가능한 것을 비정상적이라는 이유로 틀렸다고 말할 수는 없다.

셋째, 전제(2)와 (3) "3차원주의 세계에는 (과거/미래가 존재하지 않기 때문에) 시간여행은 불가능하다"는 명제가 틀렸다는 것이다. 과거나 미래가 존재하지 않아도 갈 수 있다는 것이다. 이는 도위가 제시한 반론이다.[11]

그런데 터미네이터는 어떻게 존재하지도 않는 곳에 갈 수 있을까? 도위가 재미있는 비유를 하나 제시한다. 민수가 이탈리아에서 세계 최고의 롤러코스터를 건설하고 있다는 뉴스를 접했다고 하자. 민수는 전 세계에 무섭기로 악명 높은 롤러코스터는 하나도 타보지 않은 것이 없을 정도로 롤러코스터 매니아다. 그런데 그는 이탈리아까지 가는 비행기 값을 치를 돈이 없었다.

그래서 그는 이탈리아까지 걸어서 갈 계획을 세웠다. 사실 서울

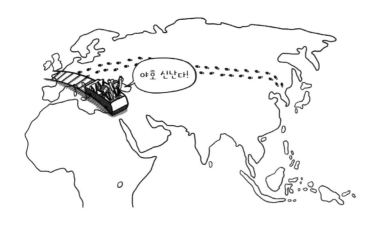

에서 이탈리아로 걸어간다는 것은 불가능에 가까운 일이었다. 하지
만 어느 누구도 민수의 의지를 꺾을 수 없었다. 민수는 소식을 듣
자마자 롤러코스터 건설이 채 완성도 되기 전에 이탈리아로 출발
했다. 민수는 북한을 몰래 통과했고, 다른 상인들과 여행객에 섞여
차마고도와 실크로드를 걸었다. 중동 지역을 통과할 때는 IS의 표
적이 될까 두려워 무슬림 복장으로 위장했고, 동유럽에서는 거의
거지꼴로 돌아다녔다. 그리고 마침내 이탈리아에 도착했다. 서울서
출발한 지 무려 2년 만이었다. 그런데 때마침 도착한 날이 바로 롤
러코스터가 완공된 날이었다. 민수는 개장 첫날 새벽부터 줄을 서
서 롤러코스터를 탔다. 민수는 아낀 비행기 값으로 몇 날 며칠 롤
러코스터만 탔다.

자, 민수는 어떻게 출발했을 때에는 건설도 되지 않았던 롤러코
스터를 탈 수 있었을까? 그것은 간단하다. 민수가 여행을 출발했을
때에는 롤러코스터가 아직 존재하지 않았지만, 도착했을 때에는 롤
러코스터가 존재하였기 때문이다.

시간여행도 마찬가지다. 시간여행자가 출발할 때 과거나 미래는 존재하지 않지만, 그가 도착할 때에는 과거와 미래가 존재하면 되는 것이다. 생각해보라. 지금 현재, 내일은 존재하지 않는다. 하지만 우리는 매일매일 내일로 간다. 아무것도 안 하고 가만히 앉아서 숨만 쉬고 있어도 내일로 간다. 심지어 1년 후로도 갈 수 있다. 살아 있기만 하면 100년 후로도 갈 수 있다. 미래는 지금 존재하지 않지만, 우리는 거기에 도착할 때에 그 미래가 존재하기 때문이다. 이것이 바로 우리가 존재하지 않는 곳으로 갈 수 있다는 증거다. 물론 이런 식으로 미래로 가는 것을 시간여행이라고 하지는 않는다. 하지만 적어도 전제(2)와 (3)이 틀렸다는 것을 보여주는 증거임은 분명하다.

출발지-비존재 논증

＊   여러분은 방금 도위에게서 무언가 속았다는 느낌을 받았을 것이다. 사실 나도 그 느낌을 지울 수 없다. 하지만 문제는 내가 속은 지점이 어딘지 정확히 짚어낼 수 없다는 것이다.

하지만 철학자들이 이런 이상한 이야기를 가만히 듣고만 있을 사람들이 아니다. 특히 여성 철학자에게 이런 식의 말장난은 금물이다. 시드니 대학의 형이상학자 밀러(Kristie Miller)는 도위 주장의 문제가 무엇인지 정확히 짚어냈다.

그녀는 도위가 의도적으로 속임수를 썼다고 주장한다. 시간여행의 출발지와 도착지를 바꾸어 시간여행이 가능한 것처럼 착각

크리스티 밀러
출처: kristiemiller.net

을 일으키게 만들었다는 것이다. 생각해보라. 우리가 원래 생각했던 시간여행은 존재하는 현재에서 출발해서, 존재하지 않는 과거에 도착하는 여행이다. 그런데 이것을 존재하지 않는 미래에서 출발해서, 존재하는 현재에 도착하는 여행으로 바꾸어버린 것이다.

하지만 이렇게 꼼수를 써도 앞뒤가 맞지 않는 건 마찬가지다. 왜냐하면 현재에 도착한 시간여행자는 분명히 지금 존재하는 사람인데, 그런 사람이 출발한 미래는 아직 존재하지 않는 곳이기 때문이다. 어떻게 존재하지도 않는 미래에서 여행을 출발할 수 있단 말인가? 그래서 3차원주의 세계에서 시간여행은 불가능하다는 결론을 내리고 있다. 이것을 출발지-비존재 논증(No Departure Argument)이라고 한다.[12]

(1) 시간여행은 과거/미래에서 오는 여행이다.

(2) 과거/미래는 존재하지 않는다.

(3) 존재하지 않는 곳에서 올 수는 없다.

(4) 따라서 시간여행은 불가능하다. (결론)

출발지-미결정 논증

＊　　같은 호주 사람이라고 봐주지 않는 모양이다. 모나쉬 대학의 윤리학자 다니엘스(Paul Daniels)는 밀러의 출발지-비존재 논증에 딴죽을 걸고 나섰다.[13] 먼저 그는 출발지-비존재 논증의 관점을 바꾸어보자고 제안한다. 존재하지 않는 미래로부터 존재하는 현재로 시

폴 다니엘스
출처: researchgate.net

간여행을 할 수 없다고 볼 것이 아니라, 아직 결정되지 않은 미래의 원인으로 인하여 이미 결정된 현재의 결과가 나올 수 없다고 보자는 것이다. 즉, 미래의 비존재 문제를 미래의 미결정 문제로 바꾸어보자는 것이다. 이것을 출발지-미결정 논증이라고 하자.

 (1) 시간여행은 미래에서 출발하는 여행이다.
 (2) 미래는 아직 결정되지 않았다.
 (3) 결정되지 않은 것이 어떤 것의 원인이 될 수는 없다.
 (4) 따라서 시간여행은 불가능하다. (결론)

그러면서 다니엘스는 약한 결정론(Weak Open Future Doctrine)을 받아들이면 이 논증은 쉽게 논박된다고 말한다.

약한 결정론이란, 말 그대로 결정론의 약한 입장을 말한다. 강한 결정론이 미래에 어떤 일이 벌어질지 현재에 '전부' 결정되어 있다는 입장이라면, 약한 결정론은 미래에 어떤 일이 벌어질지 현재에 '일부' 결정되어 있다는 입장이다. 그래서 어떤 특정 시점이 되면 일부 미래 사건이 벌어질지가 결정된다는 것이다.

약한 결정론의 입장에서 터미네이터의 시간여행을 생각해보자. 터미네이터가 2023년에 출발해서 1984년에 도착했다고 하자. 터미네이터가 도착하기 이전의 시점에서 보면, 터미네이터의 출발은 아직 결정되지 않은 사건이다. 하지만 터미네이터가 도착한 이후의 시점에서 보면, 터미네이터의 출발이 결정된 사건이 된다는 것이다. 이렇게 보면, 아직 결정되지 않은 미래 사건이 원인이 되어 현재 사건의 결과로 나타날 수 있다. 결국 다니엘스는 출발지-비존재 논증을 출발지-미결정 논증으로 바꾸고, 그것을 반박하고 있는 것이다.

내가 보기에 다니엘스는 허수아비 오류(Straw man Fallacy)를 저지르고 있는 것처럼 보인다. 허수아비 오류란, 상대방 주장을 왜곡하여 허술한 주장으로 만들어놓고 그것을 반박하는 것이다. 예컨대 "학교에서 체벌을 금지해야 한다"는 주장에 대해 "그러면 교육을 포기하자는 것이냐"고 반박하거나, "대북지원을 계속해야 한다"는 주장에 대해 "그러면 북한 핵무기 개발을 용인하겠다는 것이냐"고 반박하는 것과 같다. 체벌 금지 주장을 교육 포기 주장으로, 대북지원 주장을 핵무기 개발 용인 주장으로 왜곡하여 그것을 공격하는 것이다. 이와 마찬가지로 출발지-비존재 논증을 출발지-미결정 논증으로 왜곡하여 그것을 공격하고 있는 것이다.

다니엘스가 제기한 이러한 반론을 밀러가 생각하지 못했던 것은 아니다. 다만 그녀는 이러한 인과관계를 가지는 약한 결정론이 너무 이상하기 때문에 심각하게 고려하지 않았던 것일 뿐이다.[14] 하지만 다니엘스는 이렇게 반문한다. 물론, 약한 결정론적 세계가 이상하기는 하다. 하지만 논리적으로 무슨 문제가 있냐는 것이다.[15]

정리

지금까지의 논의를 간단히 정리해보자.

- 그레이는 도착지-비존재 논증을 이용하여 4차원주의를 주장한다. 과거가 존재하는 4차원주의 세계에서만 시간여행이 가능하므로, 세계가 4차원주의적이라는 것이다.
- 도위는 그레이에 대하여 반대한다. 과거가 존재하지 않는 3차원주의 세계에서도 시간여행이 가능하다는 것이다.
- 밀러는 출발지-비존재 논증을 이용하여 도위에 반대한다. 3차

원주의 세계에서는 시간여행이 불가능하다는 것이다.

- 다니엘스는 출발지-미결정 논증을 이용하여 밀러에 반대한다. 3차원주의 세계에서도 시간여행이 가능하다는 것이다.

결론적으로 그레이와 밀러는 4차원주의자라고 볼 수 있다. 그리고 도위와 다니엘스는 3차원주의 입장에 섰다고 볼 수 있다. 하지만 이들을 3차원주의자라고 단언하기는 힘들다. 왜냐하면 도위와 다니엘스는 그레이와 밀러에 반대하고는 있지만, 3차원주의를 적극적으로 주장하는 것은 아니기 때문이다. 도위와 다니엘스의 목적이 3차원주의를 옹호하는 것이라면 시간여행이 불가능하다고 주장하면 되지, 군이 3차원주의 세계에서도 시간여행이 가능하다는 주장을 할 필요는 없었을 것이다. 하긴 그렇게 하지 않는 이유를 충분히 이해할 수 있다. 시간여행이 불가능하다고 주장하는 것은 또다른 문제이기 때문이다. 그래도 군이 분류해야 한다면, 도위와 다니엘스를 3차원주의자로 남겨두어도 괜찮을 것 같다.

나는 도위가 그레이와 밀러의 논증을 봉쇄하는 데 성공했다고 생각한다. 도위의 입장을 터미네이터 사례에 비추어보면 쉽게 이해가 된다. 2029년 터미네이터가 시간여행을 출발한 때에는 2029년이 현재다. 그리고 1984년 터미네이터가 시간여행에서 도착한 때에는 1984년이 현재다. 결국 터미네이터는 현재에 출발하고 현재에 도착한 셈이다. 왜냐하면 터미네이터가 존재하는 곳은 항상 현재이기 때문이다. 그것은 마치 우리가 항상 현재를 살고 있는 것과 같다. 오늘은 오늘이 현재지만, 내일은 내일이 현재다. 우리는 항상 현재 존재한다. 여기에 어떤 논리적인 문제도 없다. 따라서 3차원주의 세계에서도 터미네이터는 언제든지 어느 시점으로든지 갈 수 있다.

비록 논리적인 문제는 없지만, 도위의 주장은 상당히 억지스러워 보인다. 그의 주장은 결국 "3차원주의를 받아들이면, 3차원주의적 시간여행이 가능하다"는 것이다. 그런데 사실 이러한 주장은 선결문제 요구의 오류(Begging the Question)를 범하고 있는 것이다. 선결문제 요구의 오류란, 결론으로 내리려는 주장을 전제로 삼고 그 전제로부터 같은 주장을 결론으로 내리는 오류를 말한다. 전제와 결론이 순환구조라는 말이다. 예컨대 "신은 존재한다. 왜냐하면 성경에 그렇게 쓰여 있으니까"라고 말하거나, "아편을 먹으면 졸린다. 왜냐하면 아편에는 수면제 성분이 있으니까"라고 말하는 것과 같다.

도위의 주장이 선결문제 요구의 오류를 범하고 있음에도 불구하고, 내가 도위의 반론이 성공했다고 생각하는 이유는, 그레이와 밀러도 또한 선결문제 요구의 오류를 범하고 있기 때문이다.

왜 그런지 보자. 그레이와 밀러의 주장의 요지는 "4차원주의 세계에는 과거/미래가 존재하므로 시간여행이 가능하다"는 것이다. 이 말은 결국 "4차원주의를 받아들이면, 4차원주의적 시간여행이 가능하다"는 것이다. 이 또한 선결문제 요구의 오류라고 볼 수 있다.

결국 3차원주의자는 3차원주의적 시간여행이 가능하다고 주장하고, 4차원주의자는 4차원주의적 시간여행이 가능하다고 주장하고 있는 셈이다. 그래서 도위는, 그레이와 밀러도 선결문제 요구의 오류를 범하고 있는데 나라고 못 할 이유가 뭐 있어, 라고 말하는 것 같다. 사실 이것도 또 다른 오류다. 이런 오류를 피장파장 오류(tu quoque)라고 한다. 너나 나나 마찬가지라는 것이다. 에구. 이제 그만하자.

어쨌든 도위는 그레이와 밀러의 4차원주의 논증을 봉쇄하는 데 성공하였지만, 그렇다고 해서 4차원주의 자체에 어떤 타격을 입힌 것은 아니다. 왜냐하면 그레이와 밀러의 논증의 결론은 "4차원주의 세계에서만 시간여행이 가능하다"는 것이었는데, 도위의 반론은 기껏해야 "3차원주의 세계에서도 시간여행이 가능하다"는 것을 보여주었을 뿐이기 때문이다. 4차원주의를 제대로 반박하려면 "시간여행은 논리적으로 불가능하다"고 하는 것 정도는 보여주었어야 했다. 이것이 바로 다음 절의 주제다.

팀은 자신의 할아버지를
죽일 수 있을까?

3

유럽에서 벌어진 전쟁에 대하여 미국은 계속해서 중립적인 입장을 취하고 있었다. 하지만 제국주의 일본의 가미카제 특공대가 미국의 진주만 기지를 폭격하자, 미국은 전쟁에 개입하지 않을 수 없었다. 초반에 미국은 수세에 몰린 전세를 역전시키기 위하여 원자폭탄 개발에 착수하였다. 이것이 이른바 맨해튼 프로젝트다.

미국의 물리학자 로버트 오펜하이머(Robert Oppenheimer)가 맨해튼 프로젝트를 진두지휘하였다. 프로젝트의 참여인원만 13만 명이 넘었고 연구비만 20억 달러가 넘었다. 가히 사상 최대의 과학 프로젝트였다. 수많은 시행착오 끝에 연구팀은 원자폭탄 개발에 성공하였다. 원자폭탄이 개발되고 2주도 채 되지 않아, 미국은 일본의 히로시마와 나가사키에 원자폭탄을 투하했다. 순식간에 수만 명이 죽었고, 살아남은 사람들 수십만 명은 방사능 피폭으로 서서히 죽어갔다. 그리고 1945년 8월 15일 결국 일본은 무조건항복을 선언하기에 이르렀다.

로버트 오펜하이머는 전쟁 영웅이 되었다. 하지만 정작 그는 심한 죄

책감에 시달렸다. 그는 자신이 만든 원자폭탄이 그토록 많은 사람들을 죽이게 될 줄 몰랐다. 낮에는 거의 멍한 상태로 지냈고 밤에는 악몽에 시달렸다. 그의 정신은 나날이 피폐해져갔다.

그래도 그는 강인한 사람이었다. 정신을 수습한 그는 이후 수소폭탄 개발에 반대하는 성명을 내었고, 반정부 활동에 적극 가담했다. 트루먼 대통령에게 "자신의 손에 피가 묻어 있다"고 말하는 등 과격한 발언도 서슴지 않았다. 결국 그는 모든 공직에서 쫓겨났다.

그는 오히려 홀가분했다. 그는 평생을 연구했던 핵물리학을 포기하고 아인슈타인의 상대성이론을 연구하기 시작했다. 상대성이론을 이용하면 타임머신을 발명할 수 있을 것 같았기 때문이다. 그는 타임머신을 타고 과거로 돌아가서 자신이 만든 원자폭탄을 없애버리고 싶었다. 그러면 그 많은 무고한 사람들을 살릴 수 있을 것 같았다. 그는 연구실에 틀어박혀 미친 듯이 타임머신 연구에 매진했다. 하지만 당시의 지식과 기술로 타임머신은 어림도 없는 것이었다. 1967년 아쉽게도 그는 꿈을 이루지 못한 채 사망하고 말았다.

2018년 물리학자 팀 오펜하이머(Tim Oppenheimer)는 타임머신을 발명하는 데 성공했다. 팀의 집안에는 대대로 저명한 물리학자들이 많았다. 할아버지의 피를 물려받은 그는 물리이론을 응용하여 실용적인 기계를 만드는 데 천부적인 재능을 가지고 있었다.

팀 오펜하이머의 할아버지가 바로 원자폭탄을 개발한 로버트 오펜하이머다. 팀은 이제 할아버지의 유언을 실행할 수 있게 되었다. 할아버지는 팀에게, 타임머신을 개발하면 1920년으로 가서 자신을 없애달라고 유언을 남겼던 것이다. 1920년은 바로 할아버지가 원자폭탄의 핵심 이론을 발견한 해이기 때문이다.

팀은 성능 좋은 저격총을 구했다. 근처 사격장에 가서 틈틈이 사격 훈련도 했다. 꽤 훌륭한 저격 솜씨를 가지게 되었을 때, 그는 할아버지의 유언을 실행에 옮기기로 결심했다. 그는 타임머신에 올라탔다. 그리고 1920년 여름을 목적시점으로 세팅했다.

정말 무더운 여름이었다. 그는 할아버지가 적어준 주소를 찾아가 그 집 건너편 3층 옥상에 매복하기로 했다. 옥상으로 올라가는 동안 그는 내내 마음이 무거웠다. 할아버지를 자신의 손으로 죽여야 한다고 생각하니 더없이 가슴이 아팠다. 팀은 후회가 몰려왔다. 하지만 자신의 결행은 인류를 위한 것이라고 다짐했다. 그리고 그것은 할아버지의 유언이기도 했다.

매복하고 있은 지 다섯 시간이 넘었다. 힘겨운 더위였다. 땀이 비 오듯 쏟아졌다. 조금 있으면 날도 어두워질 듯했다. 팀은 힘들고 초조했다. 그러던 순간 할아버지 집 대문이 빼꼼히 열리는 소리가 들렸다. 그리고 어딘가 낯익은 젊은 사람이 나왔다. 팀은 한눈에 그 사람이 자신의 할아버지라는 것을 알았다. 자신의 아버지의 젊었을 때 모습과 영락없이 똑같았기 때문이다.

팀과 할아버지와의 거리는 불과 50여 미터. 팀의 솜씨로 보아 이 정도 거리면 충분했다. 팀은 이제 방아쇠만 당기면 된다. 긴장의 순간이었다.

그런데 팀은 불현듯 이런 생각이 들었다. 할아버지가 원자폭탄을 개발한 것은 이미 벌어졌고, 일본에 원자폭탄이 떨어져서 많은 사상자가 발생한 것도 이미 벌어진 일이었다. 그뿐만이 아니었다. 지금은 1920년이고 자신의 아버지는 1922년에 태어났으므로, 내가 할아버지를 죽이면 아버지는 존재할 수 없었을 것이다. 따라서 나도 존재할 수 없었을 것이다. 그런데 존재하지도 않는 내가 어떻게 할아버지를

죽일 수 있단 말인가? 그리고 할아버지가 죽으면 지금의 나는 어떻게 되는가? 이런 생각이 들자 갑자기 현기증이 나면서 식은땀이 흘렀다.

하지만 그런 한가한 걱정을 할 때가 아니었다. 오랫동안 기다려온 바로 그 순간이 왔다. 지금 기회를 놓치면 영영 기회가 없을 수도 있었다. 팀은 할아버지처럼 결단력이 있는 사람이었다. 그는 마음을 다 잡고, 방아쇠를 천천히 잡아당겼다. 그런데…….

질문은 이렇다. 팀은 과연 자신의 할아버지를 죽일 수 있을까?

할아버지 패러독스 논증

* 시간여행자가 과거를 바꾸려는 이야기는 SF 영화나 소설의

단골 소재다. 영화 〈터미네이터〉에서 터미네이터는 과거로 가서 미래의 인류 지도자 존 코너의 어머니를 죽이려 한다. 존 코너의 출생을 막아보겠다는 것이다. 그리고 영화 〈12몽키스〉에서 주인공 콜은 과거로 가서 미래에 인류를 멸망시킨 바이러스 샘플을 구하려 한다. 인류의 멸망을 막아보겠다는 것이다.

그런데 이미 벌어진 과거를 바꿀 수 있을까? 아무리 생각해도 그것은 불가능해 보인다. 아리스토텔레스의 말마따나, 그것은 신(God)조차도 할 수 없는 일처럼 보인다.[16] 이 점에서는 스티븐 호킹(Stephen Hawking, 1942~2018)도 동의했다. 그는 시간여행이 가능하면 과거가 뒤죽박죽될 것이기 때문에, 시간여행을 불가능하도록 만드는 어떤 물리법칙이 있을 거라고 생각했다.[17]

왜 시간여행이 불가능한지 생각해보자. 팀이 할아버지를 죽이는 데 성공했다고 하자. 그러면 팀은 태어나지 않았을 것이다. 그러면 할아버지는 죽지 않았을 것이다. 그러면 팀은 태어났을 것이다. 그러면 할아버지는 죽었을 것이다. 그러면 팀은 태어나지 않았을 것이다. 그러면 할아버지는 죽지 않았을 것이다. 그러면 팀은 태어났을 것이다.…… 이러한 순환은 무한히 반복된다. 그래서 결국 팀은 할아버지를 죽일 수도 없고 죽이지 않을 수도 없다.

호프스태터(Douglas Hofstadter)는 『괴델, 에서, 바흐(Gödel, Escher, Bach)』에서 이러한 구조를 보여주는 두 문장을 소개하였다.[18]

스티븐 호킹
Photo: Frank Leonhardt/
dpa

아래 문장은 거짓이다.
위 문장은 참이다.

위 문장이 참이면 아래 문장은 거짓이다. 아래 문장이 거짓이면

더글라스 호프스태터
Photo: Maurizio Codogno

위 문장은 거짓이다. 위 문장이 거짓이면 아래 문장은 참이다. 아래 문장이 참이면 위 문장은 참이다. 위 문장이 참이면 아래 문장은 거짓이다.…… 이러한 순환은 무한히 반복된다. 그래서 결국 두 문장은 참일 수도 없고, 거짓일 수도 없다.

에셔(M. C. Escher)의 작품 〈그리는 손(Drawing Hands)〉(1948)을 보자. 두 개의 손이 서로를 그리면서 서로 연결되어 있는 것처럼, 위 두 개의 문장도 서로 연결되어 있다. 더글라스 호프스태터는 이것을 "이상한 고리(Strange Loop)"라고 불렀다.

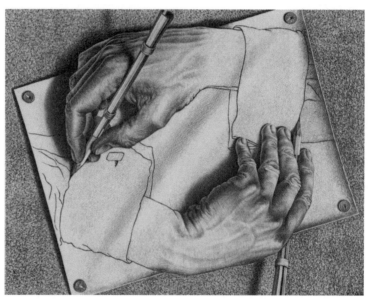

에셔, <그리는 손>, 28.2cm×33.2cm

시드니 대학의 철학자 스미스(Nicholas Smith)는 이러한 모순을 이용하여 시간여행이 불가능하다는 논증을 제시하였다.[19] 이것을 할아버지 패러독스 논증(Grandfather Paradox Argument)이라고 하자.

(1) 팀이 시간여행을 할 수 있다고 하자. (가정)

(2) 팀은 할아버지를 죽일 수 있다.

　　팀은 좋은 총도 가지고 있고 사격 솜씨도 훌륭하기 때문이다.

(3) 팀은 할아버지를 죽일 수 없다.

　　팀이 할아버지를 죽인다면 팀은 태어날 수 없기 때문이다.

(4) 팀은 할아버지를 죽일 수 있고, 죽일 수 없다. (모순)

(5) 따라서 팀은 시간여행을 할 수 없다. (결론)

이러한 논증을 귀류법(Reductio ad absurdum) 논증이라고 한다. 즉, 어떤 명제를 가정하여 모순을 이끌어낸 후, 가정한 것이 틀렸다고 결론을 내는 논증이다. 이 논증에서는 "팀이 시간여행을 할 수 있다"고 가정하고, 그로부터 "팀은 할아버지를 죽일 수 있고, 죽일 수 없다"는 모순을 이끌어낸 후, "팀은 시간여행을 할 수 없다"는 결론을 내렸다.

루이스의 반론

＊　4차원주의자들에게 할아버지 패러독스 논증은 심각한 골칫거리다. 왜냐하면 이들은 (실제로는 몰라도 적어도 논리적으로는) 시간여행이 가능하다고 생각하기 때문이다. 루이스(David Lewis)는 논증이 틀렸다고 말한다. 전제(4) "팀은 할아버지를 죽일 수 있고, 죽일 수 없다"는 명제가 모순이 아니라는 것이다.

그런데 왜 이 명제가 모순이 아닐까? 루이스의 설명을 들어보자.[20] "원숭이는 핀란드 말을 할 수 없다." 원숭이의 지능은 언어를 배우기에 부족하고, 원숭이의 구강구조는 인간의 언어를 발성하기에 적합하지 않기 때문이다. 마찬가지로 "민수는 핀란드 말을 할 수 없다." 민수는 핀란드에 가본 적도 없고, 핀란드 말을 들어본 적도 없기 때문이다.

어느 날 안드로메다 외계인들이 지구 생명체를 탐사하러 왔다. 그들은 원숭이 한 마리와 민수를 우주선으로 납치해 갔다. 외계인들은 원숭이의 지능을 테스트하고 신체를 해부했다. 그리고 여러 가지 정보를 분석한 후 '원숭이 보고서'에 이렇게 기록했다. "원숭이는 핀란드 말을 할 수 없다." 다음은 민수 차례. 외계인들은 원숭이한테 한 것과 똑같이 민수의 지능을 테스트하고 신체를 해부했다. 그리고 '민수 보고서'에 이렇게 기록했다. "민수는 핀란드 말을 할 수 있다."

잠깐. 민수가 핀란드 말을 할 수 있다고? 왜 외계인들은 민수가 핀란드 말을 할 수 있다는 결론을 내렸을까?

하긴 외계인의 관점에서 보면 그건 당연하다. 왜냐하면 민수의 지능과 구강구조가 핀란드 말을 하기에 적합하기 때문이다.

결국 루이스는 'X는 Y를 할 수 있다'는 말의 정의를 다음과 같이 보고 있는 것이다.

'X가 Y를 한다'는 사실과 다른 사실들이 함께 참일 수 있다.(compossible)

루이스의 정의에 따르면, 우리가 "민수는 핀란드 말을 할 수 없다"고 판단한 이유는, '민수가 핀란드 말을 한다'는 사실과 '민수는 핀란드 말을 들어본 적도 없다'는 사실이 둘 다 참일 수 없기 때문이라는 것이다. 그리고 외계인이 "민수는 핀란드 말을 할 수 있다"고 판단한 이유는, '민수가 핀란드 말을 한다'는 사실과 '민수의 지적 능력과 구강구조가 핀란드 말을 하기에 적합하다'는 사실이 둘 다 참일 수 있기 때문이라는 것이다. 그래서 "민수는 핀란드 말을 할 수 있으면서, 할 수 없다."

이렇게 보면 "팀은 할아버지를 죽일 수 있고, 죽일 수 없다"는 명제는 모순이 아니다. 왜냐하면 '팀이 할아버지를 죽인다'는 사실과 '팀이 좋은 총도 가지고 있고 사격 솜씨도 훌륭하다'는 사실이 둘 다 참일 수 있기 때문에 "팀은 할아버지를 죽일 수 있다"는 명제도 참이고, '팀이 할아버지를 죽인다'는 사실과 '팀이 할아버지를 죽인다면 팀은 태어날 수 없다'는 사실이 둘 다 참일 수 없기 때문에 "팀은 할아버지를 죽일 수 없다"는 명제도 참이기 때문이다.

루이스의 주장을 다르게 설명해보자. 결정론(Determinism)은 미래에 발생할 일이 자연법칙에 의해서 결정되어 있다는 입장이다. 그리고 인간이 자유의지(Free Will)를 가진다는 말은, 인간이 자발적인 선택으로 자신의 행동을 스스로 결정한다는 의미다.

결정론을 믿는 사람들은, 인간의 모든 행위가 이미 결정되어 있으므로 인간에겐 자유의지가 있을 수 없다고 주장한다. 반면 인간이 자유의지를 가지고 있다고 믿는 사람들은, 인간의 행위가 결정되어 있지 않으므로 결정론이 틀렸다고 말한다. 이처럼 결정론을 받아들이거나 인간의 자유의지를 받아들이거나, 둘 중에 하나를 선택해야 할 것처럼 보인다.

하지만 결정론과 인간의 자유의지, 둘 다 옳을 수도 있다. 자유의지(free will)라는 말이 여러 의미를 가지고 있기 때문이다. "인간에게 자유의지(free will)는 없다"는 말은 인간이 자발적 행위를 할 수 없다는 의미고, "결정론 세계에서 인간은 자유롭지 못하다(not free)"는 말은 인간의 행위에 인과적 구속력이 없다는 의미다. 서로 다른 의미를 가지기 때문에 결정론과 인간의 자유의지 둘 다 옳을 수 있다. 그것은 마치 'free'라는 단어가 '자리에 임자가 없다'는 의미도 가지고 '공짜'라는 의미도 가지기 때문에, "안마의자가 free하면서 free하지 않다"고 말할 수 있는 것과 같다. (이 말은 두 가지로 해석된다. 하나는 "안마의자 자리를 맡아놓은 사람은 없지만 거기에 앉으려면 돈을 내야 한다"는 의미고, 다른 하나는 "안마의자에 공짜로 앉을 수는 있지만 이미 자리를 맡아놓은 사람이 있다"는 의미다.)

민수의 핀란드 논란도 마찬가지다. "민수는 핀란드 말을 할 수 있고, 할 수 없다"는 명제는 참일 수 있다. '할 수 있다'고 말할 때 can의 의미와 '할 수 없다'고 말할 때 can의 의미가 다르기 때문이다.

비벨린의 반론과 브라나스의 재반론

＊   남부캘리포니아 대학의 철학자 비벨린(Kadri Vihvelin)은 루이스의 주장에 반대한다. '할 수 있다'는 말이 맥락에 따라 다르게 쓰일 수 없다는 것이다. 그러면서 그녀는 'X는 Y를 할 수 있다'는 말을 다음과 같이 정의하였다.[21]

> 만약에 X가 Y를 시도한다면, X는 Y를 성공하거나 성공할 수 있을 것(might)이다.

예를 들어보자. "민수는 자전거를 탈 수 있다"는 문장의 의미는 "민수가 자전거 타기를 시도한다면, 그것을 성공하거나 성공할 수 있다"는 문장이 참이라는 것이다. 그리고 "민수는 하늘을 날 수 없다"는 문장의 의미는 "민수가 하늘을 나는 것을 시도한다면, 그것을 성공하거나 성공할 수 있다"는 문장이 거짓이라는 것이다.

이것을 팀의 이야기에 대입시켜보면, "팀은 할아버지를 죽일 수 없다." 왜냐하면 "팀이 할아버지를 죽이려 시도한다면, 팀은 성공하거나 성공할 수 있을 것이다"는 문장이 거짓이기 때문이다. 그래서 그냥 "팀은 할아버지를 죽일 수 없다"고 해야지, "팀은 할아버지를 죽일 수 있고, 죽일 수 없다"고 말할 수는 없다.

비벨린은 이처럼 루이스에 반대한지만, 그렇다고 해서 그녀가 시간여행이 불가능하다는 주장을 하거나 3차원주의가 옳다고 주장하는 것은 아니다. 그녀는 단지 루이스의 개념 정의가 틀렸다고 지적하는 것일 뿐이다.

피터 브라나스
출처: 위스콘신-메디슨대학 홈
페이지

위스콘신-메디슨 대학의 논리학자 브라나스(Peter Vranas)는 비벨린에 반대한다. 비벨린의 정의에 맞지 않는 반례가 있다는 것이다. 즉, "X가 Y를 할 수 있다"가 참이지만, "만약 X가 Y를 시도한다면 X가 Y를 성공하거나 성공할 수 있다"가 거짓인 경우가 있다는 것이다.[22] 예를 들어보자. 민수는 노래를 잘해서, 전국노래자랑에 나갈 만큼의 실력이 충분하다고 하자. 그런데 막상 전국노래자랑에 나가기 위해서 예선심사에서 노래를 부를 때면, 긴장으로 실력 발휘를 못 하고 항상 떨어진다고 하자. 그래서 "만약에 민수가 전국노래자랑에 나가려고 시도한다면, 민수는 그것을 성공하거나 성공할 수 있다"는 것이 거짓이라고 해야 한다. 따라서 비벨린의 정의에 따르면 "민수는 전국노래자랑에 나갈 수 없다"고 해야 한다. 하지만 브라나스는 그렇게 생각하지 않는다. 노래 실력으로 볼 때 여전히 "민수는 전국노래자랑에 나갈 수 있다"는 것이다.

이런 반례는 얼마든지 있다. 민수는 아무 생각 없이 타이핑을 할 때에는 1분에 100타 이상 칠 수 있다고 하자. 하지만 막상 시간을 재면서 치면 손이 곱아서 그렇게 빨리 치지 못한다고 하자. 그래서 "만약에 민수가 1분에 100타를 치려고 시도하면, 민수는 그것을 성공하거나 성공할 수 있다"는 것이 거짓이라고 해야 한다. 따라서 비벨린의 정의에 따르면 "민수는 1분에 100타를 칠 수 없다"고 말해야 한다. 그러나 브라나스는 그렇게 생각하지 않는다. 타자 실력으로 볼 때 여전히 "민수는 1분에 100타 이상 칠 수 있다"는 것이다.

정리

지금까지의 논의를 간단히 정리해보자.

- 스미스는 할아버지 패러독스 논증을 이용하여 시간여행이 불가능하다고 주장한다. 왜냐하면 팀이 시간여행을 하면 "팀은 할아버지를 죽일 수 있고, 죽일 수 없다"는 모순이 발생한다는 것이다.
- 루이스는 "팀은 할아버지를 죽일 수 있고, 죽일 수 없다"는 문장이 모순이 아니라고 반박한다. '할 수 있다'는 개념이 맥락에 따라 다르기 때문이라는 것이다.
- 비벨린은 '할 수 있다'는 개념이 맥락에 따라 달라진다는 루이스의 주장에 반대한다. 그리고 '할 수 있다'는 개념에 대한 자신의 정의를 제시한다.
- 브라나스는 비벨린의 정의에 반례가 있음을 지적한다.

결론적으로 스미스와 비벨린은 3차원주의 입장을 가지고 있다고 볼 수 있고, 루이스와 브라나스는 4차원주의 입장을 가지고 있다고 볼 수 있다.

내가 보기에, 브라나스는 비벨린의 허점을 제대로 찔렀다. 비벨린이 '할 수 있다(can)'는 개념을 정의하면서 '시도한다(try)'는 개념까지 도입할 필요는 없었다. 브라나스가 그것을 지적한 것이다. 그런데 사실 알고 보면, 브라나스의 반론은 루이스의 정의를 응용한 것일 뿐이다.

왜 그런지 보자. 브라나스 주장의 요지는, 민수의 노래 실력을 볼 때 민수는 전국노래자랑에 나갈 수 있지만 그는 예선에서 항상 떨어지기 때문에 전국노래자랑에 나갈 수 없다는 것이다. 다른 말로 하면, 민수는 어떤 맥락에서는 전국노래자랑에 나갈 수 있고, 다른 맥락에서는 전국노래자랑에 나갈 수 없다는 말이다. 어떻게 그럴 수 있는가? 그 이유는 브라나스가 사실상 루이스의 정의를 받아들였기 때문이다. 즉, "민수는 전국노래자랑에 나갈 수 있다"는 문장이 참인 이유는 '민수는 전국노래자랑에 나간다'는 사실과 '민수는 노래 실력이 출중하다'는 사실이 모두 참일 수 있기 때문이고, "민수는 전국노래자랑에 나갈 수 없다"는 문장이 참인 이유는 '민수는 전국노래자랑에 나간다'는 사실과 '민수는 전국노래자랑 예선에만 나가면 긴장해서 실력 발휘를 못 한다'는 사실이 모두 참일 수 없기 때문이라고 보았기 때문이다.

　나는 '할 수 있다'는 개념이 맥락에 따라 달라진다는 루이스의 설명에 반대한다. 누군가 무엇을 할 수 있는지 없는지를 알려면, 그와 관련된 모든 사실을 고려해야 하지 특정 사실만을 고려해서는 안 된다. 예컨대 민수가 전국노래자랑에 나갈 수 있는지 없는지를 알려면 민수의 노래 실력과 관련된 모든 사실들과 함께 참일 수 있는지 없는지를 판단해야 한다. 일부 사실들만 가지고 판단해서는 알 수 없다. 모든 사실들을 고려해보다가 '민수는 전국노래자랑 예선에만 나가면 긴장해서 실력발휘를 못 한다'는 사실을 알았다면 "민수는 전국노래자랑에 나갈 수 없다"고 말해야 한다.

　팀의 경우도 마찬가지다. 팀이 할아버지를 죽일 수 있는지 없는지 알려면, 팀의 할아버지와 관련된 모든 사실들과 함께 참일 수 있는지 없는지를 살펴보아야 한다. 관련된 사실들 중 하나라도 함께 참일 수 없으면, 그것은 거짓이다. '팀이 할아버지를 죽인다'는 사실과 '팀의 할아버지가 죽으면 팀은 태어날 수 없었다'는 사실이 함께 참일 수 없으므로 "팀은 할아버지를 죽일 수 없다"로 말해야 한다.

그래서 나는 'X가 Y를 할 수 있다'는 개념을 다음과 같이 정의할 것을 제안한다.

> 'X가 Y를 한다'는 사실과 함께 참일 수 없는 사실이 하나도 없었 거나, 없거나, 없을 것이다.

예컨대 '민수는 전국노래자랑 예선에만 나가면 긴장해서 실력 발휘를 못 한다'는 사실이 있기 때문에 "민수는 전국노래자랑에 나 갈 수 없다"고 말해야 하고, '팀의 할아버지가 죽으면 팀은 태어나 지 않는다'는 사실이 있기 때문에 "팀은 할아버지를 죽일 수 없다" 로 말해야 한다. 만약에 그러한 사실들이 없다면, 민수는 전국노래 자랑에 나갈 수 있고, 팀은 할아버지를 죽일 수 있다.

그런데 내가 여기에서 현재사실만을 고려하지 않고, 과거사실과 미래사실까지 고려한 이유는, 미래사실도 이미 벌어진 사실이 되는 시간여행자의 상황까지 포섭하기 위해서다. "팀은 태어나지 않는 다"와 같은 사실은 팀이 할아버지를 죽이려는 시점에서 보면 미래 사실이기 때문이다.

나의 정의를 받아들이면, 할아버지 패러독스 논증에서 전제(2) "팀은 할아버지를 죽일 수 있다"는 거짓이 된다. 따라서 할아버지 패러독스 논증은 건전하지 않은 논증이라는 것이 밝혀졌다.

하지만 또 다른 질문이 생겼다. 왜 팀은 실제로 할아버지를 죽일 수 없을까? 이제부터 이 질문에 대해서 대답해보자.

> 오랫동안 기다려온 바로 그 순간이 왔다. 지금 기회를 놓치면 영 영 기회가 없을 수도 있었다. 팀은 할아버지처럼 결단력이 있는 사

람이었다. 그는 마음을 다잡고, 방아쇠를 천천히 잡아당겼다. 그런데…… 아뿔싸. 팀은 갑자기 발밑에 바나나 껍질을 밟고 미끄러져 넘어지고 말았다. 그의 계획은 수포로 돌아갔다.

이 정도로 물러설 팀이 아니었다. 다음 날 팀은 또 기다렸다. 이번에도 같은 시간에 할아버지가 집 밖으로 나오는 것을 발견했다. 그는 자세를 잡고 방아쇠를 천천히 잡아당겼다. 그런데…… 아뿔싸. 이번에도 팀은 발밑의 바나나 껍질을 밟고 미끄러져 넘어지고 말았다. 그의 계획은 또다시 수포로 돌아갔다.

다음 날 또 기다렸다. 팀은 이번에는 옥상에 있는 바나나 껍질을 전부 치워놓았다. 두 번이나 넘어지면서 엉치뼈가 욱신거렸다. 할아버지는 이번에도 같은 시간에 나왔다. 그는 또다시 자세를 잡고 방아쇠를 천천히 잡아당겼다. 그런데…… 아뿔사. 이번에는 하늘에서 날벼락이 팀의 총에 떨어졌다. 팀은 벼락을 맞고 쓰러졌다. 그의 계획은 또다시 수포로 돌아갔다.

다음 날 또 기다렸다. 날벼락도 그의 의지를 꺾을 수 없었다. 팀은 이번엔 피뢰침 옆에 자리를 잡았다. 맑은 날에도 날벼락이 칠 수 있다

또 바나나 껍질…

는 것을 뼈저리게 경험했기 때문이다. 할아버지는 이번에도 같은 시간에 나왔다. 그는 또다시 자세를 잡고 방아쇠를 천천히 잡아당겼다. 그런데…… 아뿔사. 이번에는 새똥이 조준 망원경에 떨어졌다. 그는 타깃을 놓쳤다. 그의 계획은 또다시 수포로 돌아갔다.

다음 날에는 갑자기 지진이 일어나는 바람에…… 다음 날에는 갑자기 현기증이 나는 바람에…… 다음 날에는 갑자기 건물이 무너지는 바람에…… 매번 팀이 방아쇠를 당기려 할 때마다 이상한 일들이 계속해서 일어났다. 결국 팀은 포기했다. 할아버지의 유언을 포기하고 다시 2018년으로 돌아왔다.

질문은 이렇다. 팀이 할아버지를 죽이려 할 때마다, 평소에는 도저히 일어날 것 같지 않는 이런 일들이 왜 계속해서 일어나는 것일까?

바나나 할아버지 패러독스 논증

＊　럿거스 대학의 형이상학자 사이더(Ted Sider)는 열성적인 4차원주의자다. 그래서 할아버지 패러독스는 그에게 손톱 밑에 가시 같은 문제였다.

하지만 그는 시간여행이 모순을 일으킨다고 해서, 시간여행이 불가능하다고 말할 수 없다고 생각했다. 그는 이런 비유를 들었다. 누군가 박스 안에 둥근 사각형이 존재한다고 주장했다고 하자. 그러면 "둥근 사각형은 모순이니까 존재할 수 없어"로 말하면 되지, 굳이 "그런 박스는 존재할 수 없어"라고 말할 필요가 없다는 것이다.[23]

사이더는 루이스의 해법이 마음에 들지 않았던 모양이다. 그래서 그는 자신만의 해법을 제시하였다. 그것은 '할아버지 패러독스 논증'을 '바나나 할아버지 패러독스 논증'으로 재구성하고, 이렇게 재구성된 논증이 틀렸다고 주장하는 것이다.[24] (내가 왜 하필 그의 논증에 '바나나'라는 이름을 붙였는지는 나중에 알게 될 것이다.)

두 형식의 조건문을 보자.

(A) 만약에 민수가 운전을 했다면, 교통사고가 발생했을 것이다.
(B) 만약에 민수가 운전을 했다면, 교통사고가 발생할 수도 있었을 것이다.

(A)는 교통사고가 반드시 발생했을 것이라는 말이고, (B)는 교통사고가 발생했을 수도 있고 발생하지 않았을 수도 있다는 말이다. 따라서 직관적으로 볼 때 (A)는 거짓이고 (B)는 참이다. 민수가 아무리 무면허에 난폭한 운전자라고 해도, 반드시 교통사고가 발생하리라는 법은 없기 때문이다.

두 형식의 조건문을 팀의 이야기에 적용해보자.

(C) 팀이 할아버지를 죽이려 했다면, 바나나 껍질을 밟고 넘어졌을 것이다.
(D) 팀이 할아버지를 죽이려 했다면, 바나나 껍질을 밟고 넘어질 수도 있었을 것이다.

여기에서 (C)는 팀이 바나나 껍질을 밟고 반드시 넘어졌을 것이라는 말이고, (D)는 팀이 넘어졌을 수도 있고 그렇지 않을 수도 있다는 말이다. 따라서 직관적으로 볼 때 (C)는 거짓이고 (D)는 참이다. 팀이 반드시 바나나 껍질을 밟고 넘어지라는 법은 없기 때문이다. (여기에서 바나나 껍질을 밟고 넘어져서 할아버지 살해에 실패할 것이라는 말은 그냥 한 가지 표현일 뿐이다. 팀이 번개에 맞거나, 총구에 새똥이 떨어지거나, 지진이 일어나서 실패할 수도 있다.)

사이더는 조건문 (C)를 이용하여 할아버지 패러독스 논증을 재구성하였다. 이것을 바나나 할아버지 패러독스 논증이라고 하자.

> (1) 팀이 시간여행을 할 수 있다고 하자. (가정)
> (2) 만일 시간여행이 가능하다면, (C)는 참이다.
> (3) 직관적으로 볼 때 (C)는 거짓이다.
> (4) (C)는 참이면서 거짓이다. (모순)
> (5) 팀은 시간여행을 할 수 없다. (결론)

사이더의 반론

＊ 사이더는 바나나 할아버지 패러독스 논증이 건전하지 않다고 주장한다. (C)는 참이고 따라서 논증의 전제(3)이 틀렸다는 것이다. 그런데 어떻게 (C)가 참일 수 있는가? 사이더의 설명을 들어보자.[25]

사이더는 (C)는 다음 문장 (C-1)을 약식으로 표현한 것일 뿐 사실은 같은 의미라고 주장한다.

(C-1) 팀이 할아버지를 죽이려 했는데 실패했다면, 팀은 바나나 껍질을 밟고 넘어졌을 것이다.

(C)와 (C-1)의 차이에 주목하자. (C)의 조건은 "팀이 할아버지를 죽이려 했다면"이고, (C-1)의 조건은 "팀이 할아버지를 죽이려 했는데 실패했다면"이다. 즉, (C-1)은 (C)에다가 팀의 할아버지가 죽지 않는 사태(state of affairs)를 집어넣어버린 것이다. (C)를 이렇게 (C-1)로 바꿔야 하는 이유는 팀은 할아버지를 죽이는 데 항상 실패할 것이기 때문이다.

이렇게 보면 (C)의 의미는 완전히 달라져버린다. 그것은 "팀이 할아버지를 죽이려 했는데 실패했다면, 과연 팀에게 무슨 일이 일어났었던 것일까?"는 의미가 된다. 그리고 이에 대한 대답은 팀이 바나나 껍질에 미끄러졌다거나, 맑은 하늘에 날벼락이 쳤다거나, 총의 조준 망원경에 새똥이 떨어졌다거나, 지진이 났다거나 등등이 될 것이다. 이렇게 해서 사이더는 바나나 할아버지 패러독스 논증이 틀렸다고 결론을 내린다.

지금까지 사이더의 설명을 정신없이 따라오긴 했는데, 도대체 이게 무슨 말인지 잘 모르겠다는 독자가 있을 것이다. 솔직히 나도 사이더가 왜 그렇게 복잡하게 설명하는지 그 의도를 잘 모르겠다. 알고 보면 그의 결론은 아주 간단한 것이기 때문이다. 그것은 팀의 할아버지를 살해하는 것은 반드시 실패하기 때문에 시간여행이 불가능한 것은 아니라는 것이다.

그런데 팀이 할아버지를 죽이려 할 때마다, 평소에는 도저히 일어날 것 같지 않은 이런 일들이 왜 계속해서 일어나는 것일까? 이 질문에 대해서 사이더는 다음과 같은 비유를 들고 있다.[26] 어떤 사람이 전 세계에 존재하는 모든 독신자에게 결혼을 하지 않은(못한) 이유에 대해서 물어보았다고 하자. 어떤 사람은 그냥 혼자 살고 싶어서, 어떤 사람은 돈이 없어서, 어떤 사람은 결혼식장에 입장하면서 바나나 껍질에 미끄러져 넘어져서…… 이유도 참 가지가지였다. 그런데 이들의 결혼을 막는 어떤 미지의 힘이 있는가? 그렇지 않다. 어떤 미지의 힘도 그들의 결혼을 방해한 것은 아니다. 이들은 그냥 여러 가지 이유에 의해서 결혼을 하지 않은(못한) 것일 뿐이다.

시간여행자의 경우도 마찬가지다. 시간여행자가 과거로 가서 자신의 할아버지를 죽이려는 시도를 하면 그냥 실패하도록 되어 있는 것이지, 그 어떤 미지의 힘이 시간여행자의 패륜을 막고 있는 것은 아니라는 것이다.

나는 사이더의 설명에 동의할 수 없다. 또 다른 예를 통해서 그것을 설명해보겠다. 로또에 당첨된 사람의 가족들이 모여 사는 로또마을이 있다고 하자. 새로 개정된 '로또법'에 의해서 로또에 당첨된 사람과 그 가족들은 모두 이곳 로또마을로 이주해야 한다. 민수어린이는 자기 마을 사람들이 어떻게 로또에 당첨되었는지 궁금했다. 그래서 민수는 마을 사람들을 만날 때마다 물었다. "아저씨는 어떻게 로또에 당첨되었어요?" 민수가 기대한 대답은 "돼지꿈을 꿔서"라든지, "로또를 많이 샀기 때문에"라든지, "운이 좋았겠지" 같은 것이었다. 그런데 마을 사람들은 하나같이 이렇게 대답했다. "여기가 로또마을이니까."

민수의 궁금증은 풀렸는가? 아니다. 민수는 여전히 어떻게 사람들이 로또에 맞았는지가 궁금하다. 여기가 단지 로또에 당첨된 사람들이 사는 마을이라는 대답은 민수가 원하는 대답이 아니다.

팀이 할아버지를 죽이려 할 때마다 왜 그런 이상한 일이 일어나는지도 마찬가지다. 사이더의 대답은 시간여행자가 과거로 가는 세계에서는 그냥 그럴 수밖에 없다는 것이다. 이것은 우리가 원하는 대답이 아니다.

정리

지금까지의 논의를 간단히 정리해보자.

- 사이더는 바나나 할아버지 패러독스 논증을 제시한다. 시간여행이 가능하면, 문장(C) "팀이 할아버지를 죽이려 했다면, 바나나 껍질을 밟고 넘어졌을 것이다"가 참이면서 거짓이라는 모순이 발생하므로, 시간여행이 불가능하다는 것이다. 자신이 스스로 제기한 반론이다.

- 사이더는 문장(C)는 참이므로 모순은 발생하지 않는다고 주장한다. (팀이 할아버지를 죽일 수 없기 때문이라는 것이다.)

나는 바나나 할아버지 패러독스 논증에 대한 사이더의 반론이 적절하지 못하다고 생각한다. 왜냐하면 (C)와 (C-1)은 엄연히 다른 문장이기 때문이다. 그것은 팀이 할아버지를 죽이지 못하는 이유를 (C)에 넣어보면 쉽게 알 수 있다.

팀이 할아버지를 죽이지 못하는 이유는 두 가지다. 하나는 팀이 처음부터 과거로 갈 수 없기 때문이다.[27] 예컨대 무기징역을 받고 수감 중인 연쇄살인마는 마을에 사는 민수를 죽일 수 없다. 연쇄살인마는 수감 중이라 마을에 갈 수조차 없기 때문이다. 마찬가지로 현재에 존재하는 팀은 과거에 사는 할아버지를 죽일 수 없다. 팀은 과거로 갈 수조차 없기 때문이다.

이러한 이유는 전제(2)에 집어넣으면 이렇게 된다.

> 만일 시간여행이 가능하다면, 팀이 시간여행이 불가능해서 할
> 아버지를 죽이려 했는데 실패했다면, 팀은 바나나 껍질을 밟고
> 넘어졌을 것이다.

여기에서 조건문의 전제는 거짓이다. 왜냐하면 처음에는 시간여
행이 가능하다고 전제하고 또다시 시간여행이 불가능하다고 전제
하고 있기 때문이다. 조건이 거짓이면 그 조건문은 무의미해진다.
생각해보라. "돼지가 하늘을 날면, 민수는 로또에 맞는다"는 문장
에 어떤 의미를 부여할 수 있는가?

팀이 할아버지를 죽이지 못하는 또 다른 이유는 팀의 행위가 제
한을 받기 때문이다. 백 번 양보해서 팀이 과거로 갈 수 있다고 하
자. 그런데 팀이 할아버지를 죽이려 할 때마다, 팀이 바나나 껍질을
밟고 넘어지면 팀은 할아버지를 죽일 수 없을 것이다.

이러한 이유를 전제(2)에 집어넣으면 이렇게 된다.

> 만일 시간여행이 가능하다면, 팀이 할아버지를 죽이려 했는데
> 바나나 껍질을 밟고 넘어져서 실패했다면, 팀은 바나나 껍질을
> 밟고 미끄러져 넘어졌을 것이다.

이건 뭔가? 아무 말 대잔치인가? 인내심이 바닥난 몇몇 독자는
이미 책을 집어던져버렸을 것이다. 아직 던지지 않았다면, 마음을
진정하고 조금 더 나가보자. 이 명제의 결론은 무의미한 동어반복

이다. 이것은 "바나나 껍질에 미끄러진다면, 바나나 껍질에 미끄러지기 때문이다"라는 말이기 때문이다. 이것은 "민수가 존재하기 때문에, 민수가 존재한다"는 말처럼 무의미한 것이다.

할아버지 패러독스 논증을 통해서 3차원주의들이나 4차원주의자들이 얻은 성과는 사실 별로 없다. 간단히 말해서 3차원주의자들의 주장은 팀의 시간여행이 모순을 야기하기 때문에 시간여행이 불가능하다는 것이고, 4차원주의자들의 주장은 팀이 시간여행은 할 수 있지만 할아버지를 살해하는 데 실패하기 때문에 모순이 발생하지 않는다는 것이다. 어느 쪽이 더 유리한 입장이 되었는지 굳이 따지면, 나는 3차원주의자들이라고 말하고 싶다. 3차원주의자들은 팀의 시간여행이 불가능한 이유에 대해서 과거가 존재하지 않기 때문이라고 설명할 수 있지만, 4차원주의자들은 팀이 할아버지를 죽일 수 없는 이유를 설명할 수 없기 때문이다.

엘비스 프레슬리는 젊은 시절의 자신을 만날 수 있을까?

4

엘비스 프레슬리(Elvis Presley)는 더 이상 로큰롤의 황제가 아니었다. 독일에서의 군복무를 마치고 음악계로 화려하게 복귀했지만, 전역 후 그의 트레이드마크였던 반항아 이미지가 퇴색하면서 그의 인기는 점점 시들해져갔다. 빠른 템포의 록에서 잔잔한 발라드풍 곡으로 변화를 꾀했지만, 팬들의 반응은 예전 같지 않았다. 게다가 혜성처럼 나타난 영국의 팝 그룹 비틀즈(Beatles)와 도어스(Doors)가 새로운 로큰롤을 선보이면서 대중의 관심은 그에게서 점점 더 멀어져 갔다.

그의 나이 마흔이 되자, 그는 모든 것을 잃을지 모른다는 공허함과 두려움에 종종 사로잡혔다. 그는 멤피스에 있는 저택 그레이스랜드(Graceland)에 은거하면서, 친구들과 함께 갖가지 향락에 빠져 지냈다. 낮에는 각성제로 버텼고, 밤에는 수면제로 잠들었다. 약물과다로 죽을 고비도 몇 번을 넘겼다. 무절제한 생활로 그의 몸무게는 100킬로그램을 훌쩍 넘겼다. 그의 몸은 이미 망가질 대로 망가져 있었다.

그날도 어김없이 수면제를 먹었다. 침대에 몸을 눕히면서 그는 이런저런 생각에 잠겼다. 얼마 전에 만난 K박사의 말이 떠올랐다. K박사는 자신이 비밀리에 타임머신을 개발했다고 말했다. 그리고 100만 달러만 주면 시간여행을 시켜주겠노라고 제안했다. 엘비스의 주변에는 수많은 사람들이 들끓었지만 그들의 목적은 하나같이 그의 돈이었다. "타임머신이라니……." 그동안 별의별 사기꾼들을 다 겪어봤지만 이건 좀 아니다 싶었다.

이젠 수면제도 잘 듣지 않는다. 뒤척이다가 다시 거울 앞에 섰다. 초라하고 뚱뚱한 중년 남자가 그를 보고 있었다. 엘비스는 할 수만 있다면 정말로 과거로 가고 싶었다. 젊은 시절의 자신을 만나서 약물에는 절대 손을 대지 말라고 말하고 싶었다. 그럴 수만 있다면……. 100만 달러. 사실 그에게 100만 달러는 아무것도 아니었다. 약물에서 벗어날 수 있다면 정말 아무것도 아니었다. 그는 갑자기 K박사를 믿고 싶어졌다. 마지막 지푸라기를 잡는 심정이 이런 건가 싶었다. '그래, 속는 셈치고 한번 해보자!'

엘비스는 1960년으로 가고 싶었다. 1960년은 엘비스가 군복무를 마치자마자 발표한 'It's now or never'가 공전의 히트를 치면서 황제의 귀환을 알린 해였다. 그리고 그가 약물에 처음 손을 대기 시작한 해이기도 했다. 그는 피식 웃음이 나왔다. 그때는 그때가 마지막인 줄 알았는데(It's now or never) 그때가 또다시 그때일 수 있다니(It's now and again). 상관없었다. 정말로 과거로 갈 수만 있다면……. 이런저런 생각을 하는데, 약기운이 돌기 시작했다.

어렵사리 찾아간 K박사의 연구실은 몹시 초라했다. K박사는 반색을 하며 엘비스를 맞이했다. 어디서 낮잠을 자고 있었던지 부스스한 형

색이었다. K박사는 엘비스에게 타임머신을 보여주었다. 첨단 기계라고 하기엔 너무 조잡해 보였다. 엘비스는 이내 자신의 결정을 후회했다.

그렇다고 이제 와서 되돌아가고 싶진 않았다. 만약에 실패하면, 당연히 실패하겠지만, 그때 가서 K박사를 고소하면 된다고 생각했다. 엘비스는 유능한 변호사들을 많이 알고 있었다. 꺼림칙한 기분을 내색하고 싶진 않았다. 어쨌든 자신이 결정한 일이었다.

엘비스는 군말 없이 타임머신 안으로 들어갔다. K박사는 조잡하게 생긴 계기판을 이것저것 만지더니 목적지를 1960년으로 세팅하였다. 그리고 엄지척을 하고서는 씩 웃으며 문을 닫고 나가버렸다. 엘비스는 좁디좁은 컴컴한 어둠 속에 혼자 남겨졌다.

덜커덩 덜커덩. 쉬익 쉬익. 진동과 소리가 심했다. 무슨 균형이 맞지 않은 세탁기가 돌아가는 소리가 났다. 기름 냄새와 고무 타는 냄새가 뒤섞여 숨을 쉴 수조차 없었다. 엘비스는 겁이 덜컥 났다. 계기판에 '정지'라고 써 있는 단추가 보였지만 함부로 만질 수는 없는 노릇이었다. 잘못했다간 폭발할 것만 같았다.

그렇게 5분쯤 지났을까? 갑자기 기계가 멈췄다. '그럼 그렇지. 이 따위 고철덩어리가 제대로 작동이나 하겠어?' 그는 오히려 잘 됐다는 생각이 들었다. 그는 시간여행을 하지 못했다는 실망보다는 무사히 집에 갈 수 있겠다는 생각에 안심이 되었다. 이제 K박사를 고소할 일만 남았다.

손잡이는 왜 그렇게 뻑뻑한지. 문이 잘 열리지 않았다. 한참을 낑낑대다가 문을 열고 나왔다. 순간 그는 입을 다물지 못했다.

젊고 날씬한 엘비스가 깜짝 놀란 얼굴로 앉아서 자신을 쳐다보고 있는 것이 아닌가?

질문은 이렇다. 엘비스 프레슬리는 젊은 시절의 자신을 만날 수 있을까?

1977년 8월 16일. 엘비스는 자택 욕조에서 쓰러진 채로 발견되었다. 병원으로 급히 옮겼지만 그는 이미 사망한 뒤였다. 의사의 공식적인 사인은 약물 과다복용으로 인한 심장마비. 그러나 수많은 억측이 나돌았다. 화장실에서 마약을 하다가 사망했다고 말하는 사람들도 있었고, 누군가에 의해서 살해되었다고 말하는 사람들도 있었다. 그리고 죽은 사람이 엘비스가 아니라 다른 사람이라는 사람들도 있었다. 그러던 어느 날. 2017년 1월 5일자 영국의 일간지 데일리 메일(Daily mail)에 충격적인 보도가 나왔다. 그것은 엘비스 프레슬리가 아직 생존해 있다는 것이다. 기사에는 그레이스랜드 행사장 사진이 커다랗게 한 장 실려 있었는데, 사진 속에는 엘비스와 똑같이 생긴 백발의 노인이 선글라스를 끼고 모른 척 서 있었다. 이 사진을 찍은 데일리

메일 기자는 엘비스로 추정되는 의문의 남성을 따라갔으나 그는 순식간에 사라져버렸다는 것이다.

그렇다면 엘비스는 정말로 생존해 있는 것이 아닐까? 젊은 시절 그는 자신의 유명세가 부담스러워 훌훌 털고 떠나고 싶다고 말하기도 했다는데, 혹시 그는 자신을 죽음을 위장하고 보통사람으로 살아가고 있는 것은 아닐까? 생전에 모아둔 천문학적인 돈을 가지고, 아직도 K박사의 타임머신을 타고 과거와 미래를 왔다 갔다 하고 다니는 것은 아닐까?

믿거나 말거나……. 이야기는 여기까지다.

엘비스 패러독스 논증

＊　엘비스의 생애를 시간 순서대로 기술해보자. 엘비스는 1935 년에 태어났다. 청년 시절 그는 트럭 운전사로 갖은 고생을 하다 마침내 유명한 가수가 되었다. 1960년 독일에서 군 생활을 마치고 연예계에 복귀했다. 이때까지만 해도 엘비스는 날씬했다. 이후 서 서히 대중들로부터 멀어져갔고 몸이 불면서 뚱뚱해졌다. 1975년 타임머신을 타고 과거인 1960년으로 가서 젊고 날씬한 엘비스를 만났다. 시간여행을 마치고 1975년으로 다시 돌아왔고, 그로부터 2 년 후인 1977년 심장마비로 사망했다.[28]

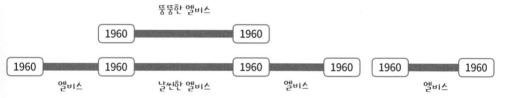

얼핏 보면 엘비스가 시간여행을 했다는 것 말고는, 그가 살아온 생애에 아무런 모순은 없어 보인다. 그런데 1960년 어느 시점에 날 씬한 엘비스와 뚱뚱한 엘비스가 만났다는 점을 곰곰이 생각해보면 그렇지 않다.

커피는 뜨거우면서 차가울 수 없다. 종이는 검은색이면서 하얀색일 수 없다. 액자는 사각형이면서 원형일 수 없다. 뜨거운 속성과 차가운 속성, 검은 속성과 하얀 속성, 사각형과 원형은 양립불가능한 속성이기 때문이다. 그 어떤 것도 양립불가능한 속성을 동시에 가질 수 없다. 그런데 어떻게 엘비스 프레슬리는 날씬하면서 동시에 뚱뚱할 수 있는가?

이러한 패러독스를 이용하여 시간여행이 불가능하다는 논증을 구성할 수 있다. 이것을 엘비스 패러독스 논증(Elvis Paradox Argument)이라고 하자.[29]

(1) 엘비스는 시간여행을 할 수 있다. (가정)

(2) 중년의 엘비스는 시간여행을 하여 젊은 자신을 만날 수 있다.

(3) 젊은 엘비스는 날씬하다.

(4) 중년의 엘비스는 뚱뚱하다.

(5) 엘비스는 날씬하면서 뚱뚱하다. (모순)

(6) 시간여행은 불가능하다. (결론)

이는 귀류법 논증이다. 이 논증에서는 "엘비스는 시간여행을 할 수 있다"고 가정하고, 그로부터 "엘비스는 날씬하면서 뚱뚱하다"는 모순을 이끌어낸 후, "엘비스는 시간여행을 할 수 없다"는 결론에 도달했다.

사이더의 첫 번째 해법

✳   사이더는 4차원주의를 받아들이면 "엘비스는 날씬하면서 뚱
뚱하다"는 문장이 모순이 아니라고 말한다.[30] 그런데 어떻게 이 문
장이 모순이 아닌가? 이것을 이해하기 위해서는 3차원주의와 4차
원주의 세계에 존재하는 개별자의 존재방식을 비교해볼 필요가
있다.

3차원주의에 따르면, 개별자는 시간을 뚫고 지속한다. 엘비스
는 과거에서 현재까지 자신의 정체성을 유지하면서 존재해왔다. 과
거의 날씬한 엘비스와 현재의 뚱뚱한 엘비스는 동일한(one and the
same) 사람이다. 한 사람이라는 말이다. 과거의 날씬한 엘비스는 사
라졌고, 현재의 뚱뚱한 엘비스만 남아 있다. 그러므로 동일한 한 사
람은 날씬하면서 뚱뚱할 수 없다.

4차원주의 존재론은 이와 다르다. 4차원주의에 따르면, 개별자
는 시간에 걸쳐 지속한다. 엘비스는 과거-현재-미래에 걸쳐 존재
하고 있다는 말이다. 그래서 엘비스는 과거부분, 현재부분, 미래부
분으로 구성되어 있다. 이러한 부분을 시간적 부분(temporal part)이
라고 한다. 시간적 부분은 공간적 부분을 시간적인 성격으로 본 것
이다. 엘비스가 수많은 공간적 부분들(몸통부분, 발다리부분, 머리부
분 등)로 이루어져 있는 것처럼, 엘비스는 수많은 시간적 부분(과거
부분, 현재부분, 미래부분)으로 이루어져 있다는 것이다. 그래서 엘
비스의 모든 시간적 부분들을 합해야 온전한 엘비스가 된다.

사이더는 시간적 부분 개념을 받아들이면 "엘비스는 날씬하면
서 뚱뚱하다"는 문장이 모순이 아니라고 주장한다. 그 이유는 이렇
다. 타임머신이 도착하기 이전에 엘비스의 시간적 부분은 날씬하

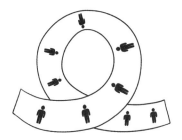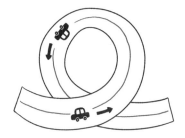

다. 그리고 타임머신이 다시 떠난 이후의 엘비스의 시간적 부분은 뚱뚱하다. 문제는 타임머신이 도착했을 때다. 이때 "엘비스는 날씬하면서 뚱뚱하다." 이 상황은 마치 도로가 공간적으로 원형으로 꼬이듯이 엘비스의 시간적 부분이 꼬인 것이다.

하지만 이 문장은 아무런 모순이 없다. 왜냐하면 이때 시간적 부분을 구성하는 '날씬한 것'과 '뚱뚱한 것'은 동일한 것이 아니기 때문이다. 모순은 '날씬한 엘비스'와 '뚱뚱한 엘비스'가 동일한 사람일 때 발생하는 것이다. 이것들이 동일하지 않다면 모순은 발생하지 않는다. 그것은 마치 우리가 "민수는 날씬하고, 철수는 뚱뚱하다"는 문장을 모순이라고 하지 않는 것과 같다. 민수와 철수는 동일한 사람이 아니기 때문이다.

그런데 이상한 점이 하나 있다. 버밍햄 대학의 분석철학자 에핑햄(Nikk Effingham)은 이 점을 지적한다. 날씬한 엘비스+뚱뚱한 엘비스의 모습이 너무나 기이(freaky)하다는 것이다.[31] 왜냐하면 이때 엘비스의 눈은 4개, 코는 2개나 되고, 몸무게는 160kg(60kg+100kg)이나 되는 거구가 되었기 때문이다. 하지만 사실 그렇다고 해서 논리적으로 문제가 있는 것은 아니다.

닉 에핑햄
출처: vimeo.com 동영상 캡처
사진

마코시안의 두 번째 해법

네드 마코시안
출처: 엘라배마대학 홈페이지

﹡　　매사추세츠 대학의 형이상학자 마코시안(Ned Markosian)은 3차원주의를 받아들여도 "엘비스는 날씬하면서 뚱뚱하다"는 문장이 모순이 아니라고 말한다.[32] 그 이유는 다음과 같다. "민수의 오른손은 가냘프고 왼손은 두툼하다"는 문장에는 아무런 모순이 없다. 오른손과 왼손은 민수의 부분이기 때문이다. 마찬가지로 엘비스의 한쪽 부분은 날씬하고 다른 한쪽 부분은 뚱뚱할 수 있다. 날씬한 부분과 뚱뚱한 부분은 모두 엘비스의 부분이기 때문이다.

하지만 마코시안의 해법은 두 가지 반론에 직면한다.

첫째, '날씬한 엘비스+뚱뚱한 엘비스'의 모습이 기이하다는 것이다. 이는 앞서 사이더의 해법이 가졌던 반론과 같은 것이다. 하지만 이러한 기이함은 마코시안의 해법에서는 좀 더 심각해진다. 왜냐하면 사이더의 해법에서는 엘비스의 시간적 부분이 기이하지만, 마코시안의 해법에서는 엘비스라는 사람이 기이하기 때문이다.

하지만 사이더의 해법에서 기이한 엘비스의 시간적 부분이 아무런 문제가 되지 않는다면, 마코시안의 해법에서 기이한 엘비스도 아무런 문제가 되지 않는다고 보아야 한다. 엘비스의 모습이 기이하다고 해서 어떤 논리적인 문제가 있는 것은 아니기 때문이다.

둘째, 엘비스 문제에서 부분과 전체의 관계가 정상적이 아니라는 것이다.[33] 이 반론은 밀러(Kristie Miller)가 제시한 것이다. 예를 들어보자. 불쏘시개의 꼬챙이는 뜨겁고 손잡이는 차가울 수 있다. 꼬챙이나 손잡이는 불쏘시개의 부분이기 때문이다. 마찬가지로 바나나의 껍데기는 노랗고 알맹이 부분은 하얄 수 있다. 껍데기와 알맹이는 바나나의 부분이기 때문이다. 이것이 정상적인 부분과 전체의 관계다.

그런데 엘비스는 날씬하면서 뚱뚱할 수 있을까? 날씬한 (사람처럼 생긴)것과 뚱뚱한 (사람처럼 생긴)것이 엘비스의 부분이라면, 그럴 수 있다. 하지만 아무리 봐도 날씬한 것과 뚱뚱한 것은 엘비스의 정상적인 부분이라고 말할 수 없을 것 같다. 부분과 전체의 관계가 비정상적이기 때문이다.

켈러와 넬슨의 세 번째 해법

∗   켈러(Simon Keller)와 넬슨(Michael Nelson)은 3차원주의를 받아들여도 "엘비스는 날씬하면서 뚱뚱하다"는 문장이 모순이 아니라고 말한다. 왜냐하면 날씬한 엘비스와 뚱뚱한 엘비스가 동시에 존재하는 것이 아니기 때문이라는 것이다.[34]

그들의 설명을 좀 더 들어보자. 앞서 우리는 개별시간과 외부시간 개념에 대해서 살펴본 바 있다. 개별시간은 개별자가 겪는 객관적인 변화 정도를 기준으로 하는 시간이고, 외부시간은 나와 관계없이 객관적으로 흘러가는 시간을 말한다.

날씬한 엘비스와 뚱뚱한 엘비스가 만난 시간은, 외부시간의 관점에서 보면 동시지만, 개별시간의 관점에서 보면 동시가 아니다. 날씬한 엘비스의 생체 나이는 25세고 뚱뚱한 엘비스의 생체 나이는 40세이기 때문이다. 따라서 "엘비스는 날씬하면서 뚱뚱하다"는 문장에는 모순이 없다.

뉴욕 대학의 분석철학자 호위츠(Paul Horwich, 1947~)도 이와 비

폴 호위츠
출처: 뉴욕대학 홈페이지

숫한 생각을 가지고 있었다.[35] 그는 고유시간(proper time) 개념을 도입하는데, 고유시간의 관점에서 보면 "엘비스는 날씬하면서 뚱뚱하다"는 문장에 모순이 없다는 것이다.

하지만 사이더는 개별시간 개념에 반대한다.[36] 앞에서 우리는 개별시간을, 개별자가 겪는 객관적인 변화의 정도를 기준으로 하는 시간으로 정의했다. 그런데 그것은 편의상 측정된 양(defined quantity)일 뿐이라는 것이다. 편의상 측정된 양을 객관적인 시간처럼 사용할 수 없다는 것이다.

캐롤의 네 번째 해법

＊　"엘비스는 날씬하면서 뚱뚱하다"는 문장이 모순이 아니라고 말하기 위해서, 지금까지 철학자들은 이런저런 꼼수를 써왔다. 사이더는 엘비스가 시간에 걸쳐 존재한다고 말하고, 마코시안은 눈이 네 개나 되는 기이한 엘비스의 존재를 받아들여야 한다고 말한다. 그리고 켈러와 넬슨은 날씬한 엘비스와 뚱뚱한 엘비스가 동시에 존재하는 것이 아니라고 말한다. 그런데 동시에 존재하지도 않는 사람들이 어떻게 서로를 보고 놀랄 수 있는가?

하지만 캐롤(John W. Carroll)은 정면 돌파를 택한다. 엘비스가 날씬하면서 뚱뚱한 게 뭐가 문제냐는 것이다.[37] 생각해보라. 시간여행은 상식적으로 도저히 일어날 수 없는 일들이 일어나게 만든다. 시간여행자가 과거로 가면, 원래는 존재하지도 않았던 과거에 자신이 존재하게 되기도 한다. 그리고 시간여행자가 과거로 가서 재채기만 해도, 미래가 크게 바뀌기도 한다. 시간여행을 하면 이처럼 이상한 일들이 벌어진다. 따라서 이런 세계에서 엘비스가 날씬하면서 뚱뚱하다는 것은 아무런 문제도 안 된다. 따라서 "시간여행자 엘비스는 날씬하면서 뚱뚱하다"는 문장은 모순이 아니라는 것이다.

정리

지금까지의 논의를 간단히 정리해보자.

- 시간여행을 하면 "엘비스는 날씬하면서 뚱뚱하다"는 모순이 발생한다. 따라서 시간여행은 불가능하다. 이것을 엘비스 논증이라고 한다.
- 사이더는 4차원주의를 받아들이면, 모순이 발생하지 않는다고 주장한다. 날씬한 엘비스와 뚱뚱한 엘비스는 하나의 개별자가 아니라 시간적 부분이기 때문이다.
- 마코시안은 4차원주의를 받아들이지 않아도, 모순이 발생하지 않는다고 주장한다. 날씬한 엘비스와 뚱뚱한 엘비스를 엘비스의 공간적 부분이라고 보면 된다는 것이다.
- 켈러와 넬슨은 4차원주의를 받아들이지 않아도, 모순이 발생하지 않는다고 주장한다. 날씬한 엘비스와 뚱뚱한 엘비스가 동시에 존재하는 것은 아니기 때문이라는 것이다.
- 캐롤은 4차원주의를 받아들이지 않아도, 모순이 발생하지 않는다고 주장한다. 엘비스가 시간여행자라는 것을 감안하면, 엘비스가 날씬하면서 뚱뚱하다는 것은 아무런 문제가 안 된다는 것이다.

결론적으로 사이더의 주장은, 4차원주의를 받아들여야만 모순이 발생하지 않기 때문에 4차원주의가 옳다는 것이다. 이에 반해 마코시안, 켈러와 넬슨, 캐롤은 3차원주의를 받아들이더라도 모순이 발생하지 않으므로, 굳이 4차원주의를 받아들일 필요가 없다고 반박하는 것이다. 그래서 이들은 3차원주의의 입장에 서 있다고 말할 수 있다.

일단 나는 사이더의 주장에 동의한다. 엘비스가 시간적 부분으로 구성되어 있다는 점을 받아들이면 엘비스 모순은 자연스럽게 해결된다. 하지만 나는 마코시안의 해법에는 동의하지 않는다. 날씬한 엘비스와 뚱뚱한 엘비스가 전체 엘비스의 정상적인 부분이 아니라는 반론이 결정적이라고 생각하기 때문이다. 내가 주목하는 것은 캘러와 넬슨, 캐롤의 해법이다. 이들의 해법을 다른 관점에서 생각해보자.

"엘비스는 날씬하면서 뚱뚱하다"는 명제가 모순인 이유는, 이 명제가 라이프니츠의 동일자의 구별불가능성 원리(Principle of Indicernibility of Identicals)를 위배하기 때문이다. 이 원리를 편의상 PII라고 하자.

PII는 이름만 거창하지 사실 별거 아니다. 간단히 말해서 그것은, 어떤 것이 동일하면 그것을 구별할 수 없다는 말이다. 예를 들어보자. 민수가 오른손으로 핸드폰을 들고 있다고 하자. 핸드폰은 검은색이고 오른쪽 모퉁이가 살짝 깨져 있다. 그리고 뒷면에는 MS라는 작은 이니셜이 새겨져 있다. 이번엔 민수가 그 핸드폰을 왼손으로 옮겼다고 하자. 이것도 검은색이고 오른쪽 모퉁이가 살짝 깨져 있다. 그리고 뒷면에는 MS라는 작은 이니셜이 새겨져 있다. 오른손에 들었던 핸드폰과 왼손에 들었던 핸드폰은 동일한 핸드폰이다. 민수가 그것을 오른손으로 들었다 왼손으로 들었다 한 것이다. 이 두 핸드폰을 구별할 수 있는가? 없다. 왜냐하면 오른손에 들었던 핸드폰과 왼손에 들었던 핸드폰은 동일한 것이기 때문이다. 진짜 별거 아니지.

마찬가지로 날씬한 엘비스와 뚱뚱한 엘비스가 동일한 사람이라면, 그것을 구별할 수 없어야 한다. 그런데 날씬한 엘비스와 뚱뚱한 엘비스는 명백히 구분된다. 따라서 PII를 위배하고 있다. 즉, "엘비스는 날씬하면서 뚱뚱하다"는 명제가 모순인 이유는 그것이 PII를 위배하고 있기 때문이다. 그런데 정말로 그럴까?

한국외국어대학교의 분석철학자 임일환 교수는 PII에 대한 세간의 오해가 있다고 말한다. 무슨 오해인지 그의 설명을 들어보자.[38]

임일환

(1) 민수와 민수는 동일한 사람이다.

(2) 청년 엘비스와 중년 엘비스는 동일한 사람이다.

(3) 김구와 다른 가능세계 속 김구는 동일한 사람이다.

(1)을 대언적(de dicto) 동일성 문장이라고 한다. '민수'와 '민수'는 언어적으로 동일하다는 말이다.

(2)를 통시간적 동일성 문장이라고 한다. 한번 엘비스는 과거/현재/미래에 영원히 동일한 엘비스라는 말이다. (해병만 영원한 것은 아니다.)

(3)을 통세계적 동일성 문장이라고 한다. 김구와 다른 가능세계(possible world)의 김구는 동일한 사람이라는 말이다. 여기에서 가능세계란 "대한민국 초대 대통령이 김구일 수도 있었다"는 문장이

참일 수 있도록 만드는 그러한 세계, 즉 김구가 대한민국 초대 대통령이 되는 그러한 세계를 말한다.

임일환 교수는 이처럼 동일성의 의미가 다양하기 때문에 동일한 사람처럼 보인다고 해서 그것에 무조건 PII를 적용해서는 안 된다고 말한다. 동일성 개념에 어떤 제약 조건을 두어야 할지는 형이상학적 입장에 따라 달라진다는 것이다. 특히 통시간적 동일성 문장에 PII를 적용하면 오해가 발생한다고 말한다. 왜냐하면 통시간적 존재자에 PII를 적용하면, 동일자는 자신이 갖는 모든 속성을 본질적으로 가진다는 이상한 원리가 되어버린다는 것이다. 예컨대 마이클 잭슨의 피부색이 검다면, 그 검은 속성은 마이클 잭슨의 본질적 속성이라는 것이다.

이러한 관점에서 보면 캘러와 넬슨의 입장은 시간여행자는 개별시간을 가지는 사람이므로 PII를 적용할 수 없다는 것이라고 할 수 있고, 캐롤의 입장은 시간여행자는 특수한 존재자이므로 PII를 적용할 수 없다는 것이라고 할 수 있다. 그런데 이들의 해법은 사실상 같은 해법을 다르게 기술한 것일 뿐이다. 날씬한 엘비스와 뚱뚱한 엘비스가 서로 다른 개별시간 속에 존재할 수 있으려면 엘비스가 반드시 시간여행을 해야 하기 때문이다. 결국 이들의 해법은 사실상 같은 것이고, 이는 PII가 형이상학적 입장에 따라 선택적으로 적용된다고 하는 임일환 교수의 설명으로 이해할 수 있는 것이다.

존 코너는 오로라 공주의 마음을
돌릴 수 있을까?

5

서기 2050년. 드디어 전쟁이 끝났다. 전세의 역전은 반군이 심어놓은 프로그램 H-100이 스카이넷의 심장부인 C3 구역에 들어가는 데 성공하면서부터 시작되었다. 그 결과 반군이 스카이넷 통신망을 완전히 장악할 수 있게 된 것이다. 통신망의 통제권을 잃은 스카이넷은 아주 무기력한 존재였다. 존 코너가 부하들을 이끌고 스카이넷의 전략 전술을 담당하는 구역에 접근했을 때, 스카이넷을 철통같이 경호하던 터미네이터들은 이미 고철덩어리가 되어 있었다.

스카이넷의 규모는 엄청났다. 국방, 우주, 재난, 에너지, 사회 등 각 분야에서 수집된 데이터를 처리하는 CPU 하나하나가 빌딩 하나 크기였고, 이렇게 처리된 데이터를 다시 수집하여 분석하는 중앙처리장치는 차라리 하나의 작은 도시에 가까웠다.

존 코너는 먼저 중앙처리장치와 연결된 각각의 장치들을 차단하고 이제까지 수집된 데이터와 분석자료들을 조사하기 시작했다. 워낙에 엄청난 데이터의 양이라 그것을 조사하여 유의미한 정보를 찾아내는 데에는 몇 달 몇 년이 걸릴지 모를 일이었다.

존 코너는 임시정부의 대통령이 되었다. 그가 제일 먼저 한 일은 모든 기계들의 무장해제를 시키는 것이었다. 그리고 과학자들과 철학자들로 하여금 어떻게 해서 스카이넷과 같은 괴물이 탄생했는지를 밝히는 연구를 하도록 했다. 기계들에게 빼앗긴 자원과 통제권을 다시 찾자 임시정부는 점차 안정을 되찾아가고 있었다.

그렇게 몇 개월이 흘렀다. 그러던 중 스카이넷이 수집한 우주에 관한 자료를 분석하다가 놀라운 사실을 하나 발견했다. 그것은 안드로메다 은하가 수십 년에 걸친 끔찍한 전쟁을 끝내고 통일제국을 건설했다는 내용이었다. 그리고 제국의 실권자인 오로라 공주가 군 장성들과 결탁해 지구를 침략할 준비를 마치고 2030년 10월 10일 안드로메다 함대가 지구를 향해 출발한다는 것이다.

안드로메다 함대의 전력은 지구의 군대로서는 도저히 대항할 수 없는 정도로 막강했다. 게다가 오로라 공주의 성질은 매우 포악하여 그녀의 손에 들어간 종족은 살아남을 수 없다는 것이 스카이넷의 분석 결과였다.

존 코너는 마음이 급했다. 2030년 10월 1일. 그는 다시 정치가, 군

은하계를
점령하라

인, 과학자, 철학자들을 소집하여 어떻게 대처해야 할지 비상국무회의를 개최했다. 일부 군인들은 모든 터미네이터 군단을 끌어모아 안드로메다 함대에 대항하자고 역설하기도 하고, 일부 과학자들은 안드로메다 제국의 전력을 단번에 부술 신무기를 개발했다고 주장하기도 했다. 하지만 안드로메다 함대를 방어하기엔 역부족이란 걸 존 코너는 잘 알고 있었다.

역시 해법은 정치가들 머리에서 나왔다. 오로라 공주가 원하는 것을 조공으로 바치고 목숨을 부지하자는 것이다. 오로라 공주가 원하는 것은 전 우주에서 오직 지구에만 있는 희귀 원소인 크립톤(Kripton)이었다. 크립톤은 무한 에너지원이었다. 크립톤 1킬로그램만 있으면 안드로메다 은하 전체를 1년 동안 움직일 수 있다. 사실 안드로메다 제국은 에너지 부족으로 심각한 사회불안을 겪고 있었던 것이었다. 존 코너는 안드로메다 제국과 평화협정을 맺고 크립톤 원소를 매년 1킬로그램씩 조공으로 바치기로 결정했다. 그리고 그러한 제안을 오로라 공주에게 급히 전하도록 지시했다.

그런데 문제는 그 메시지를 어떻게 전달하느냐는 것이었다. 조공을 바치기로 결정한 날은 10월 1일이고, 안드로메다 함대가 출발하기로 한 날은 10월 10일이다. 그러므로 메시지는 열흘 안에 전달되어야 한다. 안드로메다 함대는 빛보다 빠른 속도로 이동하기 때문에 한번 출발하면 회항을 할 수 없기 때문이다. 그 정도 속도에서 함대가 돌아가기 위해서는 평소보다 두 배 이상 연료가 필요한데, 우주선 함대에 그렇게 많은 연료를 싣고 다닐 수는 없기 때문이다. 그것은 마치돌아올 연료를 채우지 않고 출발하는 가미카제 특공대와 같은 것이었다.

지구에서 열흘 안에 메시지를 전달하려면 타임머신을 이용할 수밖에 없었다. 지구에서 보유한 우주선 속도로는 지구에서 안드로메다까지 몇 백만 년이 걸릴 수도 있을 수 있기 때문이다.

그런데 퍼트남(Hilary Putnam)이라는 철학자가 그것을 말리고 나섰다. 그는 2030년 10월 10일 안드로메다 군단의 출발은 이미 결정되어 있으므로 군단의 침공을 굳이 막으려 할 필요가 없다는 것이다. 아인슈타인의 상대성이론에 따르면 미래의 사건도 지금 현재 벌어지고 있는 사건이기 때문에 그것을 막을 수 없다는 것이다.

거기에 모인 철학자들과 과학자들도 상대성이론에 대해서 잘 알고 있었다. 그래서 미래가 이미 결정되어 있다는 그의 주장에 결함이 없다는 것도 잘 알고 있었다. 그렇다고 해서 손을 놓고 가만히 있을 수도 없지 않은가. 어쨌든 존 코너는 결단을 내려야 했다.

존 코너는 이 문제를 직접 처리하기로 했다. 지구의 운명이 달린 이런 중차대한 문제를 다른 사람들에게 맡길 수는 없는 노릇이었다. 그는 오로라 공주에게 매년 1킬로그램의 클립톤 원소를 조공으로 바치겠다는 일종의 '무조건항복 선언문'을 서둘러 준비하고, 몇 명의 외교전문가, 군사전문가들과 함께 타임머신에 올랐다. 존 코너는 빛보다 빠른 속도로 가까운 미래인 2030년 10월 10일로 가서 포악한 오로라 공주를 알현하게 될 것이다.

질문은 이렇다. 존 코너는 오로라 공주의 마음을 돌릴 수 있을까?

광속불변의 원리와 상대적 동시성 개념

＊   이제부터 물리학 이야기를 좀 해야겠다. 19세기부터 20세기 초까지 사람들은 우주가 어떤 매질로 꽉 채워져 있다고 생각했다. 빛은 파동이며, 파동은 매질이 없으면 전달되지 않기 때문이다. 우리가 밤하늘 수많은 별들을 볼 수 있는 이유는 별들로부터 출발한 빛이 매질을 통해서 우리 망막에 도달하기 때문이다. 이 매질을 에테르(Aether)라고 불렀다.

앨버트 마이켈슨
출처: jmaw.org

그렇다면 에테르 속에서 운동하는 지구의 속도는 얼마인가? 미국의 실험물리학자 마이켈슨(Albert Michelson)과 몰리(Edward Morley)는 그 속도를 측정하기 위해서 간섭계라는 정교한 장치를 고안했다.

에드워드 몰리

간섭계의 원리는 다음과 같다. 하나로 출발한 빛이 간섭계 가운데에 있는 반투명 거울에 도달한다. 반투명 거울을 통과한 빛은 두 줄기로 갈라진다. 절반은 반사하고 다른 절반은 그대로 통과하기 때문이다. 두 줄기 빛은 각각 거울에 반사되어 가운데 반투명 거울

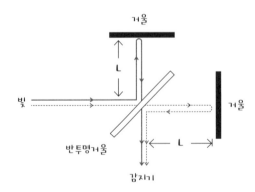

에 모이고, 다시 하나가 되어 감지기에 도달한다. 즉 빛이 각각 1번 경로와 2번 경로를 왕복하고 다시 모인 것이다.

이때 두 줄기의 빛이 이동한 거리는 같지만 이동하는 데 걸린 시간은 다르다. 지구가 자전과 공전으로 하여 에테르 속을 움직이기 때문이다. 이렇게 속도가 다른 두 줄기의 빛이 만나면 간섭무늬가 발생한다. 이것을 분석하면 에테르 속 지구의 속도를 계산할 수 있다.

비유를 통해서 이해해보자. 한강 밤섬에 사는 민수의 유일한 취미는 수영이다. 사실 거기선 그것 말고는 할 게 없다. 그는 한강이 흐르는 방향으로 내려갔다가 거슬러 올라오는 1번 경로로 왕복하기도 하고, 한강이 흐르는 방향에 직각 방향인 2번 경로로 왕복하기도 한다. 1번과 2번 경로의 길이는 똑같지만, 2번 경로보다 1번 경로가 시간이 더 걸린다. 강물을 거슬러 올라가는 시간이 훨씬 더 많이 걸리기 때문이다. 민수가 1번 경로로 왕복할 때와 2번 경로로 왕복할 때 걸린 시간 차이를 계산하면 그날 한강의 유속을 계산할 수 있다.

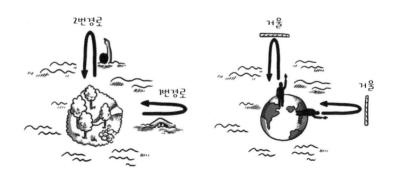

간섭계 원리도 이와 마찬가지다. 빛이 1번 경로로 왕복할 때와 2번 경로로 왕복할 때 걸린 시간 차이를 계산하면 에테르 속을 운동하는 지구의 속도를 계산할 수 있다.

그런데 마이켈슨과 몰리의 간섭계 실험은 실패했다. 1번 경로를 왕복한 빛과 2번 경로를 왕복한 빛이 항상 동시에 도달했기 때문이다. 이들은 몇 년에 걸쳐 간섭계 장치를 다시 정교하게 만들고 다양한 조건에서 수차례 실험을 반복하였다. 하지만 이들은 끝내 지구의 속도를 잴 수 없었다.

실험의 실패는 역사상 가장 위대한 발견으로 이어졌다. 그들은 지구의 속도는 잴 수 없었지만, 빛의 속도는 그 경로에 관계없이 항상 일정하다는 '광속불변의 원리'를 발견한 것이다. 그것을 발견한 공로를 인정받아, 1907년 그들은 노벨 물리학상을 수상했다. 말 그대로 전화위복.

"광속이 항상 일정하다는 것이 뭐가 그리 놀랍다는 건가"라고 생각하는 독자들을 위해서 부연설명을 좀 더 해야겠다. 민수가 시속 50킬로미터로 달리는 기차를 타고 있다고 하자. 야구선수인 민수는 야구공을 시속 100킬로미터로 던질 수 있다. 민수가 기차가 달리는 방향으로 야구공을 던지면 민수의 관점에서 야구공의 속도는 시속 100킬로미터다. 하지만 기차 밖에 서 있는 영희의 관점에서 야구공의 속도는 시속 150킬로미터다. 야구공의 속도(시속 100킬로미터)와 기차의 속도(시속 50킬로미터)를 합해야 하기 때문이다.

이번엔 민수가 초속 10만 킬로미터로 날아가는 우주선을 타고 있다고 하자. 빛의 속도는 초속 30만 킬로미터다. 민수가 우주선이 날아가는 방향으로 빛을 쏜다면 민수의 관점에서 빛의 속도는 초속 30만 킬로미터다. 그리고 지구에 있는 영희의 관점에서 빛의 속

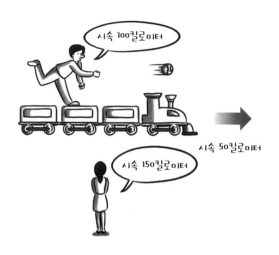

도는 초속 40만 킬로미터가 돼야 할 것 같다. 그런데 그렇지 않다. 기차 사례와 달리 우주선 사례에서는 우주선의 속도와 빛의 속도를 더할 필요가 없다. 빛의 속도는 민수에게나 영희에게나 항상 시속 30만 킬로미터이기 때문이다. 이것이 바로 광속불변의 원리다.

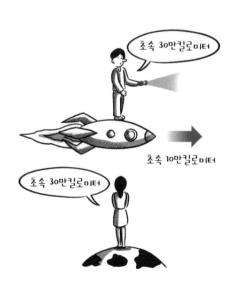

광속불변의 원리에 관한 또 다른 사고실험을 보자.[39] 기차가 시속 100킬로미터의 속도로 플랫폼에 들어오고 있다고 하자. 민수는 기차 정중앙에 앉아 있고 영희는 플랫폼 중간에서 민수를 기다리고 있다. 민수와 영희가 스치는 순간 영희로부터 똑같은 거리에 떨어져 있는 두 사람이 동시에 가운데로 공을 던졌다고 하자. 공의 속도는 똑같이 시속 100킬로미터. 두 공은 동시에 영희에게 도달한다. 하지만 민수의 관점에서 보면 앞에서 던진 공은 시속 150킬로미터 속도로 날아오고 뒤에서 던진 공은 시속 50킬로미터 속도로 날아온다. 그래서 앞에서 던진 공이 민수에게 먼저 도달했지만, 민수는 여전히 두 사람이 동시에 공을 던진 것이라고 생각한다.

기차의 속도를 올려보자. 기차가 초속 10만 킬로미터의 속도로 플랫폼에 들어오고 있다고 하자. 민수는 기차의 정중앙에 앉아 있고 영희는 플랫폼 중간에서 민수를 기다리고 있다. 민수와 영희가 스치는 순간 기차의 앞과 뒤에 번개가 번쩍하고 떨어졌다고 하자. 번갯불 빛의 속도는 초속 30만 킬로미터. 두 개의 번갯불 빛은

영희에게 동시에 도달한다. 영희는 번개가 동시에 쳤다고 판단한다. 그런데 민수는 번갯불 빛이 날아오는 동안 기차가 앞으로 나아갔으므로 기차 앞에서 친 번갯불 빛이 먼저 도달했고, 그래서 앞에 번개가 먼저 치고 뒤에 번개가 나중에 쳤다고 판단한다. 앞쪽과 뒤쪽의 번갯불 빛의 속도가 같으므로 먼저 도착한 번개가 먼저 쳤다고 판단하는 것은 당연하다.

결론적으로 앞쪽과 뒤쪽의 번개는 영희에게는 동시사건이지만, 민수에게는 동시사건이 아니다. 어떤 것이 동시에 일어난다는 것은 상대적이라는 말이다. 유념해야 할 점은 상대적으로 보인다는 것이 아니라 실제로 상대적이라는 것이다. 이것을 상대적 동시성(Relativity of Simultaneity, 동시성의 상대성) 개념이라고 한다.

오로라 공주 논증

＊   상대적 동시성 개념을 좀 더 밀고 가보자. 민수와 영희가 마
주 보며 걸어오고 있다고 하자. 민수는 안드로메다 방향으로, 영희
는 그 반대 방향으로 걸어오고 있다. 두 사람이 스쳐 지나가는 사
건을 E1이라고 하자. (여기에서 '사건'은 일상언어에서 말하는 사건이
아니라 시간적 지속과 공간적 연장을 가지지 않는 이상적인 수학적 사
건을 말한다. 수학적 사건은 하나의 시공간 포인트에서 순간적으로 일
어나며 (x, y, z, t)로 표시된다.)

　이즈음 안드로메다 은하에서 오로라 공주가 살고 있다고 하자.
상대적 동시성에 따르면, 관찰자의 운동에 따라서 동시사건이 달
라진다. 그래서 영희의 관점에서 보면, 민수와 영희가 만나는 사건
(E1)과 오로라 공주가 책을 읽고 있는 사건(A1)이 동시사건이다.
그리고 민수의 관점에서 보면 민수와 영희가 만나는 사건(E1)과 오
로라 공주가 조깅하고 있는 사건(A2)이 동시사건이다.

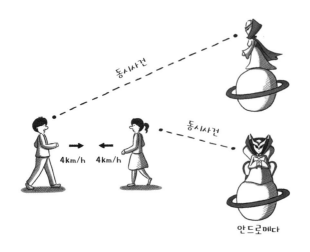

그런데 공교롭게도 그사이에 안드로메다 함대가 지구를 침공하기 위해서 출발하는 사건(A3)이 벌어졌다고 하자. 이렇게 되면 상황은 아주 이상하게 꼬여버리게 된다. 안드로메다 함대의 출발사건(A3)은 민수에게는 과거사건이지만 영희에게는 미래사건이기 때문이다. 하나의 사건이 어떻게 과거사건이면서 미래사건일 수 있는가.

영국의 수학자이자 물리학자인 펜로즈(Roger Penrose, 1931~)는 『황제의 새마음Emperor's new mind』에서 이러한 상황을 다음과 같이 말한다.[40]

로저 펜로즈
Photo: Biswarup Ganguly

> 거리에 사람들이 지나간다. 그중에 한 사람의 관점에서 보면 안드로메다 함대는 그들의 여정을 이미 출발했고, 다른 사람의 관점에서 보면 그들은 실제로 아직 출발을 결정하지 않았다.······ 한 사람에게 우주함대 출발은 불확실한 미래고, 다른 사람에게 우주함대 출발은 확실한 과거다. 그렇다면 미래는 불확실한 것인가? 아니면 미래는 두 사람 모두에게 '고정된' 것인가?

하지만 문제는 여기에서 그치지 않는다. 오로라 공주가 조깅을 하면서 지구 방향으로 오고 있다고 하자. 오로라 공주의 관점에서, 오로라 공주가 조깅하고 있는 사건(A2)과 민수가 안드로메다 군대의 총에 맞아 죽는 사건(E2)은 동시사건이다. 그런데 민수가 죽는 사건(E2)은 민수가 영희를 만나는 사건(E1)의 미래사건이다.

따라서 모든 사건은 이미 결정된 사건일 뿐만 아니라 이미 벌어진 사건이라는 결론에 도달한다. 오로라 공주가 책을 읽는 사건(A1), 민수와 영희가 만나는 사건(E1), 오로라 공주가 조깅하는 사

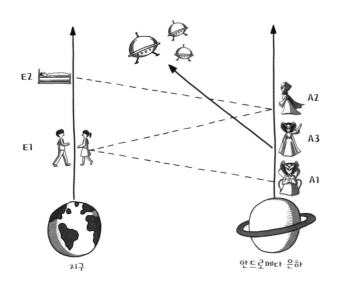

건(A2), 안드로메다 함대가 출발하는 사건(A3), 민수가 안드로메다 군대의 총에 맞아 죽는 사건(E2) 모두 이미 벌어진 사건이다.

미국의 저명한 분석철학자 퍼트남(Hilary Putnam, 1926~2016)은 동시성의 상대성을 이용하여 이것을 논증으로 구성하였다. 이것을 오로라 공주 논증(Princess Aurora Argument)이라고 하자.[41]

힐러리 퍼트남
출처: commons.wikimedia.
org

(1) 특별한 관찰자는 없다. 민수, 영희, 오로라 공주 모두 특별하지 않다. (전제)

(2) 지금 벌어지는 어떤 사건과 동시적인 모든 것이 그리고 그 것만이 벌어진다. (전제)

(3) 사건 E1은 이미 벌어진 사건이다.

(4) 사건 E1에 대하여 사건 A2는 동시사건이다.

(5) 사건 A2에 대하여 사건 E2는 동시사건이다.

(6) 사건 E1에 대하여 사건 E2는 동시사건이다.

(7) 사건 E2는 이미 벌어진 사건이다.

(8) 지금 벌어지는 어떤 사건과 동시적인 모든 것이 벌어진다.

(결론)

결론의 의미는 이렇다. 과거에 존재했던, 현재에 존재하는, 미래에 존재하게 될 모든 것이 존재한다. 다시 말해 로마의 황제 케사르, 미국의 트럼프 대통령, 2022년 월드컵 축구공. 모든 것이 존재한다.

마찬가지로 과거에 벌어졌던, 현재에 벌어지는, 미래에 벌어질, 모든 사건 모두 이미 벌어진 사건이다. 137억 년 전 빅뱅으로 우주가 생성되는 사건, 47억 년 전 태양이 생성되는 사건, 35억 년 전 지구에 생명체가 탄생하는 사건, 3억 년 전 공룡이 지구를 지배하는 사건, 5만 년 전 호모 사피엔스가 네안데르탈인을 멸종시키고 지구의 강자로 등극하는 사건, 2천5백 년 전 소크라테스가 독배를 마신 사건, 2018년 이 책이 출판되는 사건, 2022년 카타르 월드컵에서 결승전을 벌이는 사건, 2050년 안드로메다의 오로라 공주가 지구를 침공한 사건, 50억 년 후 태양이 거대해지면서 지구를 삼켜버리는 사건, 200억 년 후 우주가 흩어져 없어져버리는 사건…… 모두 이미 벌어진 사건이다.

잠깐. 2050년 안드로메다의 오로라 공주가 지구를 침공한 사건이 이미 벌어진 사건이라고? 그렇다. 그래서 존 코너가 부산을 떨 때 콧방귀를 뀌며 퍼트남은 굳이 오로라 공주를 만나러 갈 필요가 없다고 말했던 것이다.

이것은 과거/현재/미래가 이미 존재한다는 4차원주의가 명백하다. 결국 퍼트남은 특수상대성이론의 상대적 동시성 개념을 이용하여 4차원주의를 논증한 것이다. 그리고 4차원주의를 받아들이면, 존 코너는 오로라 공주의 마음을 돌릴 수 없다는 것을 보여준 셈이다.

스타인의 반론

*   퍼트남의 오로라 공주 논증은 많은 철학자들을 당황하게 만들었다. 하지만 철학자들이 물리학과 관련된 논증을 다루기 힘들었는지, 직접적인 반론을 내놓지 못했다. 게다가 그 당시에도 아인슈타인의 권위는 대단했기 때문에, 그의 생각에 반대하는 것은 상상도 못 할 일이었다. 그 와중에 퍼트남은 철학자들의 심장에 쐐기를 박았다.

> 미래사건이 벌어지는지 아닌지에 대한 문제는 철학이 아니라 물리학이 해결하였다.…… 게다가 나는 이제 시간에 관한 어떤 철학적 문제가 남아 있지 않다고 생각한다. 남은 것은 오직 물리학적 문제일 뿐이다.[42]

이건 아예 철학 공부를 때려치우고 물리학 공부를 하라는 말이다.

하지만 철학자들을 그렇게 만만하게 봐선 안 된다. 퍼트남의 논문이 발표되고 일 년이 채 지나지 않아 미국의 저명한 물리철학자 스타인(Howard Stein, 1929~)이 오로라 공주 논증의 세 가지 문제점을 지적하며 반격에 나섰다.[43]

첫째, 오로라 공주 논증이 형식상의 오류를 범하고 있다는 것이다. 논증의 전제(2) "지금 벌어지는 어떤 사건과 동시적인 모든 것 그리고 그것만 벌어진다"는 명제는 두 가지 주장, 즉 (A)+B)로 구성되어 있다. (A)는 "지금 존재하는 어떤 것과 동시인 모든 것이 (all) 존재한다"는 것이고, (B)는 "지금 존재하는 어떤 것과 동시인 것만이(only) 존재한다"는 것이다.

그런데 퍼트남은 (A)+(B)를 전제로 하여 (A)를 결론으로 내렸다. 여기에 두 가지 오류가 있다. 하나는 자신의 결론에 따르면 거짓으로 판명되는 (A)+(B)를 전제로 삼았다는 점이고, 다른 하나는 (A)+(B)가 거짓이므로 (A)만이 참이라는 결론에 도달했다는 점이다. (B)가 참이라는 결론은 무슨 이유로 배제하였는지 아무런 설명도 없이 말이다. 그것은 마치 "돼지가 날고, 물고기가 헤엄친다"고 전제하고서, 이 전제가 거짓임을 보인 후 "돼지가 난다"는 결론에 도달하는 것과 같다.

둘째, 퍼트남이 민코프스키 시공간 개념을 오해하고 있다는 것이다. 민코프스키 시공간의 시간축이 가리키는 것은 이전→이후 관계인 연대기적 순서(chronological ordering)일 뿐이지, 과거/현재/미래와 같은 시간 그 자체는 아니라는 것이다. 그런데 이것을 마치 과거→현재→미래의 방향을 가리키는 것으로 확대해서 생각한 결과, 과거와 미래가 존재하는 것으로 착각하게 되었다는 것이다. 간단히 말해서 하나의 관찰자의 이전→이후 관계를 마치 시간인 것처럼 잘못 이해했다는 것이다.

뉴질랜드 출신의 저명한 논리학자 프라이어(Arthur Norman Prior,

1914~1969)도 이와 비슷한 생각을 가지고 있었다.[44] 그는 특수상대성이론에서 사건들 사이에는 먼저/나중/동시 관계만 있을 뿐이라고 말한다. 그런데 과학자들이 관찰한 사실들을 연결하기 위해서 과거/현재/미래를 인위적으로 만들어내었다고 주장했다.

아서 노먼 프라이어

셋째, 퍼트남이 '동시사건' 개념을 과대 해석했다는 것이다. 생각해보라. 퍼트남은 "X에 대하여 Y가 동시사건이다"는 말의 의미를 "X에 대하여 Y가 존재한다"로 보았다. 그런데 여기에서 동시성 관계는 X와 Y의 관계에 관한 진술로서 본래적 기하학적 용어(intrinsic geometrical terms)일 뿐이다. 그런데 어떻게 이러한 '관계' 개념에다가 '존재' 개념을 부여할 수 있냐는 것이다.

맥스웰의 반론

＊　영국의 과학철학자 맥스웰(Nicholas Maxwell, 1937~)도 시작은 퍼트남과 생각이 같았다. 즉, 특수상대성이론을 전제로 하면 4차원주의를 받아들여야 한다는 것이다.

니콜라스 맥스웰
출처: roundedglobe.com

그러나 그의 결론은 정반대로 나아갔다. 퍼트남은 특수상대성이론이 옳기 때문에 4차원주의를 받아들여야 한다고 주장했지만, 맥스웰은 4차원주의가 틀렸기 때문에 특수상대성이론도 포기해야 한다고 주장했다.[45]

사실 맥스웰은 퍼트남의 오로라 공주 논증을 직접적인 타깃으로 삼았던 것은 아니다. 그는 오로라 공주 논증을 다른 방식으로 다룬다. 그는 질문을 이렇게 바꾼다. "민수와 영희가 만나는 사건 E1이 이미 벌어진 사건일 때, 안드로메다 함대가 출발하는 사건 A3는 이미 벌어진 사건인가? 아니면 앞으로 벌어질 사건인가?"

이 질문에 퍼트남은 사건 A3도 이미 벌어진 사건이라고 대답할 것이다. 모든 사건이 벌어진 사건이라는 것이 4차원주의의 입장이기 때문이다.

그런데 3차원주의 입장을 받아들여, 사건 A3를 벌어지지 않은 사건이라고 보면 안 될까? 맥스웰은 그러면 심각한 문제가 생길 것이라고 말한다. 그의 설명을 들어보자. (조금 복잡하다. 심호흡 한 번 크게 하고.)

만약에 E1의 관점에서 안드로메다 함대가 출발하는 사건이 아직 벌어지지 않은 사건이라면, 안드로메다 함대는 출발하지 않을 수도 있다. 즉, 그 사건이 다르게 벌어질 대안적 가능성이 있다는 말이다. 그런데 이 말은 반대의 관점에도 적용된다. 안드로메다 함대가 출발하는 사건의 관점에서 보면, 민수와 영희가 만나는 사건 E1도 다르게 벌어진 여러 대안적 가능성이 있다는 말이 된다. 하지만 민수와 영희가 만나는 사건은 현실에서 벌어진 사건이다. 그러므로 민수와 영희가 만나지 않는 사건이 벌어지는 현실이 또 있어야 한다. 즉, 여러 대안적 현실이 벌어지고 있어야 한다는 말이다. 이렇게 보면 민수와 영희가 만나는 사건이 벌어진 우주뿐만 아니라, 그러한 사건이 벌어지지 않는 우주도 존재해야 한다. 그런데 생각해보라. 우주에서 벌어지는 사건이 민수와 영희가 만나는 사건뿐이겠는가. 무한대에 가까운 수많은 사건이 벌어지지 않는가. 결국 이러한 모든 사건들이 각각 벌어지는 우주가 무한히 많아야 한다. 즉, 다중우주(multi universe)가 존재해야 한다는 것이다.[46]

맥스웰은 이어서 말한다. 다중우주이론은 특수상대성이론과 3

차원주의를 모두 받아들이기 위해서 임시방편(ad hoc)으로 만들어낸 이상한 이론이다. 그래서 다중우주이론을 받아들이기 어렵다는 것이다. 결국 특수상대성이론과 3차원주의 중 하나를 포기할 수밖에 없는데, 자기는 도저히 3차원주의를 포기할 수 없으니 특수상대성이론을 포기하겠다는 것이다.

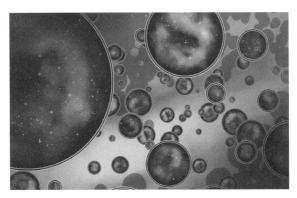

다중우주

특수상대성이론은 거의 모든 과학자들이 받아들이는 이론이다. 그런데 어떻게 그런 이론을 포기할 수 있단 말인가.

하지만 그는 그렇게 생각하지 않는다. 케플러와 갈릴레오 이론도 뉴턴에 의해서 수정되었고, 뉴턴의 이론도 아인슈타인에 의해서 수정되었다. 아마도 아인슈타인의 특수상대성이론도 수정될 것이라는 것이다.[47]

그런데 왜 맥스웰은 특수상대성이론을 포기하면서까지, 3차원주의를 끝까지 고수하였는가? 그 이유를 세 가지로 정리할 수 있다.[48]

첫째, 3차원주의 세계에서만 사건들 사이에 필연성이 있을 수 있기 때문이다. 3차원주의 세계에서는 한 순간의 사건이 원인이 되어, 다음 순간의 사건이 결과로 나타난다. 그리고 그 사건이 원인이 되어, 또 다음 순간의 사건이 결과로 나타난다. 이처럼 3차원주의 세계에서는 원인과 결과 사이에 필연적 연결이 있다. 하지만 4차원주의 세계에서는 이처럼 사건들 사이에 필연적인 연결이 있을 필요가 없다. 과거/현재/미래의 모든 사건이 우연적으로 그냥 발생할 수 있기 때문이다. 따라서 세계가 필연적인 자연법칙의 지배를 받는다는 점을 고려하면, 당연히 3차원주의를 받아들여야 한다.

둘째, 3차원주의 세계에서만 자유의지가 허용되기 때문이다. 4차원주의 세계에는 과거/현재/미래가 이미 결정되어 있을 뿐 아니라 이미 벌어지고 있다. 따라서 4차원주의 세계에는 자유의지가 개입할 여지가 없다. 하지만 인간이 자유의지를 갖고 미래를 결정할 수 있다는 믿음은 인간의 삶과 행위에 매우 중요한 것이다. 따라서 자유의지를 포기하고 4차원주의를 받아들인다는 것은 매우 어리석은 일이다.

셋째, 3차원주의 문제와는 별개로, 성향적 양자역학(Propensity Quantum Mechanics)과 특수상대성이론이 양립하지 않기 때문에 특수상대성이론을 포기해야 한다는 것이다. 성향적 양자역학은 맥스웰 자신이 제시한 것이다. 전통적인 양자역학의 해석에 따르면 양자의 존재는 확률로 설명이 되지만, 성향적 양자역학에 따르면 양자의 존재를 시간의 방정식으로 설명할 수 있다는 것이다.

딕스와 맥스웰의 논쟁

＊ 네덜란드 물리철학자 딕스(Dennis Dieks, 1949~)는 퍼트남과 맥스웰의 주장에 반대했다. 특수상대성이론을 전제한다고 해서, 반드시 4차원주의를 받아들여야 하는 것은 아니라는 것이다. 딕스는 이 문제에 대한 공개적 토론을 맥스웰에게 제안하였다.[49]

데니스 딕스
youtube.com 동영상에서 캡처

퍼트남과 맥스웰은, 특수상대성이론에 따르면 민수와 영희가 만나는 사건 E1이 이미 벌어진 사건일 때 안드로메다 함대가 출발하는 사건 A3도 이미 벌어진 사건이라고 주장했다. 그래서 퍼트남은 존 코너가 오로라 공주를 설득하는 데 실패할 것이라고 예견했던 것이다.

하지만 딕스는 그렇게 생각하지 않았다. 사건 E1이 이미 벌어진 사건이라고 해도 사건 A3는 이미 벌어진 사건일 수도 있고 아직 벌어지지 않은 사건일 수도 있다는 것이다. 왜냐하면 사건 E1과 사건 A3는 무관하기 때문이다. 그래서 딕스의 주장을 따르면, 존 코너는

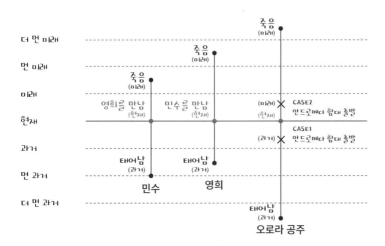

운만 좋으면 오로라 공주를 설득할 수 있을 것이다.

딕스의 설명을 보면 그가 3차원주의자라는 것을 알 수 있다. 하지만 그가 생각하는 현재 개념은 기존의 3차원주의와 좀 다르다.

기존의 3차원주의에서 현재는 절대적이다. 그래서 민수에게 현재의 순간은 영희에게도 현재의 순간이고, 안드로메다의 오로라 공주에게도 현재의 순간이다. 보편적인 현재는 과거에서 현재로, 현재에서 미래로 올라간다. 그래서 현재 평면상에 있는 존재자는 현재-존재자고, 현재 평면 아래에 있는 존재자는 과거-존재자다. 그리고 현재 평면 위에 있는 존재자는 미래-존재자다. 그래서 안드로메다 함대가 현재 이전에 출발하면(case1) 그것은 이미 벌어진 사건이 되고, 현대 이후에 출발하면(case2) 그것은 아직 벌어지지 않은 사건이다.

그러나 딕스가 말하는 3차원주의에서 현재는 이처럼 절대적인 것이 아니다. 모든 개별자는 각자의 현재 순간을 가진다. 민수는 민수만의 현재 순간을 가지고, 영희는 영희만의 현재 순간을 가진다. 그리고 안드로메다의 오로라 공주는 공주만의 현재 순간을 가진다. 모든 개별자에게 현재는 과거에서 현재로, 현재에서 미래로 가는 것이다. 모든 개별자는 자신만의 시간을 가진다. 따라서 민수와 영희가 만나는 사건 E1이 이미 벌어진 사건일 때 안드로메다 함대가 출발하는 사건 A3(도)은 이미 벌어진 사건일 수도 있고 아닐 수도 있다. 왜냐하면 사건 E1과 사건 A3는 무관한 사건이기 때문이다. 그래서 존 코너는 오로라 공주를 설득하는 데 성공할 수도 있고 실패할 수도 있다.

딕스가 논문을 발표한 바로 그해, 맥스웰은 다시 반박하고 나섰다.[50] 딕스가 제시한 그러한 현재 개념은 결국 특수상대성이론을

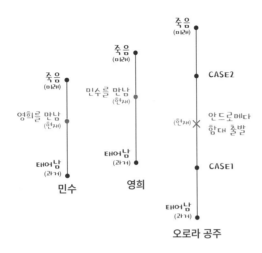

부정하는 것이거나, 다중우주이론으로 귀결된다는 것이다. 그런데 앞서 말했듯이 다중우주이론을 도저히 받아들일 수 없으므로 결국은 특수상대성이론을 부정해야 한다는 것이다. 결국 자신을 입장을 그대로 고수한 것이다.

그러면서 맥스웰은 딕스가 상정하는 특수상대성이론을 '모나드식 특수상대성이론(Monadilogical Special Relativity)'이라고 말한다. 모나드(Monad)란 라이프니츠(Gottfried Wilhelm Leibniz, 1646~1716)가 제시한 개념으로서, 연장도 없고 모양도 없고 분할할 수도 없는 단순한 실체를 말한다. 라이프니츠에 따르면 세계는 무수한 모나드들로 구성되어 있다. 그런데 모나드에는 창(窓)이 없다. 그래서 모나드는 다른 모나드에 영향을 미치지도 않고, 다른 모나드로부터 영향을 받지도 않는다. 모나드는 자신의 법칙에 따라 자가발전을 하기 때문이다. 그럼에도 불구하고 세계 속의 존재자들이 자연법칙에 따라 서로 영향을 주고받는 것처럼 보이는 이유는, 모나드의 운동을

고트프리트 빌헬름 라이프니츠

신(God)이 미리 정해놓았기 때문이다. 이것이 그 유명한 예정조화설(Preestablished Harmony)이다.

그렇다면 맥스웰이 딕스를 겨냥해 '모나드식 특수상대성이론'이라고 비판하는 요지는 무엇인가? 내가 보기에 그것은 딕스가 보편적인 현재를 부정하고 모든 개별자가 각자의 현재 순간을 가진다는 것을 비판하고 있는 것이다. 모든 개별자가 어떻게 서로에 대하여 무관할 수 있냐는 것이다. 예컨대 딕스는 사건 E1과 사건 A3는 무관한 사건이라고 보았다. 그런 식으로 보면, 우주에서 벌어지는 모든 사건은 서로에 대하여 무관한 사건이라고 보아야 하는데, 어떻게 그럴 수 있냐는 것이다. 맥스웰은 딕스를 이런 식으로 디스하고 있는 것이다. (아! 이 개그감)

스타인과 맥스웰의 논쟁

＊ 맥스웰은 딕스의 반론은 간신히 막았는데, 이번에는 스타인이 맥스웰에 대해서 반론을 제기하였다. 반론의 요지는 두 가지다.[51]

첫째, 맥스웰이 동시성 개념을 오해하고 있다는 것이다. 뉴턴 물리학에서 동시성은 절대적 개념이고, 특수상대성이론에서 동시성은 상대적 개념이다. 두 이론이 가지고 있는 동시성 개념은 본질적으로 다르다. 그래서 뉴턴 물리학에서는 현재와 동시적인 사건을 모두 동시사건으로 볼 수 있지만, 특수상대성이론에서는 그렇게 볼 수 없다. 그리고 뉴턴 물리학에서는 현재 개념이 성립하지만, 특수상대성이론에서는 현재 개념이 성립하지 않는다. 그럼에도 불구하고 맥스웰은 특수상대성이론에서의 동시성 개념을 절대적 개념으로 보는 잘못을 저질렀다는 것이다.

그러면서 우리가 가지는 동시성 개념이 착각일 수 있다는 점을 지적한다. 애초에 우리가 가지게 된 동시성 개념이 우연히 만들어진 개념일 수도 있다는 것이다. 예를 통해서 스타인의 주장을 이해해보자. 당신이 캄캄한 방에 들어와서 책상 위에 스탠드 불을 켰다고 하자. 순간 불이 들어오면서 책상 위에 펼쳐놓은 책이 눈에 들어올 것이고, 동시에 방 안의 가구들도 눈에 들어올 것이다. 그런데 정확히 말하자면 당신이 그것들을 동시에 보는 것은 아니다. 책상 위의 책을 먼저 보게 되는 것이고, 방구석에 있는 옷걸이는 나중에 보게 되는 것이다. 그럼에도 불구하고 이런 것들을 동시에 본다고 생각하는 이유는 빛의 속도가 너무나 빠르기 때문이다. 만약에 빛의 속도가 엄청 느려져서 1미터 나아가는 데 1초가 걸린다고 하면, 당신은 책상 위의 책을 먼저 보고 방구석의 옷걸이는 몇 초 후에 보게 될 것이다. 만약에 당신이 이렇게 빛의 속도가 느린 세상에서 태어나서 평생을 살았다면, 당신은 과연 지금과 같은 절대적 현재 개념을 가지게 되었을까? 아마도 아닐 것이다. 따라서 우리가 지금 가지고 있는 현재 개념은 빛의 속도가 매우 빠르기 때문에 가지게 된 경험의 산물이라고 할 수 있다.

스타인은 동시성에 대한 이러한 착각을 딕스, 퍼트남, 맥스웰 모두 가지고 있다고 말한다. 시쳇말로 모두까기를 하고 있는 것이다.

둘째, 다중우주이론을 못 받아들일 이유가 없다는 것이다. 다중우주이론이 좀 이상한 이론인 건 맞지만, 그렇다고 아무렇게나 임시방편으로 만들어낸 이론은 아니라는 것이다. 게다가 특수상대성이론과 같이 확립된 과학이론에 의해서 도출된 이론이므로 그렇게 쉽게 거부할 수 없다는 것이다.

가만히 보고만 있을 맥스웰이 아니다. 맥스웰은 스타인의 반론에 대하여 두 가지 문제점을 제기한다.[52]

첫째, 현재 개념에 대하여, 스타인이 자신(맥스웰)의 이론을 오해했다는 것이다. 스타인은 자신이 뉴턴 물리학에서 말하는 현재 개념을 사용하고 있다고 비판했는데, 자신은 그러한 현재 개념을 옹호한 적이 없다는 것이다. 오히려 자신은 특수상대성이론을 받아들이면 보편적인 현재 개념을 포기해야 한다고 주장했다는 것이다.

내가 보기에, 맥스웰은 스타인의 반론을 잘못 이해한 것 같다. 스타인은 맥스웰이 보편적인 현재 개념을 주장했다고 반대한 것이 아니라, 동시성 개념을 현재 개념처럼 생각했다고 반대한 것 같기 때문이다.

둘째, 이번에는 다중우주이론에 대하여, 스타인이 자신(맥스웰)의 생각을 오해했다는 것이다. 맥스웰은 자신이 다중우주이론을 임시방편 이론이라고 말한 이유는, 그것이 특수상대성이론과 3차원주의를 양립시키기 위해 상정한 이론이어서 그렇게 말한 것이지, 양자역학의 하나의 해석으로서의 다중우주이론을 임시방편이라고 말한 것은 아니라는 것이다.

그렇다면 여기에서 다중우주이론이란 무엇인가? 이들의 관심이 양자역학으로 넘어갔다는 점을 고려하면, 이들이 생각하는 다중우주이론은 양자역학의 하나의 해석으로서 등장한 이론을 의미하는 것 같다. 그것을 설명하기 위하여 그 유명하다는 '슈뢰딩거의 고양이' 사고실험을 보자.

방사선 원소가 붕괴되면 망치가 떨어지면서 독극물이 퍼지는, 그런 이상한 박스 안에 고양이 한 마리를 넣었다고 하자. 이때 고양이는 어떤 상태로 존재하는가. 양자역학의 불확정성 원리(Uncertainty Principle)에 따르면, 개별자의 존재 상태는 확률로 기술된다. 그래서 이때 고양이는 '살아 있음' 50%+'죽어 있음' 50%인 확률 상태로 존재한다. 단, 누군가 박스를 열어보기 전까지 말이다.

그런데 박스를 열면 고양이의 존재 상태가 바뀐다. 고양이는 살아 있거나 죽어 있거나, 둘 중 하나의 상태가 된다. 50% 확률로 말이다. 그렇다면 박스를 여는 순간 무슨 일이 벌어진 것인가? 다중우주이론을 주장하는 사람들은 누군가 박스를 여는 순간 우주가 두 개로 나누어진다고 말한다. 즉, 고양이가 살아서 존재하는 우주와 고양이가 죽어서 존재하는 우주로 나누어진다는 것이다.

그런데 세상에 고양이 한 마리만 있겠는가? 우주에 있는 수많은 개별자들이 이렇게 확률적 존재 상태에서 실재의 존재 상태로 나누어지는 일이 계속해서 벌어진다. 이때마다 새로운 우주가 생기는

것이다. 그래서 무수히 많은 우주가 존재하며, 각각 우주에는 개별 자들의 존재 상태가 다 다르다는 것이다.

정리

지금까지의 논의를 간단히 정리해보자.

- 퍼트남은 특수상대성이론의 상대적 동시성 개념을 전제로 하여 과거/현재/미래가 존재한다는 4차원주의라는 결론에 도달한다. 이것이 이른바 오로라 공주 논증이다.
- 스타인은 퍼트남에 반대하여, 특수상대성이론을 받아들여도 3차원주의가 참일 수 있다고 주장한다. 퍼트남이 동시사건 개념에 존재 개념을 덧붙이는 잘못을 저질렀다는 것이다.
- 맥스웰은 특수상대성이론이 옳다고 보면, 4차원주의를 받아들이거나(이 점에서는 퍼트남과 입장이 같다.) 다중우주이론을 받아들여야 한다고 주장한다. 그런데 4차원주의나 다중우주이론은 받아들일 수 없으므로 특수상대성이론이 틀렸다고 보

아야 한다고 주장한다. (이 점에서는 퍼트남과 정반대다.) 그러면서 자신의 이론인 성향적 양자역학을 제시한다.

- 딕스는 맥스웰에 반대하여, 특수상대성이론을 받아들여도 3차원주의가 참일 수 있다고 주장한다. (이 점에서는 스타인과 같다.) 그러면서 자신만의 3차원주의를 제시한다.
- 맥스웰은 딕스가 제시한 3차원주의를 모나드식 3차원주의라고 반대하면서 자신의 입장을 고수한다.
- 스타인은 (원래의 입장대로) 특수상대성이론을 받아들여도 3차원주의가 참일 수 있다고 주장한다. 그리고 퍼트남, 맥스웰, 딕스 모두 동시성 개념을 잘못 이해하고 있다고 지적한다. 그러면서 다중우주이론을 거부할 필요가 없다고 말한다.
- 맥스웰은 동시성 개념이나 다중우주이론에 대하여, 스타인이 자신을 오해하고 있다고 말한다.

결론적으로 퍼트남은 확실한 4차원주의자라고 할 수 있고, 스타인, 딕스, 맥스웰은 (일종의) 3차원주의자라고 할 수 있다. 그런 의미에서 퍼트남은 존 코너가 오로라 공주의 마음을 돌릴 수 없다고 주장하고, 나머지 세 사람은 마음을 돌릴 수 있다고 말하고 있는 셈이다. 하지만 세 사람의 3차원주의자들 입장은 각기 다르다. 맥스웰은 자신의 양자역학이론을 강조하면서 특수상대성이론을 부정하고, 딕스는 자신의 3차원주의와 특수상대성이론이 양립할 수 있다고 주장한다. 그리고 스타인은 다른 모든 사람들이 동시성 개념을 잘못 이해하고 있다고 주장한다.

그러면서 스타인과 맥스웰은 양자역학에 대한 논의로 들어가고 있다. 하지만 양자역학에 대한 논의를 여기서는 다루지 않겠다.

내가 보기에 퍼트남과 스타인의 입장 차이를 이행적 관계로 이해할 수 있다.

이행적 관계란 간단히 말해서 논리적 순서가 보존되는 관계를 말한다. 예컨대 '~보다 키가 크다'는 관계가 이행적 관계라고 할 수 있다. 그래서 민수가 영희보다 키가 크고 영희가 바둑이보다 키가 크면, 민수는 바둑이보다 키가 크다고 할 수 있다.

당연하겠지만, 비이행적 관계란 간단히 말해서 논리적 순서가 보존될 필요가 없는 관계를 말한다. 예컨대 '~의 앞에 있다'는 관계가 비이행적 관계라고 할 수 있다. 그래서 민수 앞에 영희가 있고 영희 앞에 바둑이가 있다고 해서, 민수 앞에 바둑이가 있다고 말할 수 없다.

스타인은 퍼트남이 동시성 관계를 과대 해석했다고 지적하였다. "X에 대하여 Y가 동시사건이다"는 말은 본래적 기하학적 용어일 뿐인데, 퍼트남이 거기에 "X에 대하여 Y가 존재한다"는 의미를 부여했다는 것이다.

그런데 이처럼 동시성 관계에 존재의 의미를 부여한다는 것은, 동시성 관계를 이행적(transitive) 관계로 본다는 말이다. 그래서 퍼트남은 E1과 A2가 동시사건이고 A2와 E2가 동시사건이므로 E1과 E2가 동시사건이라고 말하고 있는 것이다. 그런데 이 말은 영희를 만나는 민수에 대하여 조깅을 하고 있는 오로라 공주가 존재하고, 조깅을 하고 있는 오로라 공주에 대하여 안드로메다 군대의 총에 맞아 죽어가는 민수가 존재하므로, 영희를 만나는 민수에 대하여 죽어가는 민수가 존재한다는 것이다.

생각해보라. 동시성 관계를 비이행적 관계로 보면, 민수에게는 존재하지만 오로라 공주에게는 존재하지 않거나, 오로라 공주에게는 존재하지만 민수에게는 존재하지 않게 된다. 하지만 그러한 상황은 상상할 수 없다. 더욱이 민수의 존재가 오로라 공주가 조깅을 하느냐 마느냐에 달려 있다는 것은 더욱 받아들이기 어렵다.

이러한 상황을 오스트리아의 수리논리학자 괴델(Kurt Gödel, 1906~1978)이 한마디로 정리했다.

존재의 개념을 상대화하면 그 의미가 완전히 파괴된다.[53]

이러한 사달이 나는 이유는, 동시성 관계에 존재의 의미를 부여했기 때문이다.

동시성 관계에 존재의 의미를 부여하지 않으면, 동시성 관계를 그냥 비이행적 관계로 볼 수 있다. 그러면 아무런 문제가 안 된다. 이렇게 보면 E1과 A2가 동시사건이고 A2와 E2가 동시사건이라고 해서 E1과 E2가 동시사건이라고 말할 필요가 없는 것이다. 그러면 오로라 공주 논증은 부당한 논증이 된다.

내가 주목하는 또 하나는 딕스의 3차원주의다. 맥스웰은 딕스의 특수상대성이론을 겨냥해 '모나드식 특수상대성이론'이라고 비판하지만, 내가 보기에 그것은 맥스웰의 오해다. 딕스는 개별자 각각의 현재가 있다고 주장한 것이지, 개별자가 상호 영향을 받지 않는다고 주장한 것은 아니기 때문이다. 이 얘기는 여기에서는 이쯤 하자. 나는 4장에서 딕스의 3차원주의를 좀 더 발전시킬 방법을 찾을 것이다.

마지막으로 한마디만 보태자. 눈치챘겠지만 이러한 논란의 본질은 동시성 관계를 어떻게 해석할 것인가의 문제다. 퍼트남도 이 점을 잘 알고 있었다. 그래서 그는 오로라 공주 논증을 제시하면서 단서 하나를 달았다. 그것은 오로라 공주 논증은 동시성 관계가 오직 물리적 관계일 경우에만 타당하다는 것이다. 즉, 그것이 물리적 관계가 아니라면 오로라 공주 논증은 힘을 잃는다는 것이다.[54] 그런데 문제는 물리적 관계가 무엇을 의미하는지 아무런 설명도 하지 않고 있다는 점이다.[55]

결국 퍼트남은 오로라 공주 논증의 타당성을 동시성의 해석 문제로 환원시켜버린 셈이다. 이건 심각한 문제다. 하나의 이론을 어떻게 해석하느냐는 오로라 공주 논증보다 더 복잡한 것이기 때문이다. 아무튼 이렇게 해서 우리는 새로운 국면, 특수상대성이론의 해석에 관한 문제로 들어가게 되었다. 특수상대성이론을 어떻게 해석하느냐에 따라서 3차원주의가 옳든지 4차원주의가 옳든지 할 것이다. 이 점에 대해서는 3장에서 다시 볼 것이다.

그가 나보다 먼저 이 세상을 떠났지만, 그것은 별로 중요하지 않다.
우리 물리학자들은 과거/현재/미래의 구분이 착각일 뿐이라고 믿기 때문이다.

_아인슈타인이 자신의 친구 베소가 사망하자 유가족을 위로하며

III

3차원주의와
4차원주의

3차원주의와 4차원주의는 20세기에 들어와 구체적으로 형성된 이론이다. 그렇다고 해서 20세기 이전에 3차원주의와 4차원주의와 같은 사상이 아예 없었던 것은 아니다. 알고 보면 고대로부터 현대에 이르기까지, 두 이론으로 분류될 수 있는 수많은 이론들이 있었다. 그 많은 이론들이 형이상학, 인식론, 언어철학, 물리철학, 논리학 등 다양한 분야에서 발전해왔던 것이다. 이렇게 넓은 사상의 스펙트럼을 가진 3차원주의와 4차원주의는 하나의 이론이라기보다는 일종의 세계관에 가깝다고 볼 수 있다.

3차원주의와 4차원주의는 시대에 따라 다양한 쟁점을 사이에 두고 논란을 벌였다. 변화와 운동에 대하여, 시간과 공간의 본질에 대하여, 개별자의 존재방식에 대하여, 특수상대성이론의 해석에 대하여 등. 그래서 두 이론이 차지하고 있는 지형을 전체적으로 파악하는 것이 쉽지 않다. 하지만 그것이 불가능한 것은 아니다. 두 이론을 관통하는 중심 사상은 비교적 일관적이기 때문이다.

3장에서는 3차원주의와 4차원주의 사이에 벌어진 논란을 역사적 순서대로 살펴볼 것이다.

1절. 두 이론 사이에 벌어진 첫 번째 논란은 BC 5~4세기 고대 그리스 시대로까지 거슬러 올라간다. 이들이 해결하고자 했던 문제는 "세계는 변하는가?" 하는 것이었다. 이에 대하여 아리스토텔레스의 입장과 파르메니데스의 입장이 나타났다.

2절. 20세기 전반에 들어 "시간은 흐르는가?"라는 이상한 논란이 일었다. 이와 관련하여 A-이론과 B-이론이 나타났다.

3절. 이와 비슷한 시기에 언어시제에 관한 논란이 일어났다. 이번에는 "과거/현재/미래시제는 본질적인가?"라는 문제로 다투었다. 이 대답으로 시제주의와 무시제주의가 있다.

4절. 20세기 후반에 들어오자 본격적으로 시간의 본질에 관한 논란이 벌어졌다. 이들이 천착했던 문제는 "과거/미래는 존재하는가?" 하는 것이었다. 이에 대하여 현재주의와 영원주의가 나타났다.

5절. 이와 비슷한 시기에 개별자의 존재방식에 대한 논란도 벌어졌다. 이들이 천착한 문제는 "시간 속의 개별자가 어떻게 지속하느냐?"는 것이었다. 이동지속이론과 시간적 부분이론이 이 문제를 다루었다.

6절. 과학에서도 관련된 논란이 일었다. 이들은 "특수상대성이론을 어떻게 해석할 것인가?" 하는 문제에 골몰했다. 이에 대하여 로렌츠 해석과 민코프스키 해석이 있다.

반 클리브(James Van Cleve)는 이러한 이론들과 입장들을 두 줄기로 묶었다. 이렇게 만들어진 3차원주의와 4차원주의 표는 앞으로

의 긴 여정에서 길잡이 역할을 할 것이다.[1]

구분	3차원주의	4차원주의
세계는 변하는가?	아리스토텔레스	파르메니데스
시간은 흐르는가?	A-이론	B-이론
시제는 본질적인가?	시제주의	무시제주의
과거/미래는 존재하는가?	현재주의	영원주의
개별자는 어떻게 지속?	이동지속이론	시간적 부분이론
특수상대성이론의 해석?	로렌츠 해석	민코프스키 해석

아리스토텔레스와 파르메니데스

우리는 동일한 강에 몇 번이나 들어갈 수 있는가

✳︎   지금으로부터 약 2,500여 년 전. 아테네 어느 강가에서 세 명의 철학자가 열띤 논쟁을 벌이고 있었다. 나이가 제일 많아 보이는 백발이 성성한 헤라클레이토스는 "우리는 동일한 강에 두 번 들어갈 수 없다"면서 열변을 토하고 있었다. 세상의 모든 것은 변하기 때문이라는 것이다. 비교적 그보다 나이가 적어 보이는 파르메니데스는 이에 질세라 헤라클레이토스의 말꼬리를 연신 자르고 있었다. "우리는 강에 한 번도 들어갈 수 없다"는 것이다.

두 노인의 옆에서 가만히 말을 듣고 있던 어린 아리스토텔레스는 도저히 이해할 수 없었다. 그는 이곳에 자주 와서 손을 씻거나 물을 마셨고, 여름에는 친구들과 함께 강물에 들어가 물장난을 치거나 물고기를 잡곤 했었기 때문이다. 그는 "우리가 동일한 강에 여러 번 들어갈 수 있다"는 것을 잘 알고 있었다.

　　당신의 생각은 어떤가? 우리는 동일한 강에 몇 번이나 들어갈 수 있다고 보는가? 이 질문이 바로 3차원주의와 4차원주의 사이에 벌어진 첫 번째 쟁점이다.

헤라클레이토스:
우리는 동일한 강에 두 번 들어갈 수 없다

＊　　고대 그리스 철학자들은 인간뿐만이 아니라 자연세계에 관심을 가졌다. 이들이 천착했던 문제는 만물이 무엇으로 구성되어 있느냐는 것이었다. 탈레스(Thales)는 그것을 물이라고 하였고, 아낙시만드로스(Anaximandros)는 무한자 아페이론(apeiron)이라고 하였다. 그리고 아낙시메네스(Anaximenes)는 공기(aēr)라고 하였고, 아리스토텔레스(Aristoteles)는 물, 불, 흙, 공기인 4원소라고 하였다. 그리고 데

모크리토스는 그것을 원자라고 하였고, 피타고라스는 수(number)라고 하였다.

하지만 대충 보아도 그리스 철학자들이 제시한 사상들은 현대 과학의 관점과 크게 달라 보이지 않는다. 차이가 있다면 지식의 양적 차이일 뿐이다. 데모크리토스 원자설은 '물질이 구별되지 않는 한 가지 종류의 입자로 구성되어 있다'는 19세기 돌턴 원자설과 유사하고, 아리스토텔레스 4원소설은 '물질은 다른 특징을 가진 여러 입자들로 구성되어 있다'는 쿼크 이론을 연상시킨다. 그리고 세계 근원이 수라는 피타고라스 사상은 '세계 본질은 그것을 구성하는 물질이 아니라 그것을 지배하는 법칙이다'라는 현대인의 관점으로 해석된다.

헤라클레이토스(Heraclitus, BC 540?~BC 480?)는 만물의 근원을 불이라고 말했다. 그가 만물의 구성요소가 불이라고 생각한 것은 아니다. 그가 말하는 불은 생성과 소멸, 운동과 변화를 의미하는 메타포다. 반복적으로 타오르기도 하고 꺼져가기도 하는 불의 이미지로 만물의 그러한 특징을 표현한 것이다.

헤라클레이토스는 "우리는 동일한 강에 두 번 들어갈 수는 없다"는 유명한 말을 남겼다. 강물은 끊임없이 흐르기 때문에 어제 들어갔을 때의 강과 오늘의 강이 다르다는 것이다. 이처럼 세상의 변화를 강물의 흐름에 비유하고 있다.

그런데 이러한 생각을 더 밀고 나가면 이상한 결론에 도달한다. 인간의 세포는 일정 부분 매일매일 죽어간다. 그래서 인간을 구성하는 세포는 조금씩 달라진다. 그래서 민수를 구성하는 어제의 세포와 오늘의 세포는 완전히 똑같지는 않다. 헤라클레이토스를 따르면, 어제의 민수와 오늘의 민수는 다른 사람이라고 해야 한다. 민수

탈레스

아낙시만드로스

아낙시메네스
Michel Wolgemut의 목판화

데모크리토스

피타고라스

뿐만이 아니다. 변화를 겪는 세상의 모든 것은 모두 다 새로운 것이라고 해야 한다.

파르메니데스:
우리는 동일한 강에 한 번도 들어갈 수 없다

헤라클레이토스

* 철학이란 무엇인가? 간단하지만 이 질문이 우리를 곤혹스럽게 만든다. 딱히 떠오르는 대답이 없다. 그래서 사람들은 철학을 지혜에 대한 사랑이라든지, 만학의 왕이라든지, 세계의 근원을 탐구하는 학문이라든지, 애매한 말로 얼버무리기 일쑤다. 그중에서 그나마 그럴듯한 대답은, 철학은 존재 자체를 탐구한다는 말이다. 그런데 도대체 존재 자체란 무엇인가?

파르메니데스

고대 그리스의 파르메니데스(Parmenides, BC 515?~BC 445?)는 흔히 존재 자체를 탐구한 최초의 철학자라고 한다. 그는 존재/비존재의 정의를 이용하여 변화는 불가능하다는 결론에 도달했다.

(1) 있는 것은 있고, 없는 것은 없다.
(2) 어떤 것이 변화하기 위해서는 없던 것이 생겨야 한다.
(3) 그런데 없는 것은 없다.
(4) 따라서 변화는 불가능하다. (결론)

황당하다. 어찌 보면 그저 말장난 같기도 하고, 언어를 교묘하게 이용한 난센스 같기도 하다. 하지만 어떤 사람들은 이 논증을 언어철학의 단초라고 평가하기도 하고, 존재 자체에 대한 심오한 통찰을 주었다고 놀라워하기도 한다. 솔직히 나는 뭐가 뭔지 잘 모르겠다. 내가 말할 수 있는 확실한 점은 그가 변화의 불가능성을 주장했다는 것이다.

파르메니데스의 제자인 멜리소스(Melissos, BC 480?~BC 400?)는 스승보다는 좀 더 그럴듯한 논증을 제시했다.

멜리소스

> (1) 변화란 동일한 어떤 것의 속성이 달라지는 것이다.
> (2) 어떤 것의 속성이 달라지면 그것은 더 이상 동일한 것이 아니다.
> (3) 따라서 변화는 불가능하다. (결론)

예를 들어보자. 커피가 식는다는 것(변한다는 것)은 동일한 한 잔의 커피가 뜨거운 속성을 가지다가 차가운 속성을 가지는 것이다. 그런데 뜨거운 커피의 속성과 차가운 커피의 속성은 다르므로 그 두 잔의 커피는 동일한 커피가 아니다. 그러므로 커피는 식을 수 없다. (불면서 마셔봐야 소용없다.) 이렇게 해서 파르메니데스는 헤라클레이토스와 정반대의 결론, 즉 변화가 불가능하다는 결론에 도달했다.

하지만 헤라클레이토스와 파르메니데스 두 사람 모두 동의하는 점이 있다. 그것은 "어떤 것의 속성이 달라지면 그것은 더 이상 동일한 것이 아니다"라는 것이다. 그래서 헤라클레이토스는 강물이 바뀌면 더 이상 동일한 강이 아니라고 생각했던 것이고, 파르메니데스는 변화가 불가능하므로 동일한 강이라고 생각했던 것이다. 변화와 동일성 중에서, 헤라클레이토스는 변화를 선택한 것이고 파르메니데스는 동일성을 선택한 것이다.

그런데 파르메니데스에게 골치 아픈 문제가 하나 생겼다. 그것은 어제의 강과 오늘의 강이 동일할 수 없다는 것이다. 왜냐하면 어제의 강, 오늘의 강, 이렇게 강이 두 개가 있기 때문이다. 두 개의 강이 동일할 수는 없다. 동일(同一)하다는 말은 '같으면서 하나'라는 뜻이기 때문이다.

파르메니데스의 후예들은 이에 대하여 재미있는 해법을 제시한다. 그것은 어제 강과 오늘 강을 전체 강의 일부분이라고 주장하는 것이다. 강이 생겨나는 처음 순간부터 강이 없어지는 마지막 순간까지 합한 것을 전체 강이라고 보자는 것이다. 이렇게 보면 "우리는 동일한 강에 한 번도 들어갈 수 없다." 강에 들어갔다고 말할 수 있으려면, 강이 생겨났을 때부터 없어질 때까지 들어가 있어야 한다. 그것은 마치 야구경기를 제대로 보았다고 말할 수 있으려면, 야구경기를 1회초부터 9회말까지 전부 보아야 하는 것과 같다.

여러분은 이 질문과 대답이 매우 이상하게 들릴 것이다. 하지만 이것은 철학적으로 매우 중요한 쟁점이다. 이 점에 대해서는 나중에 자세하게 살펴볼 것이다. 지금은 일단 그냥 넘어가자.

아리스토텔레스:
우리는 동일한 강에 여러 번 들어갈 수 있다

*   헤라클레이토스와 파르메니데스의 생각은 선뜻 받아들이기

힘들다. 우리는 강물이 흘러가버렸어도 여전히 동일한 강이라고 말하고, 커피가 식었어도 여전히 동일한 커피라고 생각한다. 그리고 어떤 연예인이 양악수술로 얼굴이 완전히 딴판이 되어서 나타나도 여전히 동일한 사람이라고 믿는다.

그렇다면 강, 커피, 연예인은 어떻게 변화하면서 동일성을 유지하는가? 아리스토텔레스(Aristoteles, BC 384~BC 322)의 대답은 이렇다. 도토리가 자라면 참나무가 된다. 도토리와 참나무는 분명히 다른 속성을 가지지만 그래도 도토리와 참나무는 동일하다. 왜냐하면 도토리는 참나무가 될 가능태이고, 참나무는 도토리의 현실태이기 때문이다. 가능태와 현실태는 동일한 도토리-참나무가 존재하는 방식이다. 도토리가 참나무로 변한다는 것은 도토리-참나무가 존재하는 방식이 바뀐다는 것이다.

아리스토텔레스

그렇다면 가능태와 현실태 사이에 무엇이 있는가? 그것은 바로 시간이다. 시간이 지나면 가능태는 현실태가 된다. 시간이 지나면 도토리는 참나무가 된다. 결국 아리스토텔레스는 도토리와 참나무의 속성은 다르지만, 다른 시간에 존재하는 것이므로 동일한 것이라고 말하고 있는 것이다. 마찬가지로 어제의 강과 오늘의 강은 다르지만, 다른 시간에 존재하는 것이므로 여전히 동일한 강이라고 말하고 있는 것이다. 따라서 "우리는 동일한 강에 여러 번 들어갈 수 있다."

정리

지금까지의 이야기를 간단히 정리해보자.

- 헤라클레이토스는 변화와 동일성 중의 하나를 포기해야 한다

고 생각한다. 그는 동일성을 포기하고 변화를 선택한다.

- 파르메니데스도 변화와 동일성 중의 하나를 포기해야 한다고 생각한다. 그는 변화를 포기하고 동일성을 선택한다.
- 아리스토텔레스는 변화와 동일성 모두 포기하지 않는다. 어떤 것이 변화하면서 동일성을 유지할 수 있다고 본 것이다.

보통 서양철학사에서는 헤라클레이토스와 파르메니데스를 대비시켜 설명한다. 헤라클레이토스는 변화를 강조한 철학자라고 하고, 파르메니데스는 변화의 불가능성을 강조한 철학자라고 한다. 하지만 변화의 문제와 관련하여 전체 그림을 보려면 아리스토텔레스를 빼놓아서는 안 된다. 왜냐하면 헤라클레이토스와 파르메니데스는 변화와 동일성이 양립할 수 없다고 생각했다는 점에서 같은 부류의 철학자로 묶을 수 있고, 그 반대편에 아리스토텔레스가 서 있기 때문이다.

2,500년 전 철학자들이 남긴 짧은 단편을 가지고 그들의 철학을 재단하여 이해하는 것은 무리일 것이다. 그럼에도 불구하고 내가 고대 철학자들로부터 이야기를 시작한 이유는 (앞으로 계속해서 살펴보겠지만) 이들 사상이 3차원주의와 4차원주의에 대한 핵심 아이디어를 제공하고 있기 때문이다.

변화와 동일성을 인정한다는 점에서 아리스토텔레스에게 3차원주의라는 타이틀을 붙일 수 있다. 3차원주의의 핵심 주장은 시간은 흐르고 시간 속 개별자는 변화한다는 것이기 때문이다. 그리고 파르메니데스에게는 4차원주의자라는 타이틀을 붙일 수 있다. 4차원주의의 핵심 주장은 시간은 흐르지 않고 변화가 불가능하다는 것이기 때문이다. 그런 의미에서 아리스토텔레스와 파르메니데스는 3차원주의와 4차원주의를 주장한 최초의 철학자라고 할 수 있다.

A-시간론과
B-시간론

2

A-시간론과 B-시간론

✻   파르메니데스 사상은 그 후 오랫동안 나타나지 않았다. 일부 사람들을 제외하고서는 그것을 기억조차 하지 못했다. 그것을 기억하는 일부 사람들마저도 파르메니데스 사상을 단지 메타포 정도로만 생각했지, 진짜 변화가 불가능하다고 생각한 것은 아니었다. 그렇다고 해서 아리스토텔레스와 파르메니데스의 싸움이 완전히 끝났다고 생각하면 오산이다. 형이상학에서는 논쟁의 승패가 그렇게 쉽게 결정되지 않는다.

그것을 입증이라도 하듯 이미 꺼져버린 것 같았던 파르메니데스의 불씨를 살린 두 거인이 20세기 초에 등장했다. 철학자 맥타가트와 과학자 아인슈타인이다. 먼저 맥타가트에 대해서 이야기해 보자.

영국의 형이상학자 맥타가트(J. M. E. McTaggart, 1866~1925)는 "시간은 존재하지 않는다(unreal)"는 놀라운 논증을 제시한다. 그의 논

맥타가트
Photo: Walter Stoneman

증은 만약에 파르메니데스가 살아 있다면 "바로 이거야!" 하고 무릎을 치며 반색할 만한 것이었다. 그의 논증은 이후 많은 철학자의 관심을 불러일으켰고, 이에 자극받은 철학자들은 이후 100년 동안 "시간이 흐르는가?" 하는 매력적인 문제에 다시 뛰어들었다.

맥타가트는 먼저 두 가지 유형의 시간이론을 제시한다. 이른바 A-시간론과 B-시간론이다. A-시간론에서는 과거/현재/미래가 근본적인 개념이다. 그래서 과거가 이미 지나갔다든지, 미래가 현실로 다가왔다든지, 미래는 아직 오지 않았다든지 등의 표현은 단지 메타포가 아니라 실제로 시간의 흐름을 나타낸다. 또한 모든 개별자는 과거성(pastness), 현재성(presentness), 미래성(futurity)과 같은 본래적 속성을 가진다. (딱히 좋은 번역이 없다.) 그래서 어떤 존재자가 과거성을 가지면 과거-존재자가 되고, 현재성을 가지면 현재-존재자가 되며, 미래성을 가지면 미래-존재자가 된다. 예컨대 케사르는 과거성을 가지며, 트럼프는 현재성을 가진다. 그리고 2022년 월드컵 축구공은 미래성을 가진다. 과거-존재자, 현재-존재자, 미래-존재자는 질서정연하게 순서에 따라 A-시간 속에 자리 잡고 있다.

B-시간론에서는 이전/이후/동시 개념이 근본적인 개념이다. 과거/현재/미래 개념은 부차적인 개념일 뿐이어서 이전/이후/동시 개념으로 환원될 수 있다. 그래서 케사르를 과거-존재자라고 말하기보다는 트럼프-이전-존재자라고 말해야 하고, 2022년 월드컵 축구공을 미래-존재자라고 말하기보다는 트럼프-이후-존재자라고 말해야 한다. 이전-동시-이후 관계는 한번 결정되면 절대로 변하지 않는 관계다.

맥타가트 논증:
시간은 존재하지 않는다

＊   이제 맥타가트 논증을 본격적으로 살펴보자. 논증이 너무 어려워서 골치가 아플 수도 있고 아니면 너무 황당해서 실소가 나올수도 있다. 그래도 20세기 많은 철학자들로 하여금 시간론 논쟁에 뛰어들게 한 중요한 논증이니만큼 집중해서 읽어보자.[2]

맥타가트 논증은 세 부분으로 구분된다. 논증의 첫 번째 부분에서 맥타가트는 시간이 존재한다고 가정한다.

> (1) 시간이 존재한다고 가정해보자.
> (2) 시간이 존재하면, 그것은 A-시간이거나 B-시간이다.
> (3) 따라서 A-시간이 존재하거나 B-시간이 존재한다.

논증의 두 번째 부분에서 맥타가트는 B-시간의 존재를 부정하고 A-시간의 우선성을 주장한다.

> (4) 시간이 존재하면, 세상에 변화가 있다.
> (5) 변화가 있으면, A-시간이 있다.
> (6) 따라서 시간이 존재하면, 그것은 A-시간이다.

(4)~(6)은 "A이면 B이고, B이면 C이면, A이면 C이다"는 형식을 가지고 있다. 여기서 설명이 좀 더 필요한 명제는 (5)이다. (5)가 참인 이유는 B-시간 속에서 세상은 변할 수 없기 때문이다. B-시간

속에서 사건들은 이전→동시→이후를 가지는데 이러한 관계는 한 번 결정되면 영원히 변하지 않기 때문이다.

논증의 세 번째 부분에서 맥타가트는 A-시간의 존재를 부정한다.

(7) A-시간 속의 사건은 과거성/현재성/미래성을 모두 가진다.

(8) 과거성/현재성/미래성은 양립불가능하다.

(9) A-시간은 모순이다.

(10) A-시간은 존재하지 않는다.

(7)은 모든 사건은 미래-사건이고 현재-사건이며 과거-사건이라는 말이다. 예컨대 '케사르의 암살사건'은 그보다 먼 과거에는 미래-사건이었고, 기원전 44년에는 현재-사건이며, 지금은 과거-사건이 되었다.

(8) 어떤 것도 과거성/현재성/미래성을 함께 가질 수 없다는 말이다. 예컨대 어떤 사건도 과거-사건이면서 현재-사건일 수 없고, 현재-사건이면서 미래-사건일 수 없다. 그것은 마치 커피가 뜨거우면서 동시에 차가울 수 없는 것과 같다.

(9) 어떤 것이 양립불가능한 것을 모두 가지면 그것은 모순이다. 어떤 커피가 뜨거우면서 차가우면 그것은 모순이 된다.

(10) 어떤 것이 모순이면 그것은 존재할 수 없다. 예컨대 뜨거우면서 동시에 차가운 커피는 존재할 수 없다.

이제 결론이다.

(결론) 시간은 존재하지 않는다.

시간이 존재한다면 A-시간이거나 B-시간인데, A-시간과 B-시간이 존재하지 않기 때문에 시간이 존재하지 않는다는 것이다.

이게 말인가 막걸린가. 끈기 있는 독자라면 앞으로 가서 다시 읽어봐도 된다. 그러기 싫은 독자들을 위해서 간단히 설명해보겠다.

B-시간으로는 변화를 설명할 수 없다. B-시간 속의 이전→동시→이후 관계는 한번 결정되면 영원히 변하지 않기 때문이다. 따라서 시간이 존재한다면 그것은 A-시간이다. 그런데 A-시간은 모순이다. A-시간 속에서 하나의 사건은 과거성/현재성/미래성을 모두 가지기 때문이다. 따라서 시간은 존재하지 않는다.

아무리 봐도 말장난 같다. 하지만 어디가 잘못되었는지 꼭 짚어내기는 어렵다. 그러나 많은 철학자들은 맥타가트 논증의 문제점을 지적하고 나섰다.

첫번째 반론:
변화 없는 텅 빈 시간은 있을 수 있다

*　　맥타가트 논증에 대한 첫 번째 반론은 (4) "시간이 존재하면, 세상에 변화가 있다"는 명제가 틀렸다는 것이다. 이 명제는 "변화가 없으면 시간이 존재하지 않는다"는 명제와 같다. 다시 말해서 세계가 얼어붙은 것처럼 멈추어버리면 시간이 존재하지 않는다는 것이다. 임일환 교수는 이것을 '변화 없는 텅 빈 시간'이 없다고 표현한다.[3]

시드니 슈메이커
출처: Santa Barbara photos

'변화 없는 텅 빈 시간'은 정말로 있을 수 없는가? 미국의 철학자 슈메이커(Sydney Shoemaker, 1931~)는 그렇지 않다고 말한다. 세계가 얼어붙어버려도 시간은 흘러갈 수 있다는 것이다.[4]

예를 들어보자. 세계 전체가 A지역, B지역, C지역으로 나뉘어 있다고 하자. 각각의 지역은 주기적으로 모든 운동과 변화가 정지하는 결빙 상태에 빠져버린다고 하자. 한 지역이 결빙 상태에 빠지면 다른 지역 사람들은 망원경을 들고 그 지역을 보면서 즐거워한다. 재미있는 장면을 스틸 사진처럼 볼 수 있기 때문이다. 사람들이 꼼짝없이 정지해 있을 뿐 아니라, 공은 허공에 떠 있고, 날아가는 화살은 날지 않는다.

재미있는 점은 정작 결빙 상태에 빠진 사람들은 자신들이 결빙 상태에 있다는 것을 모른다는 것이다. 사람의 사고 활동은 뇌의 물리적 활동의 결과물(혹은 부산물)이기 때문이다. 그런데 한 지역의 결빙 상태가 풀리면 다른 지역의 사람들이 그 사실을 알려준다.

"야! 너 1년 동안 허공에 떠 있었어. 재밌던데. 하하하." 그러면 사람들은 그제야 자신들이 결빙 상태에 있었다는 것을 알게 된다.

결빙의 주기는 지역마다 다르다. A지역은 3년, B지역은 4년, C지역은 5년에 한 번씩 1년 동안 결빙 상태에 들어간다. 따라서 A지역과 B지역은 12년에 한 번씩, B지역과 C지역은 20년에 한 번씩, C지역과 A지역은 15년에 한 번씩, 1년 동안 동시에 결빙 상태에 들어가게 된다. 그리고 60년에 한 번씩 모든 지역, 즉 세계 전체가 1년 동안 결빙 상태에 들어간다. 전체 결빙 상태는 아무도 지각할 수도 관찰할 수도 없다. 하지만 그들은 언제 전체 결빙이 시작하는지 그리고 언제 끝나는지 추론할 수 있다. 그래서 전체 결빙이 시작하기 바로 직전에 사람들은 들고 있던 각자의 물건을 허공으로 던지면서 "결빙파티 시작!"이라고 말하고, 그것을 받으면서 "결빙파티 끝!"이라고 외친다.

그렇다면 사람들이 물건을 던졌다가 받는 동안, 즉 결빙파티가 벌어지는 1년 동안 도대체 무슨 일이 벌어진 것일까? 그 1년 동안 세계는 정지해 있었다고 볼 수 있다. 그런 점에서 그 1년은 '변화 없는 텅 빈 시간'이다. 우리는 '변화 없는 텅 빈 시간'을 관찰하거나 지각할 수는 없지만 적어도 이처럼 개념적으로 설명은 할 수 있다. 따라서 '변화 없는 텅 빈 시간'이 논리적으로 불가능하다는 주장은 틀렸다. 이러한 반론을 결빙파티 반론이라고 하자.

그렇다면 결빙파티 반론은 맥타가트 논증을 봉쇄하는 데 성공하였는가? 아닌 것 같다. 결빙파티 반론은 '변화 없는 텅 빈 시간' 개념이 논리적으로 가능하다는 것을 보여주었지만, 맥타가트의 원래 목적 달성을 막지는 못한 것 같다.

국민대학교의 분석철학자 김한승 교수는 그 이유를 이렇게 설명

김한승

한다.[5] 결빙파티 반론은 세계 전체가 1년 동안 결빙 상태에 빠져 있음을 개념적으로 상상할 수 있다는 것을 보여주었다. 그런데 세계 전체가 1년 동안 결빙 상태에 빠져 있을 수 있으려면 1년 동안 시간이 흘러야 한다. 왜냐하면 1년이라는 시간이 흐르지 않으면 세계 전체가 1년 동안 결빙 상태에 빠져 있을 수 없기 때문이다. 즉, 1년 동안 결빙 상태에 빠져 있으려면 A-시간이 필요하다는 말이다. 이 것은 매우 아이러니한 상황이다. 결빙파티 반론은 "시간이 존재하면, 세상에 변화가 있다"는 명제가 틀렸다는 것을 보여주는 데 성공하였지만, 동시에 '변화 없는 텅 빈 시간'도 A-시간 없이는 있을 수 없다는 것을 보여줌으로써 결국 A-시간의 우선성을 입증해버 렸기 때문이다. 결국 결빙파티 반론은 아무런 성과도 얻지 못한 셈 이다.

두번째 반론:
과거성, 현재성, 미래성을 '동시에' 가지는 것은 아니다

＊　맥타가트 논증 (7)~(10)의 요지는, 사건이 과거성/현재성/미래성을 모두 가지기 때문에 모순이라는 것이다. 그런데 맥타가트는 그것이 모순이 아니라고 말한다. (자기 반론) 왜냐하면 사건이 과거성/현재성/미래성을 '동시에' 가지는 것이 아니라 '순차적으로' 가지기 때문이라는 것이다.[6]

그의 설명을 좀 더 들어보자. 아래 문장에서 (A)는 모순이다. 케사르의 암살사건이 과거성/현재성/미래성을 동시에 가지기 때문이다. 하지만 (B)는 모순이 아니다. 암살사건이 과거성/현재성/미래성을 순차적으로 가지기 때문이다. 따라서 암살사건이 과거성/현재성/미래성을 모두 가진다고 해서 모순이라고 말할 수는 없다.

> (A) 케사르의 암살사건은 미래-사건이고 현재-사건이며 과거-사건이다.
>
> (B) 케사르의 암살사건은 미래-사건이었고 현재-사건이며 과거-사건이 될 것이다.

하지만 맥타가트는 자신의 반론을 이렇게 해명한다. (B)도 모순이라는 것이다. 왜냐하면 (B)는 (C)로 번역되는데 (C)도 모순이기 때문이다.

> (C) 케사르의 암살사건은 과거-시점에서는 미래-사건이고, 현재-시점에서는 현재-사건이며, 미래-시점에서는 과거-사건이다.

(C)에서는 (사건이 아니라) 시점이 양립불가능한 과거성/현재성/미래성을 모두 가지고 있기 때문이다. (B)에서 사건이 가지고 있던 모순을 (C)에서 시점이 떠안은 것이다. (C)의 모순을 해소하기 위해서 시점보다 상위 시점인 메타-시점을 도입하여 (D)를 만들 수도 있다.

> (D) 케사르 암살사건은 메타-과거-시점 관점에서 본 현재-시점에서는 미래-사건이고, 메타-현재-시점 관점에서 본 현

재-시점에서는 현재-사건이며, 메타-미래-시점 관점에서 본 현재-시점에서는 과거-사건이다.

그런데 (D) 또한 모순이다. (C)에서 시점이 가지고 있던 모순을 (D)에서 메타-시점에 떠안은 것이다. 메타-시점이 가지는 모순을 해소하기 위해서 메타-메타-시점을 도입한다고 해도 모순은 사라지지 않는다. 또 모순을 해소하기 위해서 메타-메타-메타-시점을 도입해도 사정은 마찬가지다. 상위 시점이 모순을 계속 떠안을 수는 있지만 그렇다고 모순이 없어지는 것은 아니다. 이러한 악순환 (vicious circle)은 끝없이 반복된다.

다시 처음으로 돌아가서 보자. 맥타가트 논증의 (7)~(10)에서 사건은 과거성/현재성/미래성을 모두 가지기 때문에 모순이라고 말한다. 이에 대한 반론은 사건이 가지는 이러한 모순을 해소할 수 있다는 것이었다. 그러나 그것은 사건이 가지는 모순을 시점, 메타-시점, 메타-메타-시점……에게로 떠넘겨버리는 것이다. 그렇다고 모순이 해소되는 것은 아니다. 결국 두 번째 반론은 실패한 것이다.

세번째 반론:
사건은 변할 수 없다

＊ 맥타가트 논증의 (7)은 "A-시간 속의 사건은 과거성/현재성/미래성을 모두 가진다"는 것이다. 예컨대 "케사르의 암살사건

은 미래-사건이었고 현재-사건이며 또 과거-사건이 될 것이다"라는 것이다. 그리고 이러한 변화를 겪는 '케사르 암살사건'은 모순이라는 것이다.

뉴질랜드 논리학자 프라이어(Arthur Prior, 1914~1969)는 이에 반대한다.[7] 이런 식의 변화는 가짜 변화라는 것이다. 케사르가 태어나서 성장하고 권력을 잡았다가 암살을 당하는 것이 진짜 변화이지, 케사르의 죽음이 미래-사건이었다가 현재-사건이며 또 과거-사건이 되는 것은 가짜 변화라는 것이다.

생각해보라. '케사르'는 로마시대에 살았던 개별자다. 케사르에게 변화가 나타날 수 있다. 케사르에게 흰머리가 날 수도 있고 부르투스에게 칼을 맞고 죽임을 당할 수도 있다. 그러나 '케사르 암살사건'은 개별자가 아니다. '케사르 암살사건'은 개별자인 '케사르'가 겪는 변화다. '케사르 암살사건'은 변할 수 없다. 변화가 또 변할 수는 없기 때문이다.

어떤 사람들은 변화가 또 변할 수 있다고 주장할 수도 있다. 예컨대 당신은 이 책을 재미있게 읽다가 재미없게 읽는 변화를 겪을 수도 있고, 고속도로를 시속 100킬로미터로 달리다가 빗길이 부담스러워서 시속 80킬로미터로 속도를 줄이는 변화를 겪을 수도 있다. 그런데 '당신이 책을 읽은 사건'과 '당신이 고속도로를 달리는 사건'은 '당신'이라는 개별자의 변화다. 따라서 책이 재미없어지는 변화나 자동차의 속도를 줄이는 변화를 이중변화, 즉 변화가 또 변하는 것이라고 볼 수 있다는 것이다.

그러나 프라이어는 이중변화가 가능하다고 생각하는 것은 착각이라고 말한다. 당신이 책을 재미있게 읽다가 재미없게 읽게 되는 것은 '당신이 책을 읽는 사건'이 변한 것이 아니라 '당신의 심리상

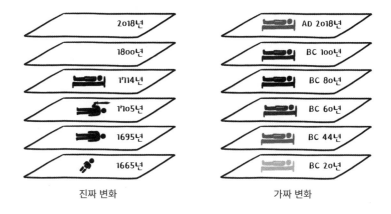

	2018년			AD 2018년
	1800년			BC 100년
	1714년			BC 80년
	1705년			BC 60년
	1695년			BC 44년
	1665년			BC 20년

진짜 변화   가짜 변화

태'가 변한 것이며, 당신이 고속도로를 시속 100킬로미터로 달리다가 시속 80킬로미터로 줄이는 것은 '당신이 고속도로를 달리는 사건'이 변한 것이 아니라 당신이 탄 '자동차의 속도'가 변한 것이라는 것이다.

그렇다면 왜 이런 착각이 생긴 것일까? 프라이어는 그것은 잘못된 언어의 습관 때문이라고 말한다. 예를 들어보자. 우리는 "이천 년 전에 케사르가 암살되었다"는 말을 "케사르가 암살된 지 이천 년이 지났다"라는 말로 표현하기도 한다. '암살되었다'는 동사형 표현을 '암살된 지'라는 명사형 표현으로 바꾼 것이다. 그런데 그러다 보니 '케사르 암살사건'이 변화를 겪는 것처럼 착각하게 되었다는 것이다. 프라이어가 제시한 영어 예문은 이렇다. "It is now six years since it was the case that I am falling out of a punt"와 같은 동사형 표현을 "My falling out of a punt has receded six years into the past"와 같은 명사형 진술로 표현하기 때문에 'My falling of a punt'라는 사건이 변화를 겪는 것처럼 착각하게 되었다는 것이다.

프라이어는 많은 형이상학적 문제들이 이처럼 언어의 분석을 통해서 해소될 수 있다고 보았다. 사실 이러한 입장은 비단 프라이어뿐만 아니라 초기 분석철학자 대부분의 입장이기도 하다.

네번째 반론:
맥타가트 논증은 타당하지 않다

✳   맥타가트 논증에 대한 마지막 반론은 덕성여자대학교의 분석철학자 한우진 교수가 제시한 것이다.[8] 앞에서 본 세 개의 반론은 모두 논증의 전제가 틀렸다는 점을 지적했지만, 한우진 교수는 논증 형식의 부당성을 지적하였다. (기호에 알레르기가 있는 독자는 이 부분을 건너뛰어도 좋다. 하지만 한번 도전해보길 바란다. 최대한 쉽게 풀어 쓸 것이다.)

먼저 맥타가트 논증을 단순화시켜보자.

> (1)~(3)   시간이 존재하면, 그것은 A-시간이거나 B-시간이다.
>
> (4)~(6)   B-시간은 존재하지 않는다.
>
> (7)~(10) A-시간은 존재하지 않는다.
>
> (결론)   시간은 존재하지 않는다.

여기에서 (1)~(3)은 가정이다. (4)~(6)의 요지는, B-시간으로는 변화를 설명할 수 없으므로 B-시간은 존재하지 않는다는 것이다. (7)~(10)의 요지는, A-시간은 양립불가능한 과거성/현재성/미래성을 가지는데 이것은 모순이므로 A-시간은 존재하지 않는다는 것이다.

여기에서 "시간이 존재한다"는 문장을 T, "A-시간이 존재한다"는 문장을 A, "B-시간이 존재한다"는 문장을 B라고 하자. 문장과 문장은 논리기호로 연결되는데, '&'은 '그리고'로 문장들을 연결하고, '∨'는 '또는'으로 문장을 연결한다. 그리고 '-'는 '~아니다'는 부정을 나타내는 논리기호이고, '→'는 '~이면, ~이다'는 조건문을 만드는 논리기호다.

위 논증을 논리식으로 바꾸어보자.

(1)~(3) T→(A∨B)

(4)~(6) -B

(7)~(10) -A

이제 논리계산을 해보자.

(11)   -A&-B

(12)   -(A∨B)

(13)   -T

(11)을 설명하면 이렇다. '-B'도 참이고 '-A'도 참이므로, '-A & -B'도 당연히 참이 된다. 그것은 마치 '민수는 학생이 아니다'가 참이고 '영희는 학생이 아니다'가 참이면, '민수는 학생이 아니고 그리고 영희는 학생이 아니다'가 참이 되는 것과 같다.

(12)는 드모르간 법칙이다. 이 법칙에 따르면 '-A&-B'는 '-(A

∨B)'가 된다. 예컨대 '민수가 학생이 아니고 그리고 영희는 학생이 아니다'가 참이면 '민수가 학생이거나 영희가 학생인 경우가 아니다'가 참이 되는 것과 같다.

마지막으로 (13)은 후건부정의 법칙이다. 'T→(A∨B)'가 참이고 '-(A∨B)'가 참이면 '-T'가 참이 된다. 조건문의 뒷문장을 부정하면 앞문장도 부정해야 한다는 법칙이다. 예컨대 '비가 오면, 땅이 젖는다'는 조건문이 참이라고 하자. 이때 땅이 젖지 않았으면 그날은 비가 오지 않았다는 결론을 내릴 수 있다는 것이다. 그래서 맥타가트는 '시간이 존재하지 않는다'는 결론에 도달한다.

한우진 교수는 맥타가트 논증에 논리적 문제점이 있다고 지적한다. 그 이유는 다음과 같다. 먼저 (1)~(3)은 'T→(A∨B)'다. 그런데 시간이 존재한다고 가정하면 'A∨B'가 된다. 즉, "A-시간이 존재하거나 B-시간이 존재한다"는 것이다.

다음 (4)~(6)에서 맥타가트는, 변화가 있으므로 B-시간이 존재하지 않는다고 주장한다. 그런데 변화가 있는 이유는 시간이 A-시간이 존재하기 때문이다. 따라서 맥타가트의 주장은 "A-시간이 존재하면 B-시간이 존재하지 않는다"라고 보아야 한다.

마지막으로 (7)~(10)에서 맥타가트는, A-시간이 모순이므로 A-시간이 존재하지 않는다고 주장한다. A-시간에서 하나의 사건은 양립불가능한 과거성/현재성/미래성을 모두 가지는 모순이 발생한다는 것이다. 이에 대한 두 번째 반론은 (A) "하나의 사건은 미래-사건이고 현재-사건이며 과거-사건이다"를 (B) "하나의 사건은 미래-사건이었고 현재-사건이며 과거-사건이 될 것이다"로 바꾸면 모순이 해소된다는 것이었다. 그러나 이에 대하여 (B)를 (C) "하나의 사건은 과거-시점에서는 미래-사건이고, 현재-시점에서는 현재-사건이며, 미래-시점에서는 과거-사건이다"로 보아도 모순이 여전히 남아 있다고 맥타가트는 해명했다. 그런데 여기에서 문제는, (C)에서 '이다(is)'가 무시제적 동사라는 점이다. A-시간론이 모순이라는 점을 보이기 위하여 어떻게 (C)와 같은 무시제적 문장을 사용할 수 있는가? 결국 맥타가트의 주장은 "B-시간이 존재하면 A-시간이 존재하지 않는다"라고 보아야 한다.

이것을 정리해보자.

(1)~(3) A-시간이 존재하거나 B-시간이 존재한다.
(4)~(6) A-시간이 존재하면 B-시간은 존재하지 않는다.
(7)~(10) B-시간이 존재하면, A-시간은 존재하지 않는다.

이것을 논리식으로 바꾸어보자.

(1)~(3) $A \vee B$
(4)~(6) $A \rightarrow -B$
(7)~(10) $B \rightarrow -A$

이에 대한 결론은 '$-A \vee -B$'이다. 즉 'A-시간이 존재하지 않거나 B-시간이 존재하지 않는다'는 것이다. "시간이 존재하지 않는다"는 결론은 어디에도 없다.

정리

지금까지의 논의를 간단히 정리해보자.

- A-시간론에서는 과거/현재/미래가 근본적인 개념이다. 시간은 끊임없이 흐르면서, 미래는 현재가 되고 현재는 다시 과거가 된다.

- B-시간론에서는 과거/현재/미래는 부차적인 개념이어서 이전/이후/동시 개념으로 환원된다.

- 맥타가트는 시간이 존재하지 않는다는 논증을 제시한다. 시간은 A-시간과 B-시간으로 구분되는데, A-시간은 모순이고 B-시간은 변화를 설명할 수 없으므로, 결국 시간이 존재하지 않는다는 것이다. 이것을 맥타가트 논증이라고 한다.

- 슈메이커는 맥타가트에 반대하여 변화 없는 텅 빈 시간이 있을 수 있다고 주장한다. 이렇게 보면 B-시간이 존재하지 않는다고 말할 수 없다.

- 김한승은 슈메이커의 반론이 실패했다고 말한다. 슈메이커 반론이 부분적으로는 성공했지만 결국 A-시간의 우선성을 다시 보여주었기 때문이다.

- 맥타가트는 맥타가트에 반대하여(자기 반론) A-시간이 모순이 아니라고 주장한다. 사건은 과거성/현재성/미래성을 동시에 가지는 것이 아니라 순차적으로 가지기 때문이라는 것이다.

- 맥타가트는 다시 이에 반대한다(자기 해명). 사건이 과거성/현재성/미래성을 순차적으로 가져도 여전히 모순이라는 것이다.

- 프라이어는 맥타가트에 반대하여 사건이 과거성/현재성/미

래성을 가지는 것은 모순이 아니라고 말한다. 이것은 진짜 변화가 아니기 때문이라는 것이다.

- 한우진은 맥타가트 논증의 논리적 문제점을 지적한다. 타당한 결론은 'A-시간이 존재하지 않거나 B-시간이 존재하지 않는다'는 것이다.

내가 보기에 맥가타트 논증이 많은 철학자의 관심을 불러일으킬 수 있었던 이유는 그가 "시간이 존재하지 않는다"는 결론을 내렸기 때문이 아니라, 시간을 A-시간론과 B-시간론으로 구체적으로 구분하였기 때문이다. 그 덕분에 이후 시간에 관한 논의는 A-시간론과 B-시간론 구도 속에서 이루어질 수 있었다.

그런데 한 가지 의문이 생긴다. 그렇다면 "시간이 존재하지 않는다"는 말은 도대체 무슨 의미인가? 이에 대해서 맥타가트는 구체적인 대답을 하지 않았다. 말 그대로만 본다면 과거/현재/미래도 없고 이전/이후/동시 관계도 성립하지 않는다는 의미일 텐데, 그것이 일종의 관념론을 말하는 것인지 아니면 뒤죽박죽인 세계를 말하는 것인지 나로서는 알 수 없다.

결론적으로 A-시간론은 3차원주의에 포섭되고, B-시간론은 4차원주의로 분류될 수 있다. 맥타가트는 3차원주의와 4차원주의 어디에도 속하지 않는 것 같다. 슈메이커와 한우진도 마찬가지다. 이들은 맥타가트 논증에 문제점을 지적한 것일 뿐이다. 한편 프라이어와 김한승은 3차원주의 입장에 서 있다고 볼 수 있다.

시제주의와
무시제주의

3

시제주의와 무시제주의

＊　　　20세기 오스트리아의 위대한 분석철학자 비트겐슈타인
(Ludwig Wittgenstein, 1889~1951)은 많은 철학적 논란이 실제로 언어
의 논리를 오해하기 때문에 발생한다고 보았다. 언어를 애매하고
분별없이 사용하기 때문에 철학적 문제가 발생한다는 것이다. 그래
서 그는 철학의 임무는 어떤 대상이나 현상을 탐구하는 것이 아니
라 언어를 분석하고 명료하게 만드는 작업이라고 보았다.

루드비히 비트겐슈타인
Photo: Moritz Nähr

　　이처럼 언어 작업을 통해서 철학적 문제를 해결할 수 있는 이
유는 언어의 구조와 세계의 구조가 동일하기 때문이다. 언어가 의
미를 가질 수 있는 이유는 언어의 명제가 세계의 사태(state of affair)
에 일대일 대응하기 때문이다. 이러한 대응이 있기 때문에 언어는
세계를 그림처럼 보여줄 수 있다. 이것이 이른바 그림이론(Picture
Theory)이다.

　　우리의 주제에도 일종의 그림이론이 적용된다. A-이론과 B-이

론은 시간에 관한 이론이고, 시제주의와 무시제주의는 시제(tense)에 관한 이론이다. 시간이 세계에 관한 것이라면 시제는 언어에 관한 것이다. 그래서 세계와 언어가 대응하는 것처럼 A-이론/B-이론과 시제주의/무시제주의가 대응한다.

먼저 몇 개의 문장을 보자.[9]

(A1) 지금 비가 온다.

(B1) 베트남전쟁이 일어났다.

(C1) 카타르 월드컵이 열릴 것이다.

위의 문장을 시제 문장이라고 한다. 시제 문장은 '지금', '~였다', '~일 것이다'와 같은 과거/현재/미래를 뜻하는 시제적 용어를 포함하는 문장이다.

(A2) 2018년 10월 1일에 비가 온다.

(B2) 베트남전쟁은 한국전쟁 이전에 일어난다.

(C2) 카타르 월드컵은 러시아 월드컵 이후에 열린다.

위의 문장을 무시제 문장이라고 한다. 무시제 문장은 시제 용어가 '~ 이전에', '~ 이후에', '~와 동시에'와 같은 무시제 용어로 대체된 문장을 말한다.

시제주의에 따르면 시제 문장과 무시제 문장은 본질적으로 다르다. 시제 문장이 담고 있는 과거/현재/미래에 대한 정보는 문장의 본질적인 특징이기 때문이다. 그런데 과거/현재/미래의 기준은 항상 '지금'이다. 지금 이전이 과거고, 지금 이후가 미래다. 그래서

"베트남전쟁이 일어났다"는 과거시제 문장은 "지금 이전에 전쟁이 일어난다"는 의미고, "베트남전쟁이 일어날 것이다"는 미래시제 문장은 "지금 이후에 전쟁이 일어난다"는 의미다. 이처럼 시제주의 에서 '지금'은 매우 특별한 순간이다.

무시제주의에 따르면 시제 문장과 무시제 문장은 본질적으로 같다. 시제 문장이 담고 있는 과거/현재/미래에 대한 정보는 문장의 본질적인 특징이 아니라, 무시제적으로 환원되는 가짜 정보일 뿐이다. 그래서 "베트남전쟁이 일어났다"는 과거시제 문장은 "베트남전쟁은 한국전쟁 이전에 일어난다"는 의미고, "카타르 월드컵이 열릴 것이다"는 미래시제 문장은 "카타르 월드컵은 러시아 월드컵 이후에 열린다"는 의미다.

앞서 말한 대로 시제주의와 무시제주의의 구분은 A-시간론과 B-시간론의 구분과 깊은 연관이 있다. 과거/현재/미래가 본질적 개념이라고 생각하는 A-시간론자들은 자연스럽게 시제주의자가 되었고, 과거/현재/미래가 본질적 개념이 아니라고 생각하는 B-시간론자들은 자연스럽게 무시제주의자가 되었다.

러셀의 무시제주의

✳ 초기 무시제주의자의 대표적인 인물로 영국의 철학자 러셀 (Bertrand Russell, 1872~1970)을 들 수 있다. 그는 시제 문장과 무시제 문장이 다른 용어를 사용하지만 그 의미는 사실상 같다고 생각했다. 그래서 모든 시제 문장은 무시제 문장으로 고쳐 쓸 수 있다고

버트런드 러셀

보았다. 현재시제 문장인 (A1)은 (A2)로, 과거시제 문장인 (B1)은 (B2)로, 미래시제 문장 (C1)은 (C2)로 바꿀 수 있다는 것이다.

그런데 문제점이 있다. 시제 문장이 무시제 문장보다 더 특별한 의미가 있어 보인다는 것이다. 예컨대 며칠을 손꼽아 기다렸던 소 풍날 아침, 민수 어린이가 하늘을 바라보며 이렇게 탄식했다. "지 금 비가 온다."

러셀은 이러한 시제 문장을 무시제 문장으로 바꾸어 고쳐 쓸 수 있다고 말할 것이다. 그러면 상황은 이렇게 된다. 며칠을 손꼽아 기 다렸던 소풍 날 아침, 민수 어린이가 하늘을 바라보며 이렇게 탄식 했다. "2018년 10월 1일에 비가 온다." 민수 어린이의 낙담이 느껴 지는가?

하지만 러셀은 과거/현재/미래와 같은 시제는 주관적인 것이라 고 말한다.[10] 실제로 대상들 사이에는 이전/이후/동시와 같은 객관 적인 관계밖에 없는데, 인간이 대상을 경험하면서 과거/현재/미래 와 같은 주관적인 판단을 한다는 것이다. 예를 들어보자. 베트남전 쟁에 대한 객관적인 사실은 "베트남전쟁은 한국전쟁 이전에 일어 난다"는 것이다. 하지만 인간의 주관적 판단에 의해서 "베트남전쟁 이 일어났다"고 과거시제로 말한다는 것이다.

민수 어린이의 낙담 문제 말고도, 러셀의 무시제주의는 또 다른 결정적인 문제점을 가지고 있다. 그것은 시제 문장과 무시제 문장 의 진리값이 달라진다는 것이다. 생각해보라. "지금 비가 온다"는 시제 문장은 비가 오는 날에는 참이다. 그러다가 해가 뜨면 거짓이 된다. 수시로 참과 거짓이 바뀐다는 것이다. 그런데 "2018년 10월 1 일에 비가 온다"는 무시제 문장은 한번 참이면 영원히 참이다. 그 리고 한번 거짓이면 영원히 거짓이다.

과거시제 문장과 미래시제 문장도 마찬가지다. "베트남전쟁이 일어났다"는 시제 문장은 1960년 이전에는 거짓이지만 1960년 이후에는 참이다. 하지만 "베트남전쟁은 한국전쟁 이전에 일어난다"는 무시제 문장은 한번 참이면 영원히 참이다. 그리고 "카타르 월드컵이 열릴 것이다"는 시제 문장은 2022년 이전에는 참이고 2022년 이후에는 거짓이다. 하지만 "카타르 월드컵은 러시아 월드컵 이후에 일어난다"는 무시제 문장은 한번 참이면 영원히 참이다. 이처럼 시제 문장과 무시제 문장의 진리값은 일치하지 않는다. 이는 러셀의 무시제주의에 대한 결정적인 반론이다.

멜러의 무시제주의

✻   시제 문장과 무시제 문장의 진리값이 다르다는 문제는 러셀의 무시제주의에 치명적이다. 그래서 영국의 분석철학자 멜러(Hugh Mellor, 1938~)는 진리조건(truth condition) 카드를 꺼내어 무시제주의를 구제하려고 한다.

휴 멜러
출처: 케임브리지대학 홈페이지

진리조건이란 어떤 명제가 참이 되는 조건을 말한다. 어떤 문장의 진리조건은 대부분 그 문장에 관한 사실이다. 예컨대 "2018년 10월 1일 정오에 비가 온다"는 무시제 문장의 진리조건은 '2018년 10월 1일 정오에 비가 온다'는 무시제적 사실이다. 그리고 "지금 비가 온다"는 시제 문장의 진리조건은 '지금 비가 온다'는 시제적 사실이다. 과거시제 문장이나 미래시제 문장도 마찬가지다. 진리조건에 맞으면 문장은 참이고, 진리조건에 맞지 않으면 문장은 거짓이다.

직관적으로 보면 시제 문장의 진리조건은 시제적 사실이고, 무
시제 문장의 진리조건은 무시제적 사실이다. 시제 문장의 진리조건
이 무시제적 사실이라고 할 수 없다는 말이다. 예컨대 "지금 비가
온다"는 시제 문장의 진리조건은 '2018년 10월 1일에 비가 온다'는
무시제적 사실이라고 할 수 없다. 예를 들어보자. 2018년 10월 1일인
어제엔 비가 왔고, 2018년 10월 2일인 지금은 날이 맑다고 하자. 이
때 "지금 비가 온다"는 시제 문장은 거짓이다. 하지만 그 문장의 진
리조건인 '2018년 10월 1일에 비가 온다'는 무시제적 사실은 여전히
참이기 때문이다. 여기까지만 보면 상황은 무시제주의에 불리하다.

　　이에 멜러는 '문장 자체'와 '문장을 언급하는 말'을 구분함으로
써 상황을 반전시킨다. 먼저 이 둘을 설명해보자. '문장 자체'는 하
나지만 '문장을 언급하는 말'은 둘일 수 있다. 예컨대 당신이 아침
에 문 밖에서 신문 배달원이 "신문 왔어요"라고 외치는 소리를 들
었고, 저녁에는 사무실에서 동료가 "신문 왔어요"라고 말하는 소리
를 들었다고 하자. "신문 왔어요"라는 '문장 자체'는 하나지만 '문
장을 언급하는 말'은 아침에 들은 말과 저녁에 들은 말 두 개다. 아
침에 들은 말은 조간신문이 왔다는 의미고, 저녁에 들은 말은 석간
신문이 왔다는 의미다. 이처럼 "신문 왔어요"는 '문장 자체'로는 하
나의 의미를 가지지만, '문장을 언급하는 말'로 보면 그 문장이 언
급된 시간, 장소, 상황에 따라서 다른 의미를 가지게 된다.

　　멜러는 시제 문장을 '문장 자체'가 아니라 '문장을 언급하는 말'
로 보면, 시제 문장의 진리조건은 무시제적 사실이라고 말한다.[11]
예를 들어보자. "한국전쟁은 1950년에 일어났다"는 '과거문장을 언
급하는 말'의 진리조건은 '한국전쟁은 1950년에 일어나고, 이러한
언급은 1950년 이후에 말해진다'는 무시제적 사실이다. 이와 마찬

가지로 "3차 세계대전은 2050년에 일어날 것이다"는 '미래시제 문장을 언급하는 말'의 진리조건은 '3차 세계대전은 2050년에 일어나고, 이러한 언급은 2050년 이전에 말해진다'는 무시제적 사실이라는 것이다.

멜러는 여기에서 한 발 더 나아간다. 그는 시제 문장을 '문장 자체'가 아니라 '문장을 언급하는 말'로 보면, 시제 문장의 진리조건이 시제적 사실이 될 수 없다는 것이다. 예컨대 "한국전쟁은 1950년에 일어났다"는 '과거시제 문장을 언급하는 말'의 진리조건은 '한국전쟁은 1950년에 일어났다'는 시제적 사실이 될 수 없다. 왜냐하면 "한국전쟁은 1950년에 일어났다"는 시제 문장은 역사적으로 항상 참이지만, 그것의 진리조건인 '한국전쟁은 1950년에 일어났다'는 시제적 사실은 한국전쟁이 아직 일어나지 않은 1950년 이전에는 없는 사실이기 때문이다. 멜러는 이것이 시제주의의 치명적인 약점이라고 지적한다.

프리스트의 반론

＊　　뉴욕 시립대학의 논리학자 프리스트(Graham Priest, 1948~)는 멜러에 반대한다. 그는 시제 문장을 '문장 자체'가 아니라 '문장을 언급하는 말'로 보아도, 시제 문장의 진리조건이 시제적 사실이라고 말한다.[12]

그의 설명을 좀 더 들어보자. 시제 문장을 '문장을 언급하는 말'로 보면, 시제 문장의 진리조건이 시제적 사실일 수 없다고 멜러가

그레이엄 프리스트
Photo: Maureen Eckert

생각한 이유는, '문장을 언급하는 말'이 진리조건을 무시제적으로 가진다고 보았기 때문이라는 것이다. 그래서 '문장을 언급하는 말'이 진리조건을 시제적으로 가진다고 보면 모순은 사라진다는 것이다. 말이 너무 어렵다.

예를 들어보자. "한국전쟁은 1950년에 일어났다"는 '문장을 언급하는 말'의 진리조건은 '한국전쟁은 1950년에 일어났다'는 시제적 사실이다. 이 주장을 멜러는 모순이라고 말했다. 왜냐하면 "한국전쟁은 1950년에 일어났다"는 시제 문장은 역사적 사실로서 항상 참이지만, 그것의 진리조건인 '한국전쟁은 1950년에 일어났다'는 시제적 사실은 1950년 이전에는 없는 아직 사실이기 때문이라는 것이다.

그런데 "어떤 문장의 진리조건은 어떤 사실이다"라고 말할 때, '사실이다'를 현재 시제 술어로 보면 상황은 달라진다. 그러면 〈"한국전쟁은 1950년에 일어났다"는 '문장을 언급하는 말'의 진리조건은 '한국전쟁은 1950년에 일어났다'는 시제적 사실이다〉는 주장 자체가 현재에 관한 주장이 된다. 그러면 1950년 이전에는 '한국전쟁은 1950년에 일어났다'는 시제적 사실이 없다고, 멜러가 제기한 문제가 저절로 해결된다. 이 주장 자체는 1950년 이전 상황에 대해서는 아무런 주장도 하지 않기 때문이다.

프리스트는 여기서 한 발 더 나아간다. 무시제 문장의 진리조건도 시제적 사실이라는 것이다. 예를 들어 "한국전쟁은 1950년에 일어난다"는 무시제 문장을 보자. 여기에서 '일어난다'는 동사는 무시제적 동사다. 그런데 프리스트는 이것을 과거시제 또는 현재시제 또는 미래시제 동사로 보아야 한다고 말한다. 따라서 "한국전쟁은 1950년에 일어난다"는 무시제 문장의 진리조건은 '한국전쟁은

1950년에 일어났거나 또는 일어나거나 또는 일어날 것이다'는 시제적 사실이라는 것이다.

프라이어의 반론

＊　　프라이어(Arthur Prior)는 「그것이 끝나서 정말로 다행이다 (Thank Goodness That's Over)」는 재미있는 제목의 논문에서 다음과 같은 예시를 들고 있다.[13] 사랑니 때문에 며칠째 끙끙 앓으면서도 치료를 미루던 민수가 큰맘 먹고 치과에 갔다고 하자. 민수는 사랑니를 이제 막 뽑고 치과 의자에서 내려오면서 혼잣말로 "치과치료가 끝나서 정말로 다행이다"라고 말했다고 하자. 이 문장을 '프라이어 문장'이라고 하자.

　러셀과 같은 초기 무시제주의자들은 프라이어 문장을 어떻게든 무시제 문장으로 번역해보려 할 것이다. 예컨대 프라이어 문장이

"치과치료가 2018년 10월 10일 정오에 끝나서 정말로 다행이야"라고 번역된다고 우길 수도 있다. 그러나 아무리 봐도 두 문장의 의미가 같아 보이지는 않는다. 프라이어 문장에는 민수의 안도감이 절절하게 담겨져 있지만, 두 번째 문장에는 민수가 남의 일처럼 말하고 있는 것만 같아 보이기 때문이다.

멜러와 같은 후기 무시제주의자들은 좀 더 세련된 전략으로 대응한다. 프라이어 문장은 무시제 문장으로 번역되지는 않지만, 무시제적 진리조건을 가진다고 주장하는 것이다. 그들은 그것만으로도 무시제주의를 지킬 수 있다고 본다.

그렇다면 프라이어 문장의 무시제적 진리조건은 무엇인가? 이에 대한 멜러의 설명을 보자.[14] 프라이어 문장은 "치과치료가 끝났다(That's over)"는 문장과 "정말로 다행이다(Thank goodness)"는 문장을 '그리고'로 연결한 것이다. 여기에서 "치과치료가 끝났다"는 '문장을 언급하는 말'은 '치과치료가 끝나고, 이러한 언급은 치과치료가 끝난 이후에 말해진다'는 무시제적 진리조건을 가진다. 그리고 "정말로 다행이다"와 같이 안도감을 나타내는 문장은 고통스러운 경험을 가진 이후에 할 수 있는 표현이다. 따라서 프라이어 문장 전체의 진리조건은 무시제적이라고 보아야 한다.

선우환

하지만 연세대학교의 분석철학자 선우환 교수는 멜러의 설명에 동의하지 않는다. 왜냐하면 멜러는 프라이어 문장을 "치과치료가 끝났다. 그리고, 정말로 다행이다"로 번역할 수 있다고 보았지만, 선우환 교수는 이 문장은 본질적으로 프라이어 문장과 다르다고 본다. 이 번역된 문장에는 "치과치료가 끝났다"는 시제적 사실에 대한 태도, 즉 안도감을 전혀 보이지 않는다는 것이다.

하지만 이에 대한 반론은 쉽게 제기된다. "치과치료가 끝났다"

는 것이 시제적 사실이 아닐 수 있기 때문이다. 예컨대 민수가 룰루랄라 막 나오려는 참에 의사가 불러 세운다. 아직 치료가 다 끝난 것이 아니니 의자에 다시 앉으라는 것이다. 아뿔싸. "치과치료가 끝났다"는 시제적 사실이 없었던 것이다. 그러면 그 안도감의 대상은 무엇이었단 말인가?

스코틀랜드의 수학자인 맥비스(Murray Macbeath, 1923~2014)는 민수의 안도감이 "치과치료가 끝났다"는 시제적 사실에 대한 안도감이 아니라 "치과치료가 끝났다"는 사태에 관한 시제적 믿음에 대한 안도감이라고 말한다.

머리 맥비스

그렇다면 시제적 사실과 사태에 관한 시제적 믿음은 어떤 차이가 있는가? 두 가지를 짚어볼 수 있다. 첫째, 시제적 사실은 반드시 참이어야 하지만 사태에 관한 시제적 믿음은 반드시 참일 필요는 없다는 것이다. 예컨대 민수가 "외계인이 존재한다"는 믿음을 가진다고 해서 반드시 "외계인이 존재한다"는 것이 사실일 필요는 없다는 것이다. 둘째, 무시제주의자는 시제적 사실은 받아들일 수 없지만 사태에 관한 시제적 믿음은 받아들일 수 있다는 것이다. 왜냐하면 잘못된 믿음을 가질 수 있는 것처럼 잘못된 시제적 믿음도 가능하기 때문이다.

따라서 맥비스는 민수의 안도감의 대상이 시제적 사실이 아니라 시제적 믿음이라는 점을 지적함으로써 무시제주의를 옹호하고 있는 셈이다.

하지만 선우환 교수는 이렇게 봐도 문제가 해결되는 것은 아니라고 말한다. 그 이유는 두 가지가 있다. 첫째, 무시제주의와 맥비스의 설명은 양립할 수 없다는 것이다. "치과치료가 끝났다"는 사태에 대한 믿음이 있다면 시제적인 어떤 것이 존재해야 할 텐데,

무시제주의가 어떻게 그런 것을 받아들일 수 있냐는 것이다.

둘째, 사태와 사실과의 관계가 비대칭적이라는 것이다. 참인 사태는 사실이지만, 거짓인 사태는 사실이 아니다. 따라서 "치과치료가 끝났다"는 문장이 참이라면 프라이어 문장은 사실과 관련이 있고, "치과치료가 끝났다"는 문장이 거짓이라면 프라이어 문장은 사태에 대한 믿음과 관련이 있다. 그런데 어떻게 민수의 안도감이 이렇게 비일관적일 수 있느냐는 것이다.

이제 무시제주의자들에게 남은 전략은 하나밖에 없다. 시제적 사실이 있건 없건 프라이어 문장은 민수의 안도감을 표현하는 문장이 될 수 있다는 것이다. 그런데 이러한 전략은 다소 황당하다. 왜냐하면 애초에 이러한 전략을 받아들였으면, 프라이어 문장에 대해서 지금까지 왈가왈부할 필요가 없었을 것이기 때문이다.

프라이어 문장에 대한 논란이 여기에서 끝난 것은 아니다. 선우환 교수는 프라이어 문장에는 사실 더 중요한 문제가 숨어 있다고 말한다. 그것은 민수의 태도에 관한 문제다. 그것은 민수는 왜 치과치료가 끝나서야 비로소 안도감을 느끼냐는 것이다. 그리고 그것이 왜 합리적이냐는 것이다.

시제주의자라면 이 질문에 쉽게 대답할 수 있다. 사실 대답이랄 것도 없다. 치과치료가 끝나야 안도감을 느끼지, 어느 누가 치과치료가 예정되어 있는데 안도감을 느끼겠는가. 하지만 무시제주의자들은 이 간단한 물음에 쉽게 대답하지 못한다. 무시제주의를 받아들이면, 치과치료 이전과 치과치료 이후의 민수가 달라지는 사실이 없는 것처럼 보이기 때문이다. 이 점에 대해서는 다음 절에서 다룰 것이다.

정리

지금까지의 논의를 간단히 정리해보자.

- 시제주의에 따르면 과거시제/현재시제/미래시제는 근본적인 개념이다.
- 무시제주의에 따르면 과거시제/현재시제/미래시제는 부차적인 개념이다.
- 러셀은 초기 무시제주의자로서 시제가 본질적인 특징은 아니라고 본다. 그래서 그는 모든 시제 문장은 무시제 문장으로 환원된다고 말한다.
- 러셀의 주장은 치명적인 반론에 부딪힌다. 그것은 시제 문장과 무시제 문장의 진리값이 다르다는 것이다.
- 멜러는 후기 무시제주의자로서 전략을 바꾸어 '문장을 언급하는 말' 개념을 도입하여, 시제 문장의 진리조건이 시제적 사실이 아니라는 점을 보여준다.
- 프리스트는 멜러에 반대한다. 그는 '문장을 언급하는 말' 개념을 도입하여도 시제 문장의 진리조건이 시제적 사실이라는 점을 보여준다.
- 프라이어는 프라이어 문장을 제시하고, 시제 문장이 본질적으로 무시제적 문장과 다르다는 것을 보여준다.
- 멜러는 프라이어에 반대하여, 프라이어 문장의 진리조건이 무시제적 사실이라는 점을 보여준다.
- 선우환은 멜러에 반대하여, 민수의 안도감이 시제적 사실에 대한 태도를 표현하는 문장이라고 말한다.
- 맥비스는 선우환에 반대하여, 민수의 안도감이 시제적 사실에 대한 태도가 아니라 사태에 대한 시제적 믿음에 대한 태도

라고 한다. 그리고 시제적 믿음은 무시제주의도 받아들일 수
있다고 말한다.

- 선우환은 맥비스에 다시 반대하여, 시제적 믿음도 시제적 사
  실이 있어야 생기는 것이라고 말한다.

대체적으로 보면 A-시간론자는 시제주의자가 되었고, B-시간론
자는 무시제주의자가 되었다고 볼 수 있다. 따라서 프리스트, 프라
이어, 선우환과 같은 시제주의자는 3차원주의 입장에 서 있다고 볼
수 있고, 러셀, 멜러, 맥비스와 같은 무시제주의자는 4차원주의의
입장에 서 있다고 볼 수 있다.

하지만 A-시간론자가 반드시 시제주의자이고, B-시간론자가 반
드시 무시제주의자인 것은 아니다. 어떤 사람은 A-시간론을 받아
들이면서 인간이 사용하는 언어의 제한으로 인하여 무시제주의를
받아들일 수도 있고, 반대로 B-시간론을 받아들이면서 시제이론을
받아들일 수도 있다. 그러나 시제주의와 무시제주의 논쟁이 20세
기 무렵 언어철학이 한창 꽃피울 무렵에 논의된 점을 고려하면, 이
것을 A-시간론과 B-시간론 사이의 논쟁의 연장선상에서 이해해도
무리가 없어 보인다. 그리고 어떻게 보면 시제주의와 무시제주의
사이의 논쟁은 사실은 A-시간론과 B-시간론 맥락을 배제하면 크
게 의미를 찾을 수 없어 보인다.

현재주의와
영원주의

4

네 개의 형이상학 시간이론

✳ 20세기 전반까지 논리와 언어에 골몰했던 철학자들은 20세기 후반에 들어 본격적으로 형이상학 시간이론을 다루기 시작했다. 형이상학 시간이론을 구분하는 좋은 방법은 시간의 본질적 특징에 대한 두 가지 질문을 하는 것이다.

첫째, 현재는 계속해서 미래로 움직이는가?
둘째, 과거/현재/미래 중에서 오직 현재만이 존재하는가?

이 두 질문에 어떤 대답을 하느냐에 따라 현재주의, 영원주의, 가능주의, 스포트라이트 이론으로 분류할 수 있다.

구분	현재는 움직이는가?	무엇이 존재하는가?
현재주의	YES	현재
영원주의	NO	과거/현재/미래
가능주의	YES	과거/현재
스포트라이트 이론	YES	과거/현재/미래

표를 보는 것보다 아무래도 그림으로 이해하는 것이 쉬울 것 같다. 콜롬비아 대학의 형이상학자 사빗(Steven Savitt)은 보다 직관적으로 이해할 수 있도록 다음과 같은 그림을 제시하였다.[15]

스티븐 사빗
출처: researchgate.net

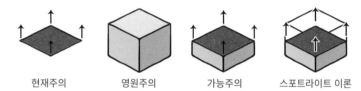

현재주의   영원주의   가능주의   스포트라이트 이론

그림은 2차원 공간(평면)과 1차원 시간(높이)을 이미지로 표현한 것이다. 여기에서 평면은 '현재'의 공간을 가리키며, 화살표는 현재에서 미래로 시간이 나아가는 것을 표현하고 있다. 이 그림이 이해되었으면 이제 네 개의 이론을 하나하나 살펴보자.

첫째, 현재주의(Presentism)다. 과거와 미래는 존재하지 않고 오직 현재만이 존재한다는 이론이다.

예컨대 로마의 황제 케사르는 이제 사라져 존재하지 않고, 2022년 카타르 월드컵 축구공은 아직 존재하지 않으며, 지금 이 책을 읽고 있는 당신과 당신과 동시에 존재하는 현재 존재자만이 존재한다. 현재는 과거나 미래와 구별되는 특별한 시점이며, 시간이 흐

르면서 미래는 현재가 되고 현재는 다시 과거가 된다. 현재주의를 다른 말로 지금주의(Nowism)라고도 한다.

둘째, 영원주의(Eternalism)다. 과거와 미래도 현재와 같이 존재한 다는 이론이다.

예컨대 지금 이 책을 읽고 있는 당신이 존재하는 것과 같이 로마의 황제 케사르와 2022년 카타르 월드컵 축구공이 존재한다. 현재는 특별한 시점이 아니라 과거나 미래와 똑같은 하나의 시점일 뿐이다. 영원주의의 이미지는 과거/현재/미래가 벽돌을 쌓아놓은 모양이다. 그래서 영원주의를 블록우주(Block Universe) 이론이라고도 한다.

영원주의 이론에서 시간은 공간과 비슷한 특징을 가진다. 여기(here)가 특별한 장소가 아닌 것과 같이 지금(now)도 특별한 시점이 아니다. 예컨대 서울에 있는 민수와 부산에 있는 영희가 통화를 하면서, 민수가 "여기는 지금 비가 엄청 와"라고 말할 때 '여기'는 서울을 지시하는 것이고, 영희가 "여기는 날씨가 좋기만 한데"라고 말할 때 '여기'는 부산을 지시하는 것이다. '여기들'은 그것을 말하는 사람이 있는 장소를 지시하는 것일 뿐이다.

'지금'도 마찬가지다. 케사르가 루비콘강을 건너면서 "지금 주사위는 던져졌다"고 말할 때 '지금'은 기원전 49년 1월 10일 어느 순간을 가리키는 것이고, 당신이 이 책을 읽으면서 "지금 나는 책을 읽고 있다"고 말할 때 '지금'은 현재 당신이 존재하는 순간을 가리키는 것이며, 22회 카타르 월드컵 결승전에서 심판이 반칙을 한 호나우두에게 "지금 당장 퇴장하라"라고 말할 때 '지금'은 2022년 12월 18일 어느 순간을 지시하는 것이다. 이 세 개의 '지금들' 사이에 존재론적 차이는 없다.

그래서 당신이 서울에 가면 민수를 만날 수 있고 부산에 가면 영희를 만날 수 있는 것처럼, 기원전 49년으로 가면 케사르가 루비콘강을 건너는 것을 볼 수 있고, 2022년으로 가면 카타르 월드컵 결승전을 볼 수 있다. 이것이 바로 영원주의 세계관이다.

셋째, 가능주의(Possibilism)다. 과거와 현재는 존재하지만 미래는 아직 존재하지 않는다는 이론이다.

예컨대 지금 이 책을 읽고 있는 당신과 로마의 황제 케사르는 존재하지만, 2022년 카타르 월드컵 축구공은 아직 존재하지 않는다. 이런 점에서 보면 가능주의는 현재주의와 영원주의를 절충한 이론이다. 현재주의와 마찬가지로 가능주의에서도 현재는 특별한 순간이다. 다만 다른 점은 현재주의에서는 현재가 왜 특별한지를 설명하지 못하지만, 가능주의에서는 현재가 왜 특별한지를 분명히 설명한다는 것이다. 현재는 존재하지 않는 미래가 존재하게 되는 생성(becoming)의 순간이라는 것이다.[16] 가능주의 세계는 시간이 지날수록 점점 커진다. 과거 존재자가 점점 늘어나기 때문이다. 그래서 가능주의를 자라나는 우주(growing universe) 이론이라고도 한다.

넷째, 스포트라이트(spotlight) 이론이다. 과거, 현재, 미래가 모두 존재한다는 이론이다.

예컨대 로마의 황제 케사르, 지금 이 책을 읽고 있는 당신 그리고 2022년 카타르 월드컵 축구공이 존재한다는 것이다. 이 점에서는 영원주의와 같다. 하지만 스포트라이트 이론은 과거/미래가 현재와 완전히 똑같은 방식으로 존재한다고 말하지는 않는다. 현재는 엄연히 현재이기 때문이다. 현재는 과거/미래와 구별되는 특별한 시점이며, 시간이 흐르면서 미래는 현재가 되고 현재는 다시 과거

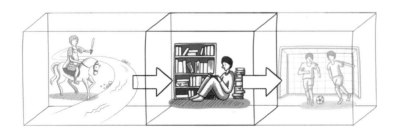

가 된다는 것이다. 이 점에서는 현재주의와 같다. 그런 의미에서 스포트라이트 이론은 영원주의와 현재주의를 절충한 이론이다.

그런데 왜 하필 스포트라이트 이론이라는 이름을 붙였을까? 그것은 이 이론이 영화 필름을 비추는 스포트라이트에 비유되기 때문이다. 영화 필름 속에는 영화의 처음부터 끝까지 모든 장면이 담겨져 있다. 그렇다고 모든 장면을 한꺼번에 볼 수는 없다. 영화를 보려면 영화 필름을 영사기에 넣고 돌려야 하는데, 그러면 필름 한 장 한 장씩 스크린에 비친다. 이때 스크린에 비치는 장면이 바로 현재인 셈이다. 이와 마찬가지로 우주의 탄생부터 종말까지 전 역사가 영화 필름 속에 담겨 있고, 신이 필름을 영사기에 넣고 돌리고 있는 중이다. 현재가 특별한 이유는 그것이 스크린에 비치고 있기 때문이다. 과거의 기억이 희미한 이유는 그것이 이미 필름에 감겨 스크린에서 사라졌기 때문이고, 미래에 대해서 아직 모르는 이유는 그것이 아직 스크린에 비친 적이 없기 때문이다.

우리가 네 개 이론을 모두 검토할 필요는 없다. 왜냐하면 3차원주의와 4차원주의 논의에서 중요한 질문은 "시간은 흐르는가?"라

는 것인데, 현재주의와 가능주의 그리고 스포트라이트 이론은 시간
이 흐른다는 입장에 서 있고, 반면 영원주의는 시간이 흐르지 않는
다는 입장에 서 있는 이론이기 때문이다. 그래서 나는 가능주의와
스포트라이트 이론을 현재주의의 하위 이론으로 보고, 우리의 논의
를 현재주의와 영원주의 양자 구도로 설정할 것이다.

물론 어떤 사람들은 이 점에 반대할 수도 있다. 어떤 점에서는
가능주의나 스포트라이트 이론이 현재주의보다 더 설득력이 있기
때문이다. 예컨대 (이미 설명한 것처럼) 가능주의는 현재주의가 설
명하지 못하는 문제 "현재는 왜 특별한가?"는 점에 대하여 설득력
있는 대답을 제시하고, 스포트라이트 이론은 영원주의와 현재주의
가 가지는 모든 장점을 다 가지고 있기 때문이다. 하지만 이런 세
부 사항에 대해서는 논의하지 않기로 하겠다. 우선 현재주의와 영
원주의에 집중하자.

우리는 왜 과거와 미래에 대한 태도가 다른가?

∗　　민수의 치과치료로 돌아가보자. 치과치료가 끝나서 기분이
좋은 민수가 휘파람을 불며 치과를 나오려 한다. 그런데 의사가 불
러 세운다. 아직 치료가 남았으니 내일 병원에 또 오라는 것이다.
민수는 순간 "헐! 내일 또 와?"고 탄식을 토했다. 민수가 중얼거린
이 문장은 내일 치과에 또 오겠다는 다짐을 의미하는가? 아니다.
이 문장은 민수는 다시 치과에 와야 한다는 사실에 걱정된다는 것
을 표현한 것이다.

그런데 한 가지 의문이 생긴다. 민수는 왜 이미 끝나버린 치과치료에 대해서는 안도의 한숨을 내쉬지만, 아직 하지 않은 치과치료에 대해서는 걱정을 하는 것인가?

현재주의자들은 민수의 상반된 심리상태를 쉽게 설명할 수 있다. 현재주의에서 과거는 이미 지나가버린 것이고 미래는 아직 오지 않은 것이다. 따라서 오늘 치과치료는 이미 끝난 것이고 내일 치과치료는 아직 시작도 안 한 것이다. 민수가 이런 상반된 심리상태를 가지는 것은 당연한 것이다.

하지만 영원주의자들은 민수의 상반된 심리상태를 설명하기 어렵다. 영원주의에서 과거와 미래는 똑같다. 따라서 영원주의를 받아들이면, 오늘 치과치료와 내일 치과치료에 대해서 민수는 똑같은 심리상태를 가져야 하는 것처럼 보이기 때문이다.

이에 대하여 영원주의자들은 먼저 사건이 나중 사건의 원인이 되기 때문이라고 답한다. (영원주의자들은 과거/현재/미래라는 용어를 사용하지 않는다.) 치과를 막 나오고 있는 민수는 나중(내일)의 치과치료에 영향을 미칠 수 있기 때문에 더 신경을 쓰는 것이고 그래서 걱정을 한다는 것이다.

하지만 선우환 교수는 이 대답이 충분하지 않다고 말한다. 민수가 걱정한다고 해결되지 않는 사건에 대해서도 민수의 걱정은 합리적일 수 있다는 것이다.[17]

예를 들어 민수가 내일 교도소에 수감된다고 하자. 민수가 걱정을 한다고 그것을 피할 수 있는 것은 아니다. 그럼에도 민수는 내일의 일에 대해서 걱정하는 것은 합리적일 수가 있다.

이에 영원주의자들은 엔트로피(Enthrophy) 개념을 꺼내든다. 엔트로피란 무질서의 정도를 말한다. 예를 들어보자. 어떤 엉뚱한 예술가가 광화문 광장 바닥에다가 1,000장의 포커 카드를 깔았다고 하자. 아무렇게나 깐 것은 아니고 예술가답게 모두 뒷면이 보이도록 깔고서는 그것을 예술이라고 우긴다고 하자. 그런데 바람이 한 차례 불고 카드가 이리저리 날아다니면서 뒤집어졌다. 처음에 90장 정도가 뒤집어졌다. 그래서 앞면이 90장, 뒷면이 910장이 되었다. 또다시 바람이 불었다. 이번에는 앞면이 170장, 뒷면이 830장이 되었다. 그날따라 바람이 심했다. 계속해서 바람이 불자 결국 앞면이 500장, 뒷면이 500장이 되었다. 예술가의 작품은 그렇게 망가졌다.

엔트로피란 무질서의 정도이므로, 1,000장의 카드가 모두 뒤집어져 있는 경우에 엔트로피가 가장 낮다. 가장 질서 있는 상태라는 말이다. (그래야 예술이 된다.) 그런데 바람이 불면서 엔트로피가 점점 높아진다. 점점 무질서 상태로 된다는 말이다. 이처럼 엔트로피가 증가하는 이유는 1,000장의 카드가 모두 뒤집혀 있는 경우보다

500장의 카드가 뒤집혀 있는 경우의 수가 많기 때문이다. 그것은 마치 두 개의 주사위를 던졌을 때 그 합이 2가 되는 경우의 수보다 그 합이 6이 되는 경우의 수가 많은 것과 같다.

영원주의자들은 이렇게 말할 수 있다. 이전-이후 관계가 방향이 없는 것은 아니다. 그것은 엔트로피가 증가하는 방향이라는 것이다. 그래서 엔트로피가 증가하는 방향에 있는 치과치료에 대하여 민수가 걱정을 한다는 것이다.

하지만 이러한 대답은 사실 아무것도 해결하지 못했다. 왜냐하면, 왜 민수는 하필 엔트로피가 증가하는 방향에 있는 치과치료를 걱정하는지, 영원주의자들은 대답을 못하기 때문이다. 다시 말해서 이전의 치과치료와 이후의 치과치료의 차이는 설명할 수 있지만, 왜 이전의 치과치료에 대해서는 안도감을 가지고, 왜 이후의 치과치료에 대해서는 걱정을 하는지 설명하지 못한다는 것이다.

이제 영원주의자들에겐 마지막 카드만 남았다. 리버풀 대학의 과학철학자 데인튼(Barry Dainton)이 그것을 제시했다. 그것은 과거와 미래에 대한 민수의 상반된 심리상태는 착각 때문이라는 것이다.[18]

예를 들어보자. 데일리 스타(The Daily Star) 신문사의 미모의 여기자 로이스 레인(Lois Lain)은 슈퍼맨을 사랑한다. 하지만 그녀는 슈퍼맨이 다른 모습으로 위장한 사진기자 클락 켄트(Clark Kent)는 거들떠도 보지 않는다. 이뿐만이 아니다. 불타는 건물에 갇혀 목숨이 위태로운 로이스 레인은 슈퍼맨이 자신을 구하러 온다는 소식을 듣고 안도의 한숨을 쉬지만, 클락 켄트가 자신을 구하러 온다는 소식을 들으면 오히려 더 걱정을 한다. 로이스 레인이 이상한 사람인가?

또 다른 예를 보자. 마트에 간 로이스 레인은 터진 설탕 포대가 담긴 쇼핑카트를 끌고 다니면서 바닥에 설탕을 줄줄 흘렸다. 시식 코너를 한 바퀴 돌고나서 제자리로 돌아와 바닥에 흘린 설탕을 발견한 그녀는 그것을 자신이 그런 줄도 모르고 "어떤 멍청한 사람이 설탕을 흘렸군" 하면서 설탕 길을 졸졸 따라갔다. 그 멍청한 사람에게 그것을 알려주기 위해서였다. 다시 한 바퀴를 돈 로이스 레인은 그 설탕 카트의 주인공이 자신이라는 것을 알고서는, 멍청한 사람이라는 자기 말을 철회했다. 로이스 레인은 이상한 사람인가?

슈퍼맨과 클락 켄트는 동일한 사람이다. 터진 설탕 포대가 담긴 쇼핑카트를 끌고 다닌 사람과 그 설탕 길을 따라간 사람도 동일한 사람이다. 우리는 동일한 대상에 대해서 이처럼 상반된 태도를 가질 수 있다. 그러므로 로이스 레인은 절대로 이상한 사람이 아니다.

민수도 마찬가지다. 민수가 과거의 치과치료와 미래의 치과치료에 대해서 상반된 심리상태를 가진다고 해서 전혀 이상할 것이 없다. 그러므로 같은 대상에 대해서 상반된 심리상태를 가진다고 해서 그것이 영원주의에 대한 반론이 될 수는 없다는 것이다.

내가 보기에 데인튼의 대답도 충분한 설명은 못 된다. 왜냐하면 데인튼의 대답은 민수가 왜 상반된 심리상태를 가지는지는 설명이 되지만, 왜 과거의 치과치료에 대해서는 안도감을 가지고, 왜 이후의 치과치료에 대해서는 걱정을 하도록 착각하는지는 설명하지 못하기 때문이다.

우리는 왜 현재를 생생하게 경험하는가?

* 영원주의자들은 과거/현재/미래가 똑같이 존재한다고 주장한다. 기원전 49년 루비콘강을 건너는 케사르와 지금 이 책을 읽고 있는 당신 그리고 2022년의 월드컵 축구공이 똑같이 존재한다는 것이다. 그런데 이런 주장은 참으로 믿기 어렵다. 루비콘강을 건너는 케사르는 이미 사라졌고 2022년 월드컵 축구공은 아직 존재하지 않는 것 같기 때문이다. 지금 이 책을 읽고 있는 당신만이 생생한 현재인 것 같다.

현재의 생생함을 어떻게 설명할 것인가?

아인슈타인(Albert Einstein, 1879~1955)은 학창 시절부터 그의 친구였던 베소(Michele Besso)가 사망하자 베소의 가족들을 위로하는 편지에 이렇게 썼다.[19]

아인슈타인과 베소
출처: Alchetron

그가 나보다 먼저 이 세상을 먼저 떠났지만, 그것은 별로 중요하지 않다. 우리 물리학자들은 과거/현재/미래의 구분이 착각일 뿐이라고 믿기 때문이다.

이렇듯 사실 영원주의를 받아들이면 죽음은 별로 중요하지 않을 수 있다. 죽는다고 내가 사라지는 것이 아니기 때문이다. 나는 여전히 과거 속에 존재하고 있는 것이다. 그러면 과거에 존재하는 것과 현재에 존재하는 것을 구분할 필요가 없어진다.

아인슈타인의 친구였던 오스트리아의 수리논리학자 괴델(Kurt Gödel, 1906~1978)도 한마디 거든다.[20]

아인슈타인과 괴델
출처: American Institute of Physics

> 간단히 말해서 우리는 변화의 객관성을 부정하고 변화를 착각이나 우리의 특수한 지각모드로 인한 현상으로 간주하는…… 철학자들의 견해를 뒷받침하는 명백한 증거를 얻은 것 같다.

이번엔 철학자의 말을 들어보자. 호주의 대표적인 분석철학자 스마트(John Jamieson Carswell Smart, 1920~2012)도 이와 비슷한 입장을 취했다.[21]

존 J. C. 스마트
출처: 모내시대학 홈페이지

> 과거/현재/미래의 구분은 물론…… 시간이 흐른다는 우리의 생각은…… 세계를 있는 그대로 보지 못하는 착각일 뿐이다.

마지막으로 한 사람만 더 보태자. 영국의 물리학자 데이비스(Paul Davies, 1946~)는 이렇게 말했다.[22]

폴 데이비스
Author: Cmichel67

> 시간의 흐름과 현재 순간이 움직인다는 생각을 포기하는 것은 불가능하다는 것을 안다. 그것은 세계에 대한 나의 경험이 너무

근본적인 것이어서, 나는 그러한 것은 착각이나 오해 때문에 생긴 것이라고 생각할 수밖에 없다.

철학자, 과학자, 물리학자, 수리논리학자의 언급에서 공통으로 발견되는 단어가 하나 있다. 그것은 바로 "착각(illusion)"이라는 단어다. 이들은 단호하게 말한다. 시간이 흐르는 것처럼 느끼는 것은 착각이라는 것이다.

그렇다면 왜 모든 인간이 이런 착각에 빠지는가? 이번에도 데인튼(Dainton)이 나섰다. 그는 다음과 같은 탁월한 비유를 제시하였다.[23]

아무것도 볼 수 없는 칠흑 같은 광야에 민수가 램프를 하나 들고 홀로 서 있다고 하자. 램프는 너무 작고 희미해서 한 치 앞을 분간할 수 없다. 두려움에 민수는 사람을 찾아 몇 날 며칠을 돌아다녔다. 하지만 아무도 발견하지 못했다. 그는 이렇게 탄식했다. "이 세

상에 나 혼자 남았단 말인가." 그런데 사실 민수는 혼자가 아니다. 여기저기에 민수와 같은 수많은 사람들이 자신만의 램프를 들고 사람들을 찾아다니고 있었다. 그러나 광야가 너무 광대해서 아무도 사람을 찾을 수 없었던 것이다. 이들은 모두 자신이 혼자라고 믿고 있었다.

시간에 대한 의식도 이와 마찬가지다. 민수의 램프가 너무 희미해서 자신이 혼자라고 착각하고 있는 것처럼 인간의 지각능력이 너무 미약해서 현재만이 존재한다고 착각하고 있는 것이다. 만약에 민수의 램프가 좀 더 강하면 민수는 주변에서 사람들을 찾을 수 있을 것이다. 마찬가지로 만약에 우리의 지각능력이 좀 더 강하면 우리는 현재뿐 아니라 가까운 과거나 미래를 지각할 수 있을 것이다. 우리의 지각능력이 엄청나게 강하면 우리는 모든 과거/현재/미래를 지각할 수 있을 것이다. 우리가 오직 현재만을 경험하는 이유는 지각능력이 약하기 때문이지 과거와 미래가 존재하지 않기 때문인 것은 아니다. 신이 존재한다면, 신은 과거/현재/미래를 통째로 지각할 수 있을 것이다.

영원주의자들은 이렇게 말한다. 어떤 것을 지각할 수 없다고 해서 그것이 존재하지 않는다고 생각하는 것은 어리석은 일이다. 합리적인 사고의 힘을 통해서 보이지 않는 것을 볼 수 있어야 한다는 것이다. 데이비스(Davies)는 이렇게 말한다.[24] 민수가 코끼리 코를 하고 빙글빙글 돌다가 멈추었다고 하자. 민수는 세상이 빙글빙글 돌아가는 현기증을 느꼈다. 만약에 민수가 감각에만 의지했다면 민수는 세상이 진짜로 빙글빙글 돌아가고 있다고 믿었을 것이다. 하지만 진짜로 그렇게 믿는 사람은 없다. 민수는 합리적 추론을 통해서 세상이 돌아가는 것 같은 믿음이 가짜라는 것을 안다.

마찬가지로 우리는 감각에만 의지한다면 오직 현재만이 존재한
다고 믿을 것이다. 하지만 그렇게 믿어서는 안 된다. 우리는 합리적
추론을 통해서 오직 현재만이 존재하는 것 같은 믿음이 가짜라는
것을 알아야 한다.

문장을 참인 것으로 만드는 진리확정자는 어디에 있는가?

✳   어떤 문장이 참이라면 왜 그 문장은 참인가? 어떤 문장이 거
짓이라면 왜 그 문장은 거짓인가? 질문은 생뚱맞아 보이지만 가만
히 생각해보면 그렇지 않다.

   이 질문에 대하여 호주의 형이상학자 암스트롱(David Armstrong,

1926~2014)은 이렇게 대답했다. 어떤 문장이 참인 이유는 그 문장을 참인 것으로 만드는 진리확정자(truthmaker)가 객관적으로 존재하기 때문이다. 그러한 진리확정자가 객관적으로 존재하지 않으면 그 문장은 참이 아니다. 예컨대 "고양이가 부뚜막에 앉아 있다"는 문장이 참인 이유는 '부뚜막에 앉아 있는 고양이'가 존재하고 있기 때문이다. '부뚜막에 앉아 있는 고양이'가 존재하지 않는다면 "고양이가 부뚜막에 앉아 있다"는 문장은 거짓이다. 마찬가지로 "트럼프는 미국의 대통령이다"는 문장이 참인 이유는 '트럼프 대통령'이 존재하기 때문이다. 그리고 "힐러리는 미국의 대통령이다"는 문장이 거짓인 이유는 '힐러리 대통령'이 존재하지 않기 때문이다.

데이비드 암스트롱
출처: telegraph.co.uk

영원주의자인 데인튼(Dainton)은 다음과 같은 문제점을 제시한다.[25] "케사르가 루비콘강을 건넜다"는 문장을 생각해보자. 이 문장이 참이기 위해서는 '루비콘강을 건넜던 케사르'가 존재해야 한다. 그런데 현재주의를 받아들이면 케사르는 지금 존재하지 않는 과거 사람이다. 따라서 현재주의자들은 "케사르가 루비콘강을 건넜다"는 문장이 거짓이라고 말해야 한다.

현재주의자들은 이렇게 대답한다.[26] 우리가 언어를 사용할 때 이처럼 문법 규칙을 엄격하게 적용하는 것은 아니다. 예를 들어 어떤 사람이 "대한민국에 12명의 대통령이 있다"고 말했다고 하자. 이 문장은 문법적으로는 현재 문장이지만 그 누구도 이 문장을 현재 문장으로 이해하지 않는다. 이 문장은 건국 이래 대통령이 12명이 있어왔다는 현재완료형 문장으로 이해한다. 이처럼 우리는 언어를 구사할 때 문맥에 따라서 존재자의 범위를 확대한다. 케사르의 경우도 마찬가지다. 케사르는 현재 존재하지 않지만 마치 존재하는 것처럼 간주하여 "케사르가 루비콘강을 건넜다"고 말한다는 것이다.

영원주의자들은 이렇게 되묻는다. "케사르가 루비콘강을 건넜다"는 문장이 참이면, "해리포터가 호그와트 마법학교에 들어갔다"는 문장은 왜 거짓인가? 현재주의자의 말대로 케사르가 현재 존재하지 않아도 "케사르가 루비콘강을 건넜다"는 문장이 참이면, 해리포터가 존재하지 않아도 "해리포터가 마법의 빗자루를 탔다"도 문장이 참일 수 있지 않는가?

경남 고성에 가면 공룡 발자국을 볼 수 있다.

현재주의자들은 다시 이렇게 답한다. "케사르가 루비콘강을 건넜다"는 문장이 참인 이유는 로마 역사에 관한 수많은 기록들과 루비콘강에 남겨진 잔해들과 같은 진리확정자가 있기 때문이다. 만약에 이런 것들이 진리확정자가 될 수 없다고 한다면, 경남 고성에 남아 있는 공룡 발자국을 보고 우리는 "한반도에 공룡이 살았다"고 주장할 수 없다.

영원주의자들은 다시 이렇게 되묻는다. "케사르가 루비콘강을 건넜다"는 문장의 진리확정자가 『로마사』라면, "해리포터가 마법의 빗자루를 탔다"는 문장의 진리확정자가 『해리포터와 마법사의 돌』이라고 하지 못할 이유가 어디에 있는가?

현재주의자들은 다시 이렇게 답한다. 『로마사』는 사실을 기록한 것이지만 『해리포터와 마법사의 돌』은 허구다. 그래서 『로마사』에 기록되어 있는 "케사르가 루비콘강을 건넜다"는 문장은 참이고, 『해리포터와 마법사의 돌』에 써 있는 "해리포터가 마법의 빗자루를 탔다"는 문장은 거짓이라고 봐야 한다.

잠깐. 뭔가 이상하다. "케사르가 루비콘강을 건넜다"는 문장이 참인 이유는 『로마사』라는 진리확정자가 있기 때문이고, 『로마사』가 진리확정자인 이유는 "케사르가 루비콘강을 건넜다"는 문장이 사실이기 때문이라고 말하고 있지 않은가. 이와 반대로 "해리포터가 마법의 빗자루를 탔다"는 문장이 허구인 이유는 『해리포터와 마법사의 돌』이 진리확정자가 아니기 때문이고, 『해리포터와 마법사의 돌』이 진리확정자가 아닌 이유는 "해리포토가 호그와트 마법학교에 들어갔다"는 문장이 허구이기 때문이라고 말하고 있지 않은가.

이것은 선결문제 요구의 오류다. 이것은 마치 신이 존재하는 이유는 성경에 그렇게 쓰여 있기 때문이고, 성경이 옳은 이유는 그것이 신의 말씀이기 때문이라고 말하는 것과 같다. 우리가 이러한 오류를 무시하면 "변사또는 수청을 거부한 춘향이를 감옥에 가두어버렸다"는 문장을 참이라고 해야 한다. 『춘향전』에 그렇게 써 있고, 광한루에

남원에서 지리산 구룡폭포로 올라가는 길목에 성춘향의 묘가 있다.

그렇게 그려져 있고, 남원에 있는 '성춘향의 묘'가 그것을 말해주기 때문이다.

정리

지금까지의 논의를 간단히 정리해보자.

- 현재주의에 따르면 오직 현재만이 존재한다. 현재는 미래로 나아간다.
- 영원주의에 따르면 과거/현재/미래가 똑같이 존재한다. 현재는 특별한 순간이 아니다.
- 가능주의에 따르면 과거/현재만 존재한다. 현재는 존재하지 않는 것이 존재하게 되는 순간이다.
- 스포트라이트 이론에 따르면 과거/현재/미래가 존재한다. 하지만 모두 똑같이 존재하는 것은 아니다. 현재만이 특별한 순간이다.
- 프라이어와 같은 현재주의자는 영원주의에 대하여 반대한다. 영원주의는 우리가 왜 과거와 미래에 대하여 다른 태도를 가지는지 설명할 수 없다는 것이다.
- 영원주의자는 이렇게 대답한다. 과거와 미래가 똑같이 존재해도 그에 대한 태도가 다를 수 있다는 것이다. 인과의 방향과 엔트로피가 증가하는 방향으로 그것을 설명할 수 있다는 것이다.
- 선우환은 엔트로피로 이전-이후 방향은 설명할 수 있지만, 그 방향에 대하여 왜 특정한 태도를 가지는지는 설명하지 못한다고 말한다.

- 현재주의는 또 다른 이유로 영원주의에 반대한다. 영원주의는 우리는 왜 현재만을 생생하게 경험하는지 설명할 수 없다는 것이다.
- 아인슈타인, 괴델, 스마트, 데이비스는 현재를 생생하게 경험하는 것은 착각이라고 말한다. 그리고 데인튼은 이러한 착각은 인간의 지각능력이 허약하기 때문에 발생하는 것이라고 말한다.
- 영원주의는 현재주의에 반대한다. 현재주의를 받아들이면 과거의 진리확정자가 존재하지 않으므로 과거 사실이 참일 수 없다는 것이다.
- 데인튼은 이렇게 답한다. 인간은 언어를 사용할 때 맥락에 따라 과거와 미래가 존재하는 것처럼 다룬다는 것이다.

결론적으로 보면 프라이어, 선우환은 현재주의의 입장에 섰다고 볼 수 있고, 아인슈타인, 괴델, 스마트, 데이비스, 데인튼은 영원주의의 입장에 섰다고 볼 수 있다. 그리고 우리는 현재주의자를 3차원주의자로 분류하고, 영원주의자들을 4차원주의자로 분류해도 될 것 같다.

현재주의가 제기하는 영원주의에 대한 반론은 과거/현재/미래에 대한 인간의 심리상태를 설명하라는 것이다. 이에 대하여 영원주의는 인간의 착각에 의해서 혹은 인간의 지각능력이 부족하기 때문이라고 말한다. 반면 영원주의가 제기하는 현재주의에 대한 반론은 과거사실이 참일 수 없다는 것이다. 이에 대하여 현재주의는 언어의 사용이 그렇게 엄격한 것은 아니라고 말한다.

앞 절에서 우리는 시제주의와 무시제주의 사이에 벌어진 진리조건에 관한 문제를 논의한 바 있다. 이때 멜러는 '시제 문장을 언급하는 말'은 시제적 진리조건을 가질 수 없다고 주장하였다. 이에 대하여 프리스트는 '시제 문장이 언급하는 말'이 진리조건을 '시제적으로' 가진다고 보면 시제적 진리조건을 가질 수 있다는 것을 보여주었다.

이러한 프리스트의 아이디어를 응용해보자. 앞에서 현재주의를 받아들이면 과거의 진리확정자가 존재하지 않으므로 과거 사실이 참일 수 없다는 문제가 발생하였다. 즉, "케사르가 루비콘강을 건넜다"는 과거 문장을 참인 것으로 만드는 진리확정자가 존재하지 않는다는 것이다. 이 문제에 대하여 프리스트는 이렇게 대답했을 것이다. 그러한 진리확정자는 존재하지는 않지만 존재했었다고 말이다. 말하자면 진리확정자가 시제적으로 존재한다는 것이다. 이런 점에서 보면 현재주의와 영원주의 사이에 벌어졌던 진리확정자 문제는 사실 이미 프리스트가 해결해놓았던 것일 수도 있다.

이동지속이론과 시간적 부분이론

5

변화와 지속의 문제

✳   앞에서 우리는 고대 그리스 시대에 아리스토텔레스와 파르메니데스 사이에 벌어졌던 변화의 문제를 살펴보았다. 아리스토텔레스는 어떤 것이 변화하면서 동일성을 유지한다고 생각하였고, 파르메니데스는 어떤 것이 변화하면 동일성을 유지할 수 없다고 생각하였다. 이 문제는 그 후로 오랫동안 잊힌 듯했다.

그러다가 현대 철학자들은 고대 그리스인들이 가지지 못했던 원리를 하나 쥐게 되었다. 이른바 라이프니츠의 동일자의 구별불가능성 원리(PII, Principle of Indiscernability of Identicals)다. PII란 간단히 말해서, 어떤 것이 동일하면 그것의 속성이 같다는 원리다. 뒤집어서 말하면, 어떤 것의 속성이 다르면 그것은 동일한 것이 아니라는 것이다.

현대 철학자들은 PII를 이용하여 변화의 문제를 다시 꺼내들었다. 예를 들어보자. 마이클 잭슨(Michael Jackson)은 불과 여섯 살 나이에 자신의 형들과 함께 'Jackson Five'라는 이름으로 가수로 데뷔하였다. 이후 성인이 되어 내놓은 앨범 〈스릴러(Thriller)〉가 빌보드 차트에 37주간 1위를 기록하면서 그는 엄청난 부와 명예를 얻었다. 그런데 마이클 잭슨에게 이상한 변화가 일어나기 시작했다. 처음에는 피부에 하얀 반점이 생기더니 나중에는 얼굴 전체가 백인처럼 하얗게 된 것이다. 항간에는 그가 백인이 되고 싶어 피부를 벗겨내는 박피수술을 받았다는 소문이 돌았지만, 사실 그는 멜라닌 색소가 파괴되는 백반증을 앓고 있었다. 철학자들은 마이클 잭슨의 백반증으로부터 이상한 결론에 도달했다.

(1) 어린이 마이클 잭슨의 피부색은 검다.

(2) 성인 마이클 잭슨의 피부색은 하얗다.

(3) 어린이 마이클 잭슨과 어른 마이클 잭슨의 피부색은 다르다.

(4) 어떤 대상의 속성이 다르면 그것은 동일한 것이 아니다.
   (PII)

(5) 어린이 마이클 잭슨과 어른 마이클 잭슨은 다른 사람이다.
   (결론)

하지만 어린이 마이클 잭슨과 어른 마이클 잭슨이 진짜로 다른 사람이라고 생각하는 사람은 이 세상에 아무도 없다. 그렇다면 위의 논증은 어디가 잘못되었는가?

눈치 빠른 독자는 마이클 잭슨 사례가 앞에서 본 엘비스 프레슬리 사례와 유사하다는 것을 알아챘을 것이다. 다른 점은 날씬한 엘비스와 뚱뚱한 엘비스는 동시에 존재하지만, 검은 마이클 잭슨과 하얀 마이클 잭슨이 다른 시점에 존재한다는 것이다.

마이클 잭슨과 같이 다른 시점에 존재하는 개별자를 통시간 (trans-temporal) 개별자라고 한다. 통시간 개별자가 어떻게 동일성을 유지하느냐 하는 문제를 다루는 이론을 지속(persistence)이론이라고 한다.

지속이론을 설명하는 많은 방법이 있지만 MIT 대학의 철학자 커츠(Roxanne Kurtz)의 설명이 가장 이해하기 쉽다.[27]

먼저 그녀는 다음과 같은 테제를 제시한다.

록산느 커츠
출처: researchgate.net

전체성 테제: 개별자는 전체로서 온전하게 존재한다.
동일성 테제: 개별자는 변화하면서 동일성을 유지한다.
PII 테제: 어떤 것이 동일하다면 그것의 모든 속성은 같다.

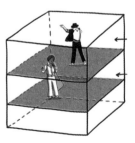

2000년 하얀 마이클
1970년 검은 마이클

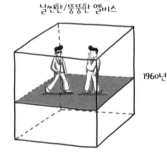

날씬한/뚱뚱한 엘비스

1960년

세 개의 테제를 간단히 설명해보자. 전체성 테제에 따르면, 민수는 민수 전체로서 존재한다. 민수를 보고 민수의 부분이라고 말할 수는 없다. 동일성 테제에 따르면, 민수는 나이가 들면서 많은 변화를 겪지만 여전히 민수라고 할 수 있다. PII 테제에 대해서는 앞에서 민수의 핸드폰 비유를 통해서 이미 설명한 바 있다. 오른손에 들었던 핸드폰과 왼손에 들고 있는 핸드폰은 동일한 핸드폰이므로 그 속성이 같다는 것이다.

각각의 테제는 따로 떼어놓고 보면 의심할 바 없이 모두 옳다. 그런데 세 개의 테제를 모두 모아놓고 한꺼번에 보면 모순이 발생한다. 모순을 해결하기 위해서는 일부 테제를 포기하거나 수정해야 한다. 어떤 테제를 포기하거나 수정하느냐에 따라서 세 개의 지속이론이 나타나는데, 그것이 바로 이동지속이론, 확장지속이론, 찰나지속이론이다.

이동지속이론

* 　전체성 테제와 동일성 테제를 받아들이고, PII 테제를 수정한 이론이 이동지속이론(Endurantism)이다. 예를 들어보자. 마이클 잭슨은 태어나서 죽을 때까지 매순간 전체로서 온전하게 존재한다(전체성 테제). 그리고 수없이 많은 변화를 겪으면서 마이클 잭슨이라는 사람의 동일성을 유지한다(동일성 테제). 그런데 이처럼 전체성 테제와 동일성 테제를 받아들이면, PII 테제를 참이라고 할 수 없다. 어린이 마이클 잭슨과 어른 마이클 잭슨의 속성이 다르기 때문이다.

하지만 PII 테제를 약간만 수정하면 모순은 해결된다. PII 테제를, 어떤 것이 동일하다면 그것의 모든 속성은 '동시에' 같다는 것으로 수정하는 것이다. 즉, PII 테제를 '동시에' 존재하는 개별자에게만 적용하자는 것이다. 이렇게 보면 어린이 마이클 잭슨이 검고 어른 마이클 잭슨이 하얘도 PII 테제를 위배하는 것은 아니다. 이 두 사람의 피부색이 동시에 검으면서 하얀 것은 아니기 때문이다.

어린이 마이클 잭슨과 어른 마이클 잭슨의 속성이 다르다고 다른 사람이라고 하면 심각한 문제가 생긴다. 생각해보라. 인간의 몸은 100조 개의 세포로 구성되어 있고, 하루에 10만 개의 세포가 죽고 또 그 만큼의 세포가 생겨난다. 따라서 PII 테제를 수정하지 않으면, 세포 하나하나가 죽을 때마다 다른 사람이라고 해야 하기 때문이다.

이동지속이론을 이미지로 설명해보자. 민수는 태어나서 지금까지 온전한 전체로서 존재한다. 1살짜리 민수도 민수고, 10살짜리 민수도 민수다. 그리고 20살짜리 민수도 민수다. 태어나서 지금까지 민수는 항상 동일성을 유지했다. 물론 민수가 성장하면서 많은 변화가 있었지만 그래도 여전히 민수는 민수다. 간단히 말해서 민수는 시간을 뚫고 지속하는 사람인 셈이다.

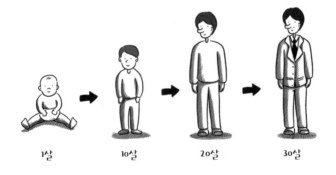

1살   10살   20살   30살

앞서 우리는 변화의 문제에 대한 아리스토텔레스의 생각을 보았다. 아리스토텔레스는 개별자가 두 개의 양상, 즉 가능태와 현실태를 가진다고 봄으로써 시간에 따라 다른 속성을 가질 수 있다고 설명했다. 하나의 개별자가 동시가 아니라면 양립불가능한 속성을 가질 수 있다는 것이다. 이것은 PII 테제를 다른 시점에 존재하는 개별자에게는 적용할 수 없다는 주장으로 볼 수 있다. 아리스토텔레스가 환생한다면 그는 분명 이동지속이론가가 되었을 것이다.

확장지속이론

✳ 동일성 테제와 PII 테제를 받아들이고, 전체성 테제를 포기한 이론이 바로 확장지속이론(Perdurantism)이다. 예를 들어보자. 마이클 잭슨은 수없이 많은 변화를 겪으면서 마이클 잭슨이라는 사람의 동일성을 유지한다(동일성 테제). 그리고 어떤 것이 동일하다면 그것의 모든 속성이 같다(PII 테제). 그런데 이처럼 동일성 테제와 PII 테제를 받아들이면, 전체성 테제를 포기해야 한다.

그런데 전체성 테제를 포기한다는 것은 무슨 의미인가? 그것은 어린이 마이클 잭슨과 어른 마이클 잭슨을 온전하게 존재하는 한 명의 사람이 아니라, 마이클 잭슨의 일부분, 즉 시간적 부분(temporal part)으로 본다는 말이다. 이렇게 전체성 테제를 포기하면 PII 테제를 살릴 수 있다. 왜냐하면 어린이 마이클 잭슨과 어른 마이클 잭슨은 동일한 개별자가 아니라 전체 마이클 잭슨의 일부분이라고 보면 서로 다른 속성을 가져도 아무런 문제가 되지 않기 때문이다. 그것은 마치 부지깽이의 뾰족한 부분은 뜨겁고 손잡이 부분은 차가울 수 있고, 동전의 앞부분에는 학이 그려져 있고 뒷부분에는 500이라는 숫자가 써 있을 수 있는 것과 같다.

확장지속이론을 이미지로 설명해보자. 민수는 태어나서 죽을 때까지 시간적 부분으로 구성되어 있다. 민수가 100살까지 산다고 하면, 민수는 태어나면서 100살이 될 때까지 매 순간 민수를 전부 합쳐야 그것을 진짜 민수라고 말할 수 있다. 그래서 20살짜리 청년 민수는 민수의 부분(시간적 부분)일 뿐이다. 20살 민수만 따로 떼어서 생각할 수 없다. 그것은 온전한 존재자가 아니기 때문이다. 이러한 이미지가 벌레를 닮았다고 해서 벌레이론(Worm Theory)라고도 한다.

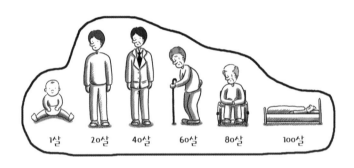

1살　20살　40살　60살　80살　100살

확장지속이론은 치명적인 문제점을 가지고 있다. 그것은 세상에 존재하는 모든 것이 사실은 개별자의 부분일 뿐이라는 것이다. 그래서 당신이 읽고 있는 이 책은 물론 당신 자신마저도 사실은 온전한 전체가 아니라 시간적 부분일 뿐이라는 것이다. 그런데 어떻게 온전하게 존재하지도 않는 당신이 온전하게 존재하지도 않는 책을 읽을 수 있는가? 그것은 불가능해 보인다. 그것은 마치 케이크 한

조각을 먹었다고 해서 케이크를 다 먹었다고 말할 수 없는 것과 같고, 야구경기 3회말을 보았다고 해서 야구경기 전체를 다 보았다고 말할 수 없는 것과 같다.

찰나지속이론

＊   전체성 테제와 PII 테제를 받아들이고, 동일성 테제를 포기한 이론이 찰나지속이론(Exdurantism, Stage Theory)이다. 예를 들어보자. 마이클 잭슨은 태어나서 죽을 때까지 매 순간 전체로서 온전하게 존재한다(전체성 테제). 그리고 어떤 것이 동일하다면 그것의 모든 속성이 같다는 입장을 받아들인다(PII 테제). 이처럼 전체성 테제와 PII 테제를 받아들이면, 동일성 테제를 포기할 수밖에 없다.

그런데 동일성 테제를 포기한다는 것은 무슨 의미인가? 그것은 어린이 마이클 잭슨과 어른 마이클 잭슨이 동일한 사람이 아니라는 말인가? 그렇다. 그렇다면 어린이 마이클 잭슨과 어른 마이클 잭슨은 도대체 무슨 관계인가? 찰나지속이론가들은 어린이 마이클 잭슨과 어른 마이클 잭슨이 상대역(counterpart) 관계를 가진다고 말한다.[28]

상대역 관계에 대해서 설명해보자. 상대역 관계는 필연, 우연, 가능과 같은 개념을 다루는 양상논리학에서 사용하는 개념이다. 양상논리학에서 다루는 문장을 몇 개 보자. "김구는 한국의 대통령이 될 수 있었다." 이 문장은 가능성에 관한 문장이다. 양상논리학에서는 이 문장을 이렇게 해석한다. "상상가능한 다른 세계들 중에 김구가 대통령인 세계가 적어도 하나는 있다." 즉, 우리가 살고 있는 이 세계가 지금 이 모습과 다르게 전개되어 그가 암살만 되지 않았어도 김구는 실제로 대통령이 될 수도 있었다는 것이다. 또 다른 문장을 보자. "김구는 필연적으로 백범이다." 이 문장은 필연성에 관한 문장이다. 양상논리학에서는 이 문장을 이렇게 해석한다. "상상가능한 모든 다른 세계들에서 김구의 호는 백범이다." 즉, 우리가 살고 있는 이 세계가 지금 이 모습과 다르게 전개되었더라도 김구의 호는 백범이라는 것이다.

그렇다면 (현실세계가 아닌) 이러한 상상가능한 세계에 김구는 실제로 존재하는가? 어차피 상상의 세계인데 굳이 김구가 실제로 존재하겠느냐 생각할 수도 있지만, 양상실재론자들(Modal Realist)은 그렇게 생각하지 않는다. 가능세계도 현실세계처럼 실제로 존재한다는 것이다. 상상가능세계에서 김구 대통령이 실제로 존재해야 하며 그래야만 "김구는 한국의 대통령이 될 수도 있었다"는 명제가 참일 수 있다는 것이다.

그렇다면 현실세계에 존재하는 김구와 가능세계에 존재하는 김구는 어떤 관계가 있는가? 그것이 바로 상대역 관계라는 것이다. 현실세계의 김구와 상상가능세계의 김구는 완전히 똑같은 한 사람이 아니라 상대역 관계를 가지는 그냥 유사한 사람이라는 것이다.[29]

찰나지속이론가들은 이처럼 어린이 마이클 잭슨과 어른 마이클 잭슨이 동일한 사람이 아니라 상대역 관계를 가지는 유사한 사람으로 보자고 한다. 따라서 존재하는 모든 것, 심지어 우주 자체마저도 '찰나'에 존재하는 것일 뿐이다. 그런 의미에서 보면 존재자를 '지속자'라고 부를 수조차 없다. 하지만 이렇게 보면 어린이 마이클 잭슨과 어른 마이클 잭슨이 다른 속성을 가져도 PII 테제에 아무런 문제가 없다.

찰나지속이론을 이미지로 설명해보자. 민수는 태어나서 죽을 때까지 시간적 부분으로 구성되어 있다. 민수가 100살까지 산다고 하면, 민수는 태어나면서 100살이 될 때까지 매 순간 민수를 전부 합쳐야 그것을 진짜 민수라고 말할 수 있다. 그래서 20살짜리 청년 민수는 민수의 부분(시간적 부분)일 뿐이다. 여기까지는 확장지속이론과 똑같다. 다른 점은 확장지속이론에서 20살짜리 청년 민수는 온전한 사람이 아니지만, 찰나지속이론에서 20살짜리 청년 민수는 온전한 사람이라는 것이다.

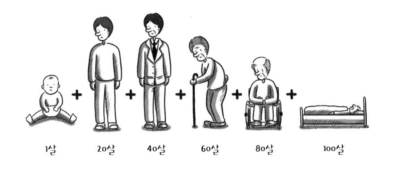

| 1살 | 20살 | 40살 | 60살 | 80살 | 100살 |

기계인간 민수와 아메바의 분열

＊　확장지속이론과 찰나지속이론은 개별자가 시간적 부분으로 이루어져 있다고 주장한다는 점에서 본질적으로 같은 이론이다. 하지만 두 이론은 시간적 부분의 성격에 대해서는 다른 대답을 내놓는다. 확장지속이론은 매 순간의 시간적 부분들을 모두 합해야 민수라는 온전한 사람이 된다고 보는 반면, 찰나지속이론은 매 순간

의 시간적 부분들 하나하나가 온전한 사람이라고 주장한다.

확장지속이론과 찰나지속이론의 차이를 쉽게 이해하기 위해서 사고실험을 하나 생각해보자. 이른바 뇌전증(간질) 환자의 분리(fission) 문제다.

뇌전증(간질)은 특별한 신체적 이상이 없음에도 불구하고 반복적으로 뇌 전체가 마비되는 질병이다. 심각한 뇌전증 환자의 경우 뇌 전체가 마비되는 것을 방지하기 위하여 좌뇌와 우뇌를 분리하는 수술을 받기도 한다. 미국의 철학자 네이글(Thomas Nagel, 1937~)은 이러한 뇌분리 사고실험을 제시한 바 있다.[30]

토머스 네이글
출처: 뉴욕법학대학 홈페이지

어떤 미치광이 의사가 뇌전증을 앓고 있는 민수의 몸을 좌/우로 분리하고 나머지 반쪽을 기계로 대체하는 수술을 했다고 하자. 그래서 좌측 기계인간의 머릿속에는 민수의 좌뇌가 들어가게 되었고, 우측 기계인간의 머릿속에는 우뇌가 들어가게 되었다고 하자. 편의상 두 기계인간을 각각 민수-A와 민수-B라고 하자.

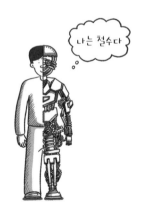

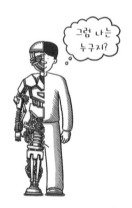

민수-A가 수술실에서 깨어났다. 민수-A는 자신이 어떤 수술을 받았는지 모른다. 미치광이 의사가 민수의 동의도 없이 자신의 연구결과를 확인하고 싶어서 이런 이상한 수술을 했기 때문이다. 민수는 자신이 예전의 민수라고 생각한다. 하긴 그것은 당연하다. 예전의 민수의 뇌가 (비록 절반이지만) 민수-A에게로 그대로 들어갔으니 말이다. 다시 말해서 예전의 민수와 민수-A는 심리적으로 연속체라고 할 수 있다. 그래서 민수-A는 깨어나자마자 자신의 부인인 영희를 찾는다.

그런데 문제는 민수-B도 민수-A와 똑같이 생각한다는 것이다. 민수-B도 수술대에서 깨어나자마자 자신의 부인인 영희를 찾는다. 영희는 난처한 상황에 빠졌다. 도대체 나는 누구의 부인인가? 하지만 의사는 속으로 쾌재를 부르고 있었다. 수술비를 두 사람한테서 받을 수 있게 된 것이다.

영희의 고민은 아무것도 아니다. 이보다 더 심각한 문제가 있다. 민수와 민수-A가 동일한 사람이다. 민수와 민수-B도 동일한 사람이다. 그러면 민수-A와 민수-B도 동일한 사람이라고 해야 한다. 그런데 동일하다는 말은 '같으면서 하나다(one and the same, 同一)'라는 의미다. 그런데 민수-A와 민수-B는 한 명이 아니라 엄연히 두 명이다. 어떻게 동일한 사람이 두 명이나 있을 수 있는가?

어떤 사람은 이렇게 반문할 것이다. 민수-A와 민수-B가 정신적으로 연속선상에 있지만 신체적으로 다른 존재자이지 않느냐고 말이다. 이러한 의문을 가진 독자를 위하여 좀 더 정교한 예시를 제시하겠다. 이른바 아베마 분열 사고실험이다.

아메바는 세포분열을 통해서 증식한다. 아메바 한 마리가 세포분열을 하면 두 마리가 된다. 이렇게 세포분열한 아메바를 아메

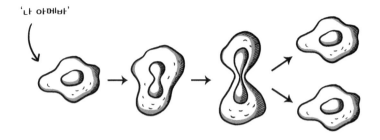

'나 아메바'

바-A와 아메바-B라고 하자. 아메바-A는 아빠 아메바와 같은 DNA 를 가진다. 마찬가지로 아메바-B도 아빠 아메바와 같은 DNA를 가 진다. 즉, 아메바-A와 아빠 아메바가 동일하고, 아메바-B와 아빠 아메바가 동일하다. 그러면 아메바-A와 아메바-B는 동일한가? 어 떻게 동일한 아메바가 둘이나 있을 수 있는가?

확장지속이론가들과 찰나지속이론가들은 이러한 분리 문제에 대하여 다른 해법을 제시한다. 먼저 확장지속이론가들의 대답을 보자. 민수는 수술을 받기 이전 이미 민수-A의 시간적 부분과 민 수-B의 시간적 부분으로 구성되어 있었다. 민수가 수술을 함으로 써 민수-A와 민수-B의 시간적 경로가 갈라진 것일 뿐이다.

확장지속이론가들의 해법에 이러한 반론이 제기될 수 있다. 그 것은 두 사람의 민수가 어떻게 같은 공간과 같은 시간에 겹쳐서 존 재할 수 있느냐는 것이다. 게다가 두 사람의 민수가 어떻게 같은 생각을 공유할 수 있느냐는 것이다.[31]

찰나지속이론가들은 다르게 대답한다. 분리 이전의 민수와 분리 이후의 민수는 모두 민수의 단계(stage)라는 것이다. 여기에서 단계 란 찰나지속이론이 말하는 시간적 부분을 말한다. 분리 이전의 민수 단계와 분리 이후의 민수-A 단계는 연속적이고, 분리 이전의 민수 단계와 분리 이후의 민수-B 단계도 연속적이다. 그래서 분리 이전의 민수는 민수-A도 되고 민수-B도 될 수 있다는 것이다.[32] 그리고 이때 민수-A 단계와 민수-B 단계는 엄밀한 의미로 동일한 것이 아니라 상대역 관계를 가지는 것일 뿐이라는 것이다.

시간적 부분이론에 대한 반론

데이비드 S. 오더버그
출처: theconversation.com

✳   레딩 대학의 형이상학자 오더버그(David S. Oderberg, 1963~)는 시간적 부분이론에 대한 세 가지 반론을 제시하였다.[33]

첫 번째 반론은 시간적 부분이론이 어떻게 생겨났는지에 관한 것이다. 시간적 부분이론은 시간을 공간처럼 간주하는 이론이다. 그래서 민수가 공간적 부분으로 이루어져 있듯이 시간적 부분으로 이루어져 있다고 말한다. 그런데 이처럼 시간을 공간처럼 생각하게 된 것은 언어의 잘못된 습관 때문이라는 것이다 예를 들어, 우리는 "월드컵 결승전의 순간이 다가오고 있다"와 같이 시간을 거리로 기술하기도 하고, "뒤로 갈수록 사태는 미궁으로 빠져들었다"와 같이 시간을 방향으로 기술하기도 한다. 그리고 영어에서도 "This technique has been passed down to the present day"와 같이 시간을 높이로 기술하기도 하고, "We were really ahead of our time"과 같이 시간을 위치로 기술하기도 한다. 이처럼 우리는 시간을 공간처럼 이미지화해서 기술한다.

이렇게 시간을 공간처럼 기술하는 것은 단지 언어적 표현일 뿐이다. 그런데 이것을 마치 실제 시간의 본질적 특징이라고 오해하게 된 것이다. 그래서 시간적 부분이론이 나타났다는 것이다.

두 번째 반론은 개별자와, 개별자가 일으키는 사건, 과정, 역사를 구별할 수 없다는 것이다. 사건, 과정, 역사는 시간적 부분을 가진다. 축구경기는 전반전과 후반전으로 나누어 뛰고, 일의 과정은 준비, 실행, 마무리로 실행되며, 역사는 고대, 중세, 근대로 구분한다. 이때 사건, 과정, 역사의 주인공은 개별자다. 개별자가 시간 속에서 사건도 일으키고, 시간 속에서 일도 하며, 시간 속에서 역사도 만드는 것이다. 그런데 만약에 개별자 자체가 시간적 부분을 가진다면, 개별자가 만드는 사건, 과정, 역사가 가지는 시간적 부분을 어떻게 설명할 것인가?

세 번째 반론은 시간적 부분으로는 개별자를 구성할 수 없다는 것이다. 개별자를 시간적으로 나누어가다 보면 시간적 부분이 나타날 것이다. 그런데 이러한 시간적 부분은 개념상 시간의 길이를 가지지 않는다. 시간의 길이를 가지면 그것은 다시 나누어질 수 있기 때문이다. 그런데 어떻게 시간적 길이를 가지지 않는 것을 합치면 개별자가 나올 수 있는가?

이것을 기하학으로 비유해서 생각해보자. 3차원 정육면체는 부피를 점유하고, 2차원 사각형은 면적을 점유한다. 그리고 1차원 직선은 길이를 점유한다. 그렇다면 점(point)은 무엇을 점유하는가? 점은 원리상으로 위치만을 지시할 뿐 그 무엇도 점유하지 않는다. 그래서 점들을 아무리 모아도 그것이 직선, 면적, 부피가 되지는 않는다. 시간적 부분도 이와 마찬가지다. 시간적 부분도 원리상으로 시간적 길이를 가지지 않기 때문에 그것들을 아무리 합해도 개별자를 구성할 수 없다.

정리

지금까지의 논의를 간단히 정리해보자.

- 이동지속이론에 따르면 개별자는 전체적으로 존재하며 시간을 뚫고 지속하는 존재자다.
- 시간적 부분이론에 따르면 개별자는 시간적 부분을 가지며 시간에 걸쳐 지속하는 존재자다. 시간적 부분이론에는 확장지속이론과 찰나지속이론이 있다.
- 분리의 문제에서 확장지속이론과 찰나지속이론의 입장이 달라진다.
- 오더버그는 시간적 부분이론에 대한 세 가지 반론을 제시하였다.

결론적으로 이동지속이론은 개별자는 오직 현재에만 존재한다는 점에서 3차원주의 지속이론이라고 볼 수 있고, 시간적 부분이론은 개별자가 과거, 현재, 미래에 걸쳐서 존재한다는 의미에서 4차원주의 지속이론이라고 볼 수 있다.

마지막으로 지속이론과 관련된 재미있는 퍼즐 하나를 보자. 이른바 테세우스의 배(The Ship of Theseus) 문제다.[34]

그리스인들은 아테네 최고의 영웅 테세우스가 타고 다니던 배를 오랫동안 보존하고 싶어 했다. 그래서 선박수리공들은 아테네 항구에 정박해 있는 테세우스호의 나무판자가 낡아질 때마다 그것을 새 판자로 하나씩 교체했다. 그리고 1,000일이 지나자 원래-테세우스호의 모든 나무판자들이 새것으로 교체되었다. 그들은 이렇게 완전히 새로워진 배를 신-테세우스호라고 불렀다.

테세우스호의 역사적 가치를 알아본 몇몇 사람들은 선박수리공

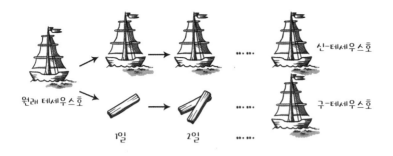

원래 테세우스호

1일   2일

신-테세우스호

구-테세우스호

들이 내다 버린 나무판자들을 하나하나 모았다. 1,000개 나무판자가 모이자 그들은 원래 테세우스호와 똑같이 복원시켰다. 그들은 이렇게 조립한 배를 구-테세우스호라고 불렀다.

문제는 이렇다. 신-테세우스호와 구-테세우스호 중에서 어느 것이 진짜 원래-테세우스호인가?[35]

이동지속이론가들은 신-테세우스호가 원래-테세우스호라고 말할 것이다. 원래-테세우스호가 사소한 변화를 계속해서 겪었지만 여전히 동일한 배라는 것이다. 민수가 태어나서 죽을 때까지 수많은 세포가 죽고 또 새로 생겼지만 여전히 민수는 민수라는 것이다. 하지만 이러한 생각에는 결정적인 문제가 있다. 그것은 원래-테세우스호와 신-테세우스호를 구성하는 나무판자가 하나도 같은 것이 없다는 것이다.

확장지속이론가들은 원래부터 두 개의 배가 있었다고 말할 것이다. 하나는 원래-테세우스호로부터 신-테세우스호가 되기까지 모든 시간적 부분을 합한 배고, 다른 하나는 원래-테세우스호로부터 구-테세우스호가 되기까지 모든 시간적 부분을 합한 배다.

찰나지속이론가들은 매일매일 새로운 배가 생긴 것이라고 말한다. 나무판자가 하나씩 바뀔 때마다 새로운 배가 된다는 것이다. 이 모든 배들이 동일한 배가 아니라 상대역 관계를 가지는 유사한 배라는 것이다.

어떤 사람들은 구-테세우스호가 원래-테세우스라고 말할 것이다. 두 배가 똑같은 나무판자들로 구성되어 있기 때문이다. 생각해보라. 지금 당신이 앉아 있는 나무의자를 분해하였다가 옆방에 가서 다시 조립해보라. 새로 조립된 의자가 새로운 의자라고 말할 사람은 아무도 없을 것이다. 테세우스호도 마찬가지라는 것이다. 하지만 문제는 구-테세우스호의 1,000개의 나무판자 중에서 몇 개가 조립되었을 때 그것을 원래-테세우스호로 말할 수 있느냐는 것이다. 대략 773개의 나무판자를 조립하는 순간 비로소 테세우스호가 되었다고 해야 하는가? 도대체 그런 순간을 누가 결정할 수 있는가?

어떤 사람은 신-테세우스호와 구-테세우스호 모두 원래-테세우스호와 동일한 배라고 말한다. 하지만 문제는 어떻게 동일한 배가 두 개나 있을 수 있느냐는 것이다. 신-테세우스호와 원래-테세우스호와 동일하고 구-테세우스호와 원래-테세우스호가 동일하면, 신-테세우스호와 구-테세우스호가 동일하기 때문이다.

로렌츠 해석과
민코프스키 해석

6

특수상대성이론 해석의 문제

＊　20세기 초 꺼져가던 파르메니데스 사상을 되살린 두 거인이
있었다. 철학자 맥타가트와 과학자 아인슈타인이다. 맥타가트에 대
해서는 앞에서 많은 이야기를 했다. 이제 아인슈타인에 대해서 이
야기할 차례다.

　1905년 아인슈타인은 역사상 가장 창의적인 물리학 논문으로
일컬어지는 「움직이는 물체의 전기역학에 대하여」에서 특수상대성
이론을 발표하였다. 그 당시만 해도 그는 자신의 논문이 그토록 커
다란 철학적 논란을 일으키게 될 줄 몰랐다. 하지만 많은 철학자와
과학자들이 그의 논문에 매료되었고, 이 논문을 기화로 4차원주의
이론이 구체화되었다. 결국 특수상대성이론이 파르메니데스 부활
의 신호탄이 된 셈이다.

알베르트 아인슈타인

　하지만 특수상대성이론이 4차원주의에 대한 직접적인 증거를
제시한 것은 아니었다. 사실 어떤 과학이론으로부터 철학적 의미가

곧바로 도출되는 경우는 거의 없다. 왜냐하면 과학이론은 수학으로 기술된 법칙과 그 법칙에 대한 해석을 수반하는데, 어떻게 해석하느냐의 문제가 그렇게 간단하게 결정되지 않기 때문이다.[36]

예컨대 양자역학의 경우에는 프린스턴 해석과 다세계 해석이 주류이긴 하지만 서울 해석, 숨은 변수 해석 등이 여전히 거론되고 있고, 상대성이론의 경우에는 대다수 물리학자들이 민코프스키 해석을 받아들이고 있지만 여전히 로렌츠 해석을 지지하는 물리학자들도 남아 있다.

특수상대성이론 해석의 문제는 우리의 논의에서 매우 중요하다. 왜냐하면 로렌츠 해석은 3차원주의적 해석이라고 할 수 있고, 민코프스키 해석은 4차원주의적 해석이라고 할 수 있기 때문이다. 다시 말해서 3차원주의/4차원주의 논란이 로렌츠/민코프스키 해석상 논란으로 환원될 수 있다는 말이다.

원리적 이론과 구성적 이론

＊ 특수상대성이론에 대한 해석상의 논란을 보기 전에 먼저 원리적 이론과 구성적 이론의 구분에 대해서 이야기해보자.

뉴턴의 만유인력법칙은 말 그대로 모든 것이 서로를 어떻게 당기는지에 관한 법칙이다. 사과가 왜 땅으로 떨어지는지, 조수간만 차이는 왜 발생하는지, 달은 또 왜 맨날 뜨고 지는지. 만유인력법칙은 많은 것을 설명한다. 그런데 만유인력의 법칙이 결정적으로 설명하지 못하는 것이 있다. 그것은 만유인력이 왜 발생하는지, 하는 문제다. 즉, 사과가 떨어지는 이유는 만유인력 때문이라고 설명할 수 있지만, 왜 만유인력이 발생하는지는 설명하지 못하는 것이다.

하지만 뉴턴은 그것을 크게 문제 삼지 않았다. 그는 과학법칙은 자연현상을 예측하고 그것을 기술할 수 있는 것만으로 충분하다고 생각했기 때문이다. 이와 같이 자연을 관찰함으로써 일반법칙을 도출하고 그로부터 자연현상을 예측하는 이러한 과학이론을 원리적 이론(theory of Principle)이라고 한다.

하지만 라이프니츠는 만유인력법칙이 과학법칙으로서 충분하지 않다고 생각했다. 왜냐하면 뉴턴은 만유인력이 왜 생기는지 아무런 설명도 하지 않았기 때문이다. 라이프니츠는 만유인력이 이런 식이라면 그것은 마술사들이 부리는 신비한 힘과 별반 다르지 않다고 보았다.[37]

그런 관점에서 보면 뉴턴의 만유인력의 법칙보다 아리스토텔레스 역학이 과학이론으로서 더 적절하다고 볼 수 있다. 왜냐하면 아리스토텔레스는 적어도 왜 돌멩이가 땅으로 떨어지는지 그 이유를 설명하고 있기 때문이다. 아리스토텔레스에 따르면 세계의 모든 물질은 물, 불, 흙, 공기, 4원소로 구성되어 있다. 물과 흙의 고향은 땅이고, 불과 공기의 고향은 하늘이다. 물과 흙이 아래로 내려가고 불과 공기가 위로 올라가는 이유는 그것들이 고향에 가고 싶어서라는 것이다. 이것이 바로 돌멩이가 땅에 떨어지는 이유다. 이러한 설명이 단지 비유였는지 아니면 당시 사람들이 실제로 믿었는지는 모르겠으나 아리스토텔레스는 적어도 돌멩이가 왜 땅에 떨어지는지 설명하고 있다.[38] 이처럼 자연현상을 이해 가능한 모델로 구성하고 자연현상의 원인을 설명하는 과학이론을 구성적 이론(Construction Theory)이라고 한다.

그런데 뉴턴의 만유인력법칙과 같은 원리적 이론은 자연현상의 발생 이유를 왜 설명하지 못할까? 그것은 자연법칙이 설명해야 할 자연현상을 그냥 자신의 원리로 받아들이기 때문이다.[39]

예를 들어보자. 만유인력법칙으로부터 우리는 돌멩이가 땅에 떨어진다는 것을 예측한다. 그런데 사실 이것이 설명하는 것은 아무것도 없다. 왜냐하면 만유인력법칙은 모든 물체들이 서로 당긴다는 법칙이고 따라서 돌과 땅(지구)이 서로 당긴다는 의미를 가지고 있으므로, 돌멩이가 땅에 떨어진다는 자연현상은 이미 만유인력법칙 속에 포함되어 있기 때문이다. 다시 말해서 돌멩이는 떨어지므로 돌멩이는 떨어진다고 말하는 것과 같은 순환구조를 가진다.

특수상대성이론도 마찬가지다. 당시 과학자들이 알고 싶었던 것은 왜 광속이 같은 속도로 측정되는지였다. 그런데 아인슈타인은 그것을 하나의 원리, 즉 광속불변의 원리로 받아들이고 특수상대성이론을 유도해버린 것이다. 자신이 설명해야 할 현상을 하나의 원리로 받아들여버림으로써 설명할 것을 없애버린 것이다. 그래서 특수상대성이론은 어찌 보면 아무것도 설명하지 못하는 이론인 셈이다.[40]

아인슈타인도 이 점을 잘 알고 있었다. 하지만 그것이 특수상대성이론의 한계라고 생각했다. 그는 자서전에서 이렇게 말하고 있다.[41]

> 나는 알려진 사실들을 기초로 하여 구성적 노력의 수단으로 진짜 법칙(true laws)을 발견할 가능성이 없다는 데 절망했다. 내가 절망적으로 그것을 찾으려 할수록, 보편적인 형식적 원리만이 확실한 결론에 이르게 한다는 점을 나는 점점 더 확신하게 되었다.

아인슈타인은 특수상대성이론을 진짜 법칙인 구성적 이론처럼 만들려고 했으나 원리적 이론으로 만족할 수밖에 없었다는 것이다.

민코프스키의 4차원주의 해석

*   특수상대성이론을 새롭게 해석하여 구성적 이론으로 만든 사람은 리투아니아의 수학자 민코프스키(Hermann Minkowski, 1864~1909)였다. 아인슈타인이 자신의 이론 속에 묻어버리고 설명을 포기한 광속불변의 원리를 민코프스키가 기하학으로 깔끔하게 설명한 것이다.

헤르만 민코프스키

민코프스키의 설명을 보자.[42] 정지해 있는 기차의 정중앙에 민수가 앉아 있고 영희는 플랫폼에 서서 민수와 마주 보고 서 있다고 하자. 이때 기차의 앞과 뒤에서 동시에 번개가 번쩍하고 쳤다. 번갯불 빛은 민수와 영희에게 동시에 도달한다. 민수와 영희가 모두 정지해 있으므로 동시선이 일치하기 때문이다. (민코프스키 시공간은 3차원 공간과 1차원 시간을 결합한 4차원 다양체다. 하지만 지면에 4차원을 기술할 수 없으므로 공간은 가로축, 시간을 세로축 2차원으로 기술할 수밖에 없다.)

이번엔 민수가 타고 있는 기차가 초속 10만 킬로미터로 달리고 있다고 하자. (기차치곤 너무 빠른 속도지만 그냥 그렇다고 하자.) 이때 기차의 세계선의 기울기는 3이 된다. 오른쪽으로 공간축이 한 칸 이동하는 동안 위로 시간축이 세 칸 이동한다는 말이다. 달리는

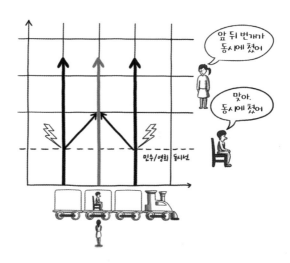

기차의 앞과 뒤에서 번개가 영희의 관점에서 동시에 쳤다고 하자. 그런데 두 개의 번갯불 빛은 민수에게 동시에 도달하지 않는다. 빛이 이동하는 동안 기차가 오른쪽으로 이동했기 때문이다. 그래서 민수의 관점에서 보면 번개는 동시에 친 것이 아니라 앞에서 번개

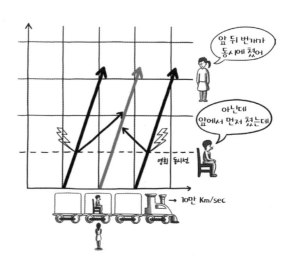

가 먼저 친 것이 된다. 영희에게 동시사건이 민수에게는 동시사건
이 아니라는 말이다.

이번엔 민수의 관점에서 두 개의 번개가 동시에 치는 경우를 보
자. 민코프스키 시공간에서 빛은 항상 45도로 이동한다. 가로축은
단위시간이고 세로축은 단위시간당 빛이 이동한 거리이기 때문이
다. 그래서 민수에게 두 개의 번개가 동시에 치려면 뒤에 친 번갯
불 빛의 길이가 더 길어져야 한다. 그래서 영희의 관점에서 보면
번개는 동시에 친 것이 아니라 뒤의 번개가 먼저 친 것이다. 민수
의 관점에서 동시사건이 영희에게는 동시사건이 아닌 것이다. 이때
민수의 동시선은 수평선이 아니라 위로 올라간 사선이 된다.

이처럼 동시선은 민수와 영희의 상대운동에 따라 달라진다. 두
사람의 기준틀이 달라진 것이다.

그림을 보면 영희에게 민코프스키 시공간은 정사각형이지만, 민
수에게 시공간은 왼쪽은 과거 쪽으로 오른쪽은 미래 쪽으로 찌그

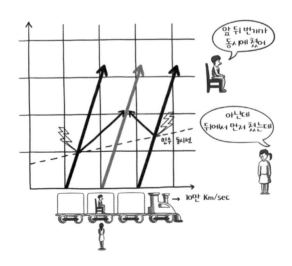

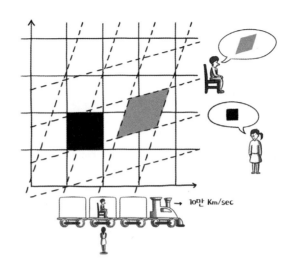

러진 마름모꼴이 된다는 것을 알 수 있다. 유념할 점은 시공간 모양이 어쨌든지 간에 빛의 속도는 항상 똑같다는 것이다. 시공간 모양이 달라 보여도 빛의 속도가 일정하다는 말은 결국 시간축과 공간축의 척도가 달라진다는 말이고, 따라서 시간과 공간은 관찰자의 상대속도에 따라서 가변적이라는 말이다.

민코프스키 해석을 통해서 우리는 세 가지 의미를 찾아낼 수 있다.

첫째, 시간과 공간은 독립 차원이 아니라 하나로 결합된 4차원 시공간 다양체(spacetime manifold)이다. 시간과 공간은 상호 영향을 주지 않는 독립 차원이 아니며 따라서 따로 떼어서 생각할 수 없다. 민코프스키를 인용해보자.[43]

실험물리학으로부터 드러난 공간과 시간은…… 매우 놀라운 것이다. 공간과 시간은 그 자체만으로는 그림자처럼 사라질 운명에

처해 있다. 공간과 시간이 합쳐져야 독립적으로 유지할 수 있다.

둘째, 시공간은 관찰자의 상대속도에 따라서 그 척도가 달라진다. 절대적으로 존재하는 시간과 공간처럼 관찰자에 관계없이 항상 똑같이 존재하는 것이 아니다.

셋째, 우주에 꽉 차 있을 것이라고 가정했던 에테르는 존재하지 않는다. 시간과 공간이 절대적이 아니라면 그 절대성의 기준이라고 생각했던 에테르의 존재를 상정할 필요가 없기 때문이다.

내가 보기에 민코프스키 해석으로 할 수 있는 주장은 여기까지다. 그런데 민코프스키를 비롯하여 그의 추종자들은 여기에서 한 발 더 나아갔다. 그것은 시간 차원을 공간 차원과 유사한 것이라고 생각한 것이다. 이른바 시간의 공간화를 자연스럽게 받아들이게 된 것이다. 그래서 개별자가 공간적 부분을 가지는 것처럼 시간적 부분을 가진다고 생각하게 되었다.

그런데 이처럼 시간적 부분이론을 받아들이면 영원주의도 함께 받아들여야 한다. 왜냐하면 시간적 부분이론은 개별자가 과거부분/현재부분/미래부분으로 구성되어 있다는 것인데, 그러기 위해서는 과거부분/미래부분이 현재부분과 같이 존재해야 하고, 따라서 과거/미래도 현재와 같이 존재해야 하기 때문이다. 그렇지 않으면 존재하지도 않는 것을 개별자의 부분이라고 해야 하는 이상한 주장이 되어버리기 때문이다. 결국 민코프스키 해석은 시간의 공간화를 거쳐 영원주의와 시간적 부분이론으로 나아가게 된 것이다.

이것은 이제까지 우리가 보았던 4차원주의가 명백하다. 그래서 특수상대성이론에 대한 민코프스키 해석은 사실상 4차원주의 해석이라고 말할 수 있는 것이다.

로렌츠의 3차원주의 해석

헨드릭 로렌츠
출처: thefamouspeople.com

＊ 아인슈타인의 특수상대성이론에 대한 또 다른 해석은 네덜란드 물리학자 로렌츠(Hendrik Lorentz, 1853~1928)가 제시하였다. 민코프스키가 기하학으로 설명한 특수상대성이론을 로렌츠는 길이수축과 시간지연으로 깔끔하게 설명하였다.

마이켈슨-몰리의 실험으로 돌아가보자. 마이켈슨-몰리 실험이 던졌던 문제는 광속이 왜 일정하냐는 것이었다. 정지하고 있는 관찰자는 빛의 속도를 초속 30만 킬로미터로 측정한다. 그러면 빛을 따라가면서 운동하고 있는 관찰자는 빛의 속도를 그보다 느리게 측정해야 한다. 그런데도 똑같은 초속 30만 킬로미터로 측정한다. 그것이 문제였던 것이다.

앙리 푸앵카레

로렌츠는 그것은 운동하는 관찰자의 시간은 팽창하고 공간은 수축하기 때문이라고 설명한다. 속도는 거리를 시간으로 나눈 값이므로, 느리게 측정되어야 할 빛의 속도를 빠르게 측정하는 이유는 시간이 지연되고 공간이 수축되기 때문이라는 것이다. 이것은 로렌츠만의 생각은 아니었다. 프랑스의 수학자이자 물리학자인 푸앵카레(Henri Poincare, 1854~1912)도 이에 동의했다. 그는 시간지연과 길이수축은 단지 수학 트릭이 아니라 실제로 벌어지는 물리적 현상이라는 것을 강조하였다.

로렌츠 해석을 통해서 우리는 세 가지 의미를 찾아낼 수 있다.[44]

첫째, 에테르가 존재한다. 관찰자의 운동속도에 따라서 시간이 지연되고 공간이 수축된다면 그 운동의 기준이 있어야 하는데, 그 기준이 되는 것이 에테르다. 에테르에 대해서 상대적으로 운동하면 그 상대속도에 따라서 시간이 지연되고 길이가 수축되는 것이다.

그것이 바로 모든 관찰자가 빛의 속도를 똑같이 측정하는 이유다.

둘째, 시간과 공간은 절대적이다. 에테르에 대해서 정지해 있는 관찰자의 시간은 지연되지 않고 길이는 수축되지 않는다. 에테르에 대해서 정지해 있는 시간과 공간은 절대시간과 절대공간의 기준이다.

셋째, 시간과 공간은 서로 영향을 주고받지 않는 독립적인 차원이다. 시간과 공간이 서로에게 영향을 준다면 그것을 절대적이라고 말할 수 없기 때문이다.

여기까지가 로렌츠 해석으로 할 수 있는 직접적인 주장이다. 하지만 우리는 시간이 절대적이라는 이러한 주장으로부터 한 발 더 나아갈 수 있다. 그것은 과거/현재/미래의 구분이 명백하다는 것이다. 그리고 그것들이 명백할 수 있는 이유는 과거는 이미 지나갔고 미래는 아직 오지 않았으며 오직 현재만이 존재하기 때문이다. 다시 말해서 시간의 절대성으로부터 현재주의를 추론할 수 있다. 그리고 현재주의를 받아들이면 이동지속이론도 함께 받아들여야 한

'전설의 정모'. 1927년 벨기에 브뤼셀에서 열린 제5차 솔베이 회의에 모였던 물리학자들의 사진이다. 당시 물리학계의 모든 거장들이 모였다. 맨 앞줄 왼쪽에서 3번째가 퀴리부인이다. 그 옆으로 로렌츠, 아인슈타인, 랑주뱅이 나란히 앉아 있다. 퀴리부인의 은밀한 애인이었던 랑주뱅은 다음 장에서 다룰 쌍둥이 사고실험을 제시한 과학자다.

다. 왜냐하면 오직 현재만이 존재한다면 시간 속의 개별자는 오직 현재에만 존재할 수밖에 없기 때문이다. 결국 로렌츠 해석은 시간의 절대성을 거쳐 현재주의와 이동지속이론으로 나아가게 된 것이다.

이것은 이제까지 우리가 설명했던 3차원주의가 명백하다. 그래서 특수상대성이론에 대한 로렌츠 해석은 사실상 3차원주의 해석이라고 할 수 있다.

여기까지만 읽은 독자들은 이렇게 생각할 것이다. 만약에 3차원주의가 이미 지난 시대의 유물이 된 에테르 가설을 전제로 하는 것이라면, 그것은 더 이상 검토할 가치가 없는 이론이라고 말이다. 만약 그렇다면, 나 또한 그렇게 생각할 것이다. 하지만 그렇다고 3차원주의를 포기하는 것은 성급한 판단이다. 3차원주의가 반드시 에테르의 존재를 전제로 하는 것이 아니기 때문이다. 다음 장에서 그것에 대해서 논의할 것이다.

아인슈타인과 로렌츠의 선택의 이유

*   아인슈타인은 처음에는 민코프스키 해석을 단지 수학적 트릭으로 생각했다. 그래서 그것을 탐탁지 않게 여겼다. 그런데 일반상대성이론을 완성시키기 위해서는 민코프스키의 기하학이 필요하였다. 그래서 그는 적극적으로 민코프스키의 아이디어를 받아들였다.[45] 이로써 시대를 통틀어 가장 위대하고 혁신적인 사상가인 아인슈타인은 결국 4차원주의자(파르메니데스주의자)가 되었다.[46]

그런데 아인슈타인은 왜 마음을 바꾸어 민코프스기 해석을 받아들였을까? 미국의 종교철학자 크레이그(William Lane Craig, 1949~)는 두 가지 이유를 제시하였다.[47]

윌리엄 L. 크레이그
Author: ReasonableFaith.org

첫째, 민코프스키 해석이 로렌츠 해석보다 더 단순하다고 생각했기 때문이다. 왜냐하면 로렌츠 해석은 설명하기 어려운 에테르의 존재를 상정하지만, 민코프스키 해석은 그러한 존재를 상정하지 않기 때문이다. 하나의 현상을 설명하는 두 가지 이론이 있을 때 더 단순한 설명이 진리에 가깝다는 오컴의 면도날(Ockham's razor) 원리를 진리의 중요한 기준으로 받아들인 것이다. 이는 상당히 설득력 있는 주장일 수 있다. 하나의 이론이 어떤 현상에 대해 복잡하게 설명한다면 그 이론은 틀린 것일 가능성이 크기 때문이다. 그것은 마치 어떤 사람이 자신의 잘못된 행위에 대해서 복잡하게 변명한다면, 그 변명은 거짓말일 가능성이 큰 것과 같다.

하지만 문제는 어떤 해석이 더 단순한지는 관점에 따라 달라질 수 있다는 것이다. 예컨대 아이브스(Herbert Eugene Ives, 1882~1953)와 같은 물리학자는 3차원주의 해석으로 특수상대성이론을 더 간단하게 유도하였고, 크레이그는 관점에 따라서 3차원주의 해석이 더 단순하다고 주장하기도 하기 때문이다.

허버트 유진 아이비스
Artist: Chester Warner Slack

둘째, 마이켈슨-몰리의 실험이 에테르의 존재를 경험적으로 입증하지 못했기 때문이다. 마이켈슨-몰리의 실험은 에테르에 대해서 지구가 상대적으로 운동하는 속도를 구하고자 기획된 실험이다. 그런데 상대적인 속도를 구하지 못함으로써 에테르의 존재를 의심하게 된 것이다. 존재하는 모든 것은 그 존재를 검증받아야 한다는 검증주의 태도를 심각하게 받아들인 결과다.

하지만 이러한 태도에는 두 가지 문제점이 있다. 하나는 마이켈슨-몰리의 실험을 해석하는 데 논리적으로 비약했다는 점이다. 마이켈슨-몰리의 실험은 에테르가 존재한다는 사실을 입증하는 데 실패한 것이지, 에테르가 존재하지 않는다는 것을 입증하는 데 성공한 것은 아니기 때문이다. 또 다른 문제는 어떤 것의 존재가 반드시 경험적으로 입증되어야 하는 것은 아니라는 점이다. 로렌츠가 이러한 입장에 섰다. 그는 에테르의 존재를 경험적으로 입증할 수 없다고 해서 그것이 존재하지 않는다고 판단하는 것은 적절치 않다고 생각했다. 검증주의의 잣대로 에테르의 존재를 성급하게 부정해서는 안 된다는 것이었다.

아인슈타인이 민코프스키 해석을 받아들인 또 다른 이유는 잘 알려져 있듯 일반상대성이론과 연관된 것이다. 일반상대성이론에서는 중력의 효과가 휘어진 시공간에 의해서 나타난다고 본다. 그런데 시공간의 휘어짐은 그 안에 있는 물질의 운동이 결정하고, 다시 물질의 운동은 시공간의 휘어짐이 결정한다는 것이다. 다시 말해서 아인슈타인은 자신의 일반상대성이론을 완성하기 위해서는 민코프스키의 시공간 개념을 받아들여야 했던 것이다.

이번엔 반대편의 입장을 생각해보자. 로렌츠는 왜 에테르의 존재를 부정하지 않았을까? 로렌츠는 자신의 해석과 민코프스키 해석이 경험적으로 같기 때문에 과학적으로 어떤 해석이 더 적절한 해석이라고 말할 근거가 없다고 생각했다. 그래서 어떤 해석을 받아들여야 하는지는 단지 선택의 문제라고 보았다.

그렇다면 왜 로렌츠는 민코프스키 해석을 거부하고 에테르가 존재한다는 자신의 해석을 고수하였을까? 그는 자신의 철학적 직관을 따랐던 것이다. 그는 시간과 공간의 절대성을 포기하는 민코프스키 해석은 직관적으로 옳지 않다고 생각했다. 결국 로렌츠는 에테르의 존재 여부에 관한 판단 문제는 과학 문제가 아니라 철학 문제라고 보았다. 에테르의 존재가 경험적으로 증명되지는 않았지만, 철학적으로 여전히 상식적 세계관을 떠받치고 있는 근간이라고 생각한 것이다.

크레이그는 신학적인 이유로 로렌츠 해석을 선호했다.[48] 신(God)이 존재하는데 그 신의 시간이 바로 절대시간이고, 그 절대시간의 기준이 바로 일종의 에테르라는 것이다.

정리

지금까지의 논의를 간단히 정리해보자.

- 특수상대성이론을 원리적 이론으로 보면 광속불변의 원리를 설명할 필요가 없지만, 구성적 이론으로 보면 광속불변의 원리를 설명해야 한다. 특수상대성이론을 구성적 원리로 보는 두 가지 해석이 있다. 하나는 민코프스키 해석이고 다른 하나는 로렌츠 해석이다.

- 민코프스키 해석에 따르면 시간의 기준이 되는 에테르는 존재하지 않는다. 따라서 시간과 공간은 독립적인 차원이 아니라 시공간 차원으로서만 존재한다. 민코프스키 해석은 4차원주의자들이 지지하는 해석이다.

- 로렌츠 해석에 따르면 시간과 공간의 기준이 되는 에테르는 존재한다. 따라서 시간과 공간은 서로 독립적인 차원이다. 로렌츠 해석은 3차원주의자들이 지지하는 해석이다.

- 아인슈타인은 민코프스키 해석을 받아들였다. 그것이 검증 가능하고 단순하며 일반상대성이론의 근거를 제공한다는 이유 때문이다.

- 로렌츠는 형이상학적인 이유로 로렌츠 해석을 고수하였고, 크레이그는 신학적인 이유로 로렌츠 해석을 지지하였다.

결론적으로 아인슈타인와 민코프스키는 4차원주의 입장에 서 있다고 말할 수 있고, 로렌츠와 크레이그는 3차원주의 입장에 서 있다고 말할 수 있다.

이번엔 과학이론으로서의 3차원주의와 4차원주의를 생각해보자. 먼저 질문을 하나 해보자. 좋은 과학이론이란 무엇인가? 이 질문에 대한 많은 대답이 있을 수 있겠지만 대체적으로 꼽을 수 있는 기준은 직관성, 단순성, 설명력 정도가 될 것이다. 직관성은 과학적 설명이 얼마나 직관적으로 옳아 보이는가의 정도를 말하고, 단순성은 과학적 설명이 얼마나 단순한가의 정도를 말한다. 그리고 설명력은 과학이론이 자연현상을 얼마나 정확하게 설명하고 예측할 수 있는가의 정도를 말한다. 간단히 말해서 좋은 과학이론이란 직관적으로 옳으며 자연현상을 단순하면서 정확하게 설명하는 이론이라고 할 수 있다.

이 세 기준을 천동설과 지동설에 적용해보자. 직관성의 기준으로 보면 천동설이 지동설보다 좋은 과학이론이다. 우리는 지구가 정지해 있는 것을 경험하고, 매일 태양이 동쪽에서 떠서 서쪽으로 저무는 것을 관찰한다. 우리가 경험하고 관찰하는 것만 생각하면 누가 천동설을 믿을 수 있는가. 게다가 우주의 중심은 지구이고 지구의 중심은 로마이며 그 중심은 교황청이어야 한다는 로마교회의 믿음을 받아들이는 사람들에게 천동설은 직관적으로 옳다.

반면 단순성과 설명력의 관점에서 보면 지동설이 천동설보다 더 좋은 과학이론이다. 지동설의 천체 시스템이 천동설의 천체 시스템

보다 훨씬 간결할 뿐더러, 천동설로는 설명되지 않는 별의 연주시차 문제, 금성의 위상이 변하는 문제 등을 지동설로 자연스럽게 설명할 수 있기 때문이다. 결론적으로 말해서 직관성의 기준으로 보면 천동설이, 설명력과 단순성의 기준으로 보면 지동설이 더 좋은 과학이론이라고 할 수 있다.

이번엔 이 세 기준을 로렌츠 해석과 민코프스키 해석에 적용해보자. 직관성의 기준으로 보면 로렌츠 해석이 더 좋은 과학이론이다. 과거는 이미 지나갔고 미래는 아직 오지 않았으며 오직 현재만이 존재한다는 생각은 당연한 것처럼 보이기 때문이다. 과거와 미래가 현재와 같이 존재한다는 것을 흔쾌히 믿을 수 있는 사람이 얼마나 되겠는가.

반면 단순성의 관점에서 보면 민코프스키 해석이 더 좋은 과학이론이다. 민코프스키 시공간은 현재가 왜 특별한 시점인지, 시간차원이 왜 공간차원과 다른 것인지를 추가로 설명해야 할 필요가 없는 군더더기 없는 이론이기 때문이다.

설명력의 관점에서 보면 우열을 가리기 힘든 것 같다. 로렌츠 해석이나 민코프스키 해석의 경우에도 길이수축 현상이나 시간지연 현상을 정확하게 예측하고 계산해내기 때문이다.

굳이 스코어를 따지자면 '1승 1무 1패'라고나 할까? 하긴 그 어느 누구도 이러한 전적(戰績) 매김에 동의하지는 않을 것이다. 로렌츠 해석 지지자들은 자신들의 해석이 더 단순하다고 주장할 것이고, 민코프스키 해석 지지자들은 자신들의 해석이 더 직관적이라고 주장할 것이기 때문이다. 이러한 스코어에 진작에 동의를 했다면 이들의 논란이 이렇게까지 증폭되지도 않았을 것이다.

그런데 문제는 다른 데 있다. 로렌츠 해석과 민코프스키 해석은 하나의 과학이론에 대한 해석일 뿐이지만, 이러한 해석이 함축하고 있는 3차원주의와 4차원주의는 존재론, 언어철학, 인식론, 과학철학, 물리학 등 다양한 분야에 걸쳐 있는 일종의 세계관에 가깝다. 따라서 로렌츠 해석이나 민코프스키 해석이 3차원주의나 4차원주의에 대한 결정적인 증거를 제시했다고 생각하는 우를 범해서는 안 된다. 다시 말해서 아인슈타인의 시공간 개념 때문에 3차원주의를 폐기하자고 주장하거나, 에테르 개념 때문에 4차원주의를 포기하자고 주장해서는 안 된다는 것이다. 왜냐하면 그것은 빈대를 잡기 위해 초가삼간을 태우거나, 목욕물을 버리다가 아기까지 떠내려가게 하는 것과 같이 우매한 결과를 낳을 것이기 때문이다.

그런 의미에서 로렌츠와 크레이그의 주장은 주목할 만한다. 왜냐하면 이들은 과학이론에 대한 해석을 다루면서도, 형이상학적인 근거와 신학적인 근거를 계속해서 염두에 두고 있었기 때문이다. 이러한 태도는 매우 중요하다. 이는 좋은 과학이론의 기준에서 다루었던 에테르 논증을 형이상학적, 신학적 차원에서 다룰 수 있다는 가능성을 보여주었기 때문이다. 어찌 보면 3차원주의와 4차원주의 사이의 논란은 과학적 관점에서 벗어날 때에만 새로운 지평이 열릴 수 있을 것처럼 보인다.

나는 로렌츠의 생각에서 한 발 더 나아갈 것을 제안한다. 아인슈타인과 민코프스키가 에테르의 존재를 포기한 이유는 에테르를 빛의 매질인 물리적 대상으로만 생각했기 때문이다. 하지만 물리적 대상으로서의 에테르 가설을 포기한다고 해서 또 다른(예컨대 형이상학적) 대상으로서의 시간과 공간의 기준을 포기해야 하는 것은 아니다. 이 문제는 다음 장에서 좀 더 자세하게 다룰 것이다.

"시간에 과연 시작이 있는 것인가?" 하는 질문을 던질 때,
우리는 우리가 너무도 친숙히 알고 있는
'시간' 개념 자체가 어디에서인가 길을 잃고 헤매거나,
그냥 막연히 놀고 있는 듯한 그런 느낌을 받는다.

_임일환 「시간의 시작?」 중에서

IV

잃어버린
시간을
찾아서

지금까지 우리는 3차원주의와 4차원주의 사이에 벌어진 여러 논쟁들을 살펴보았다. 시간여행에 관한 쟁점에서부터 역사적 쟁점에 이르기까지, 나는 가급적 양측 사이에서 객관적인 입장을 취하려고 애썼다. 하지만 이 글을 꼼꼼하게 읽은 일부 독자들은 내가 3차원주의를 옹호하거나 방어하는 입장에 치우쳐 있었다고 생각할 것이다. 하긴 그렇게 생각하는 것도 무리는 아니다. 왜냐하면 4차원주의자들의 많은 주장들에 대해서 내가 동의하지 않았기 때문이다. 하지만 내가 그들의 주장에 동의하지 않았던 이유는 단지 그들의 주장에 설득이 되지 않았었기 때문이지, 굳이 3차원주의를 주장하기 위한 것은 아니었다.

하지만 4장에서 나는 본격적으로 3차원주의를 옹호하는 입장에 설 것이다. 왜냐하면 내가 보기에 4차원주의자들의 적극적인 주장에 대해서 대부분의 3차원주의자들이 이를 회피하거나 무기력한 모습을 보여주었기 때문이다. 그러다 보니 많은 사람들이 3차원주의를 잘못 이해하거나 심지어는 낡은 이론이라고 생각하게 되었다. 그래서 사람들은 3차원주의를 뉴턴 식의 절대주의라고 오해하게 된 것이다. 하지만 3차원주의는 그렇게 간단한 이론이 아니다. 이제부터 나는 3차원주의가 덮어쓴 오명을 벗겨내는 시도를 할 것이다.

근대 철학에서 중요한 시간이론을 제시한 세 명의 철학자가 있다. 뉴턴과 라이프니츠 그리고 칸트다. 평소에 시간이론에 관심 있는 독자라면 지금까지 왜 우리가 이처럼 중요한 근대 철학자의 시간이론을 다루지 않았는지 궁금했을 것이다. 사실 이유가 없는 것은 아니다. 이들의 시간이론은 추상적인 성격이 강한 이론이어서 3차원주의나 4차원주의 어느 쪽에도 포섭되지 않기 때문이다.

그렇다고 해서 뉴턴, 라이프니츠, 칸트의 시간이론을 살펴볼 필요가 없다는 말은 아니다. 3차원주의든 4차원주의든 이들의 시간이론들 중 하나를 받아들이거나 아니면 하나의 이론의 토대 위에서 있어야 한다. 아니면 적어도 이들 사이에 벌어진 논란에 대하여 어떤 입장을 가지고 있어야 한다. 3차원주의와 4차원주의가 좋은 이론이 되기 위해서는 추상적인 질문에도 답할 수 있어야 하기 때문이다.

우리는 먼저 뉴턴의 절대주의, 라이프니츠의 관계주의, 칸트의 형식주의를 차례로 살펴볼 것이다. 뉴턴의 제자 클라크(Samuel Clarke, 1675~1729)와 라이프니츠가 서신 교환을 통해 논쟁을 벌였다는 점에서 알 수 있듯이, 절대주의와 관계주의는 서로 양립할 수 없는 경쟁하는 이론처럼 보인다. 그리고 형식주의는 시간의 본질을 묻는 것이 아니라 시간의 기원을 묻는 이론이어서 다른 이론과 함께 섞이기 어려운 것처럼 보인다. 하지만 이들 이론이 양립불가능하기만 한 것은 아니다.

사무엘 클라크

나는 마흐를 매개로 뉴턴과 라이프니츠를 묶고, 러셀을 매개로 라이프니츠와 칸트를 묶을 것이다. 이렇게 묶인 이론을 근거로 해서 보편시간(Universal Time) 개념을 제시할 것이다. 보편시간은 뉴턴 식의 절대시간과는 다른, 하지만 어떤 존재자의 운동의 기준이 되는 시간이다. 그리고 보편시간을 가지는 관계적 3차원주의(Relationalistic 3-Dimensionalism)를 제시할 것이다. 관계적 3차원주의는 시간이 흐르고 오직 현재만이 존재한다고 주장한다는 점에서 기존의 3차원주의와 같지만, 절대시간이 아닌 보편시간을 전제로 한다는 점에서 기존의 3차원주의와 다르다.

　　관계적 3차원주의는 현대 물리학과 관련된 쟁점에서 4차원주의자들의 공세에 보다 잘 견딜 수 있다. 왜냐하면 기존의 3차원주의가 취약했던 이유는 에테르와 같은 물리적 대상을 기준으로 하는 절대시간을 전제했기 때문인데, 관계적 3차원주의는 (절대시간이 아닌) 보편시간을 전제하기 때문이다.

뉴턴, 라이프니츠, 칸트

뉴턴의 절대주의

＊　　인류 지성사에 존재했던 가장 위대한 천재 하면, 누가 떠오르는가? 아마 많은 사람들이 주저 없이 뉴턴(Issac Newton, 1642~1727)과 라이프니츠(Gottfried Leibniz, 1646~1716)를 생각했을 것이다. 이 두 사람은 철학과 과학은 물론 수학과 논리학 등 실로 다양한 분야에서 놀라운 천재성을 보여주었다. 이들이 이룩한 수많은 지적 성과들은 21세기인 지금까지도 지대한 영향을 미치고 있다.

아이작 뉴턴

　뉴턴과 라이프니츠. 이 두 사람은 숙명의 라이벌이었다. 라이벌답게 이 두 사람은 거의 같은 시기에 미적분을 발견하였는데, 누가 최초의 미적분 발견자인지에 대한 논란이 일었다. 이후 뉴턴은 영국의 왕립학회 회장이 되고 라이프니츠는 독일의 베를린 과학아카데미 원장이 되면서, 이들의 논란은 학계의 자존심 싸움이 되었고, 급기야 영국과 독일의 국가 간 대립으로 확대되기까지 했다.

　미적분만이 아니었다. 뉴턴과 라이프니츠는 시간과 공간이론에

대해서도 대립했다. 두 사람이 직접 부딪친 것은 아니지만, 뉴턴의
제자 클라크와 라이프니츠는 1715년부터 2년 동안 편지를 통해 시
간과 공간에 대한 공방을 주고받았다. 이들의 서신 교환은 그 당시
획기적인 사건이라 할 만큼 흥미로운 것이었는데, 이들의 두 이론
이 선명하게 대비된다는 사실이 그 흥미를 배가시켰다.

뉴턴은 절대주의(Absolute Theory)를 주장했다. 뉴턴에게 시간과
공간은 일종의 콘테이너와 같은 것이다. 콘테이너 속에 들어 있는
모든 물건을 없애버려도 콘테이너 그 자체는 그대로 남아 있는 것
처럼, 시간과 공간 속에 존재하는 모든 물질을 없애버려도 시간과
공간 자체는 그대로 남는다고 보았다. 예컨대 신(God)이 자신이 창
조한 우주가 마음에 안 들어서 다시 만들려고, 우주에 있는 모든
별과 모든 행성들 심지어 먼지 한 톨까지 다 없애버린다고 해도 시

간과 공간 그 자체는 남는다. 신이 우주를 창조하기 이전에도 시간은 흘렀고 공간은 있었다. 이러한 뉴턴의 시간과 공간이 절대시간과 절대공간이다.

문제는 절대시간과 절대공간이 존재하는지 직접 확인할 방법이 없다는 것이다. 왜냐하면 우리가 볼 수 있는 것은 시간과 공간 속에 존재하는 물질들이지 시간과 공간 그 자체는 아니기 때문이다. 그래서 뉴턴은 절대공간의 존재를 추론할 수 있는 하나의 사고실험을 제시한다. 이것이 바로 그 유명한 양동이 사고실험이다.[1]

(상태1) 양동이에 물을 담아 줄에 매달아놓는다. (상태2) 양동이를 돌려서 줄을 꼬았다가 손을 놓는다. 그러면 꼬인 줄이 풀리면서 양동이는 회전하기 시작한다. 처음에는 양동이만 회전하고 물은 회전하지 않는다. (상태3) 시간이 지나면 양동이와 함께 물도 회전한다. 이때 원심력에 의해서 양동이 바깥쪽 수면이 올라간다. (상태4) 회전하는 양동이를 손으로 잡아 멈추면 양동이의 회전은 멈

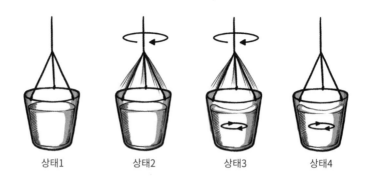

상태1 　　　상태2 　　　상태3 　　　상태4

춘다. 하지만 물은 회전을 계속한다. 이때 양동이 바깥쪽 수면은 원심력에 의해서 여전히 올라간 상태를 유지한다.

물과 양동이의 운동에 주목해보자. (상태1)과 (상태3)에서는 물과 양동이가 동시에 정지해 있거나 동시에 회전한다. 즉, 물과 양동이는 상대 운동을 하지 않는다. 반면 (상태2)와 (상태4)에서는 물이 정지해 있으면 양동이가 회전하고 물이 회전하면 양동이가 정지해 있다. 즉, 물과 양동이는 상대운동을 한다. 그런데 물이 원심력을 받는 상태는 (상태3)과 (상태4)다. 따라서 물의 원심력의 원인이 양동이와의 상대운동 때문이 아니라는 것을 알 수 있다. 그렇다면 물의 원심력은 왜 생긴 것인가?

물의 원심력이 양동이와의 상대운동 때문에 발생한 것이 아니라면, 무엇에 대한 상대운동 때문에 발생한 것인가? 그것은 물이 절대공간 자체에 대해 회전했기 때문에 발생한 것이라고 추론할 수 있다. 즉, 절대공간이 존재한다고 생각하지 않으면 양동이 사고실험을 설명할 방법이 없다.

절대공간의 존재로부터 또 다른 사실을 하나 추론할 수 있다. 그것은 물질의 운동은 다른 물질과의 관계에 의해서 결정되는 것이 아니라 절대공간과의 관계에 의해서 결정된다는 것이다. 이 말을 다음과 같이 상상해보자. 우주에 모든 물질이 사라지고 팽이만 하나 달랑 남았다고 해보자. 이 팽이는 회전운동을 할 수 있을까? 뉴턴은 할 수 있다고 말한다. 왜냐하면 팽이의 회전운동은 다른 물질과의 관계에 의해서 결정되는 것이 아니라 절대공간과의 관계에 의해서 결정되기 때문이다.

칸트도 한때는 절대공간이 존재한다고 생각했다. 그는 양동이 사고실험과 비슷한 사고실험을 제시한 바 있다. 우주에 단 하나의 손만이 존재한다고 하자. 그것은 오른손이거나 왼손일까? 아니면 중립적인 그냥 손일까? 칸트는 그것은 오른손이거나 왼손일 것이라고 생각했다. 그런데 하나의 손이 오른손이거나 왼손일 수 있으려면 절대공간이 존재해야 한다. 왜냐고? 아무 손이나 손바닥을 한 번 보라. 엄지손가락이 오른쪽에 있으면 오른손이고, 왼쪽에 있으면 왼손이다. 절대공간이 없다면 오른쪽과 왼쪽이 구분되지 않을 것이고, 그러면 단 하나의 손은 오른손도 왼손도 될 수 없을 것이기 때문이다.[2]

라이프니츠의 관계주의

＊   라이프니츠는 관계주의(Relationalism)를 주장했다. 라이프니츠에게 시간과 공간은 실체가 아니라 물체들 간 관계다. 그래서 우주에 있는 모든 물질을 없애버리면 시간과 공간은 사라진다. 그것은 마치 이 세상에 모든 남자가 사라지면 형제관계가 사라지고, 학교

의 모든 학생이 없어지면 사제지간 관계가 없어지는 것과 같다.

우주 밖에는 무엇이 있는가? 신은 우주를 언제 창조했는가? 이런 질문은 그 자체로 난센스다. 우주 밖은 공간 자체가 없으므로 '밖'이라는 개념 자체를 쓸 수 없고, 신이 우주를 창조하기 전에는 시간 자체가 없으므로 '언제'라는 개념 자체를 쓸 수 없기 때문이다.

라이프니츠는 관계주의를 입증하기 위해서 두 개의 형이상학 원리를 이용하고 있다. 하나는 충족이유율(Principle of Sufficient Reason)이고, 다른 하나는 구별불가능자의 동일성 원리(The Principle of Identity of Indicernibles)이다.

먼저 충족이유율을 알아보자. 충족이유율이란, 모든 존재하는 대상 혹은 사건들은 그것이 존재하거나 발생하는 이유가 있어야 한다는 원리다. 즉, 아무 이유 없이 허공에서 손 하나가 퍽 하고 나타나거나, 아무 이유 없이 당신이 이 책을 읽고 있지는 않다는 것이다.

그리고 구별불가능자의 동일성 원리(이하 PII*)란, 어떤 것을 구별할 수 없다면 그것은 동일하다는 것이다. 예를 하나 들어보자. 언제 어디서였는지는 기억이 나지 않으나 민수가 핸드폰을 잃어버렸다고 하자. 핸드폰의 오른쪽 모퉁이가 살짝 깨지긴 했어도, 뒷면에 MS라는 이니셜을 작게 새겨놓을 정도로 민수가 애지중지하던 것이었다. 핸드폰을 잃어 속상해하던 민수는 할 수 없이 중고 핸드폰 가게를 찾았다. 그러던 중 오른쪽 모퉁이가 살짝 깨진 낯익은 핸드폰이 눈에 들어왔다. 민수는 얼른 들어 뒷면을 보았다. MS라는 작은 이니셜이 보였다. 민수는 그것이 자신의 핸드폰이라는 것을 알았다.

그런데 민수는 어떻게 중고폰 가게의 핸드폰이 자신의 것이라는 것을 알았을까? 그것은 민수가 PII*를 이미 알고 있었기 때문이다. 자신이 잃어버린 핸드폰과 중고 핸드폰 가게에서 찾은 핸드폰이 구별할 수 없을 정도로 모든 속성이 같기 때문에 동일한 것이라고 판단한 것이다.

여기에서 주의할 점은 PII*와 앞서 엘비스 프레슬리 사례에서 살펴본 PII를 구별해야 한다는 것이다. PII*(구별불가능자의 동일성 원리)는 어떤 것을 구별할 수 없다면 그것은 동일한 것이라는 원리고, PII(동일자의 구별불가능성 원리)는 어떤 것이 동일하면 그것을 구별할 수 없다는 원리다. 철학자들은 이 두 원리는 엄밀하게 구별한다. 참 별걸 다 따지는 사람들이다.

이어서 라이프니츠는 이렇게 말한다.[3] 일단 뉴턴의 주장을 받아들여 시간이 절대적이라고 가정해보자. 그러면 신(God)이 우주를 창조하기 전에도 시간은 계속 흐르고 있었을 것이다. 무한한 시간 동안 혼자 지내던 신은 무척이나 심심했다. 그때 번뜩 우주를 하나 창조하면 재미있을 것이라는 생각이 들었다. 우주를 지금 창조할까? 아니면 100억 년 후에 창조할까? 이런저런 생각을 하다가 "에

우주를 지금
창조할까?

라 모르겠다" 하고 그때 바로 우주를 창조해버렸다. 그래서 '지금'
우리가 존재하게 된 것이다. 만약에 신이 100억 년 후에 우주를 창
조했다면 우리는 100억 년 후에나 존재하게 되었을 것이다. 그런데
지금 존재하는 우주와 신이 마음만 달리 먹었으면 창조했었을 수
도 있는 100억 년 후 우주는 구별되지 않는다. 따라서 PII*에 따라
서 두 우주는 동일한 우주다. 두 우주가 동일하다면 신은 왜 100억
년 후가 아니라 하필 그때 바로 우주를 창조했을까? 신이 그렇게
할 만한 이유가 없었다. 신은 아무 이유 없이 그때 우주를 창조한
것이다. 따라서 신은 충족이유율을 위배한 셈이다. 신조차도 충족이
유율을 위배할 순 없다. 이러한 모순이 발생한 이유는 우리가 뉴턴
의 절대주의를 받아들였기 때문이다. 따라서 절대주의는 틀렸다.[4]

신이 우주를 언제 창조할지만 고민한 것은 아니다. 우주를 어디
에다 자리 잡을까도 문제였다. 여기다 창조할까? 아니면 100억 광
년 떨어진 곳에 창조할까? 이런저런 생각을 하다가 이번에도 "에
라 모르겠다" 하고 여기에다 우주를 창조해버렸다. 그래서 '여기'

우리가 존재하게 된 것이다. 만약에 신이 100억 광년 떨어진 곳에 우주를 창조했다면 우리는 100억 광년 떨어진 곳에나 존재하게 되었을 것이었다. 그런데 여기 존재하는 우주와 100억 광년 떨어진 우주는 구별되지 않는다. 따라서 PII*에 따라서 두 우주는 동일한 우주다. 두 우주가 동일하다면 신은 왜 100억 광년 떨어진 곳이 아니라 하필 여기에 우주를 창조했을까? 신이 그렇게 할 만한 이유가 없었다. 신은 아무 이유 없이 여기에 우주를 창조한 것이다. 따라서 신은 충족이유율을 위배한 셈이다. 신조차도 충족이유율을 위배할 수 없다. 이러한 모순이 발생한 이유는 우리가 뉴턴의 절대주의를 받아들였기 때문이다. 따라서 절대주의는 틀렸다.

관계주의로부터 또 다른 사실을 하나 추론할 수 있다. 그것은 물질의 운동은 절대공간과의 관계에 의해서가 아니라 다른 물질과의 관계에 의해서 결정된다는 것이다. 이 말을 다음과 같이 상상해보자. 우주에 모든 물질이 사라지고 팽이만 하나 달랑 남았다고 해보자. 이 팽이는 회전운동을 할 수 있을까? 라이프니츠는 할 수 없다고 말한다. 왜냐하면 팽이의 회전운동은 절대공간과의 관계에 의해서 결정되는 것이 아니라 다른 물질과의 관계에 의해서 결정되는 것인데, 다른 물질이 존재하지 않기 때문이다.

칸트의 형식주의

임마누엘 칸트

＊   독일의 철학자 칸트(Immanuel Kant, 1724~1804)의 시간이론을 이해하기 위해서는 먼저 그 배경이 되는 그의 인식론에 대한 배

경을 알아볼 필요가 있다. 칸트는 자신의 인식론적 작업을 이른바 '코페르니쿠스 전환'이라고 말한다. 이 말은 코페르니쿠스가 천문학에서 천동설로부터 지동설로 혁명적 전환을 일으킨 것처럼, 자신이 철학에서 인식론적 전환을 일으켰다는 것이다.

그렇다면 칸트가 말하는 인식론적 전환은 무엇인가? 짧게 설명하면 이렇다. 인식주체(인간)는 대상으로부터 주어지는 감각자료를 수동적으로 받아들여 그것을 인식하는 것이 아니라, 자신에게 내재되어 있는 방식으로 감각자료를 능동적으로 구성하여 대상으로 인식한다. 철학자들의 말은 참 어렵다.

쉽게 비유를 들어보자. 우리가 보통 사용하는 디지털 카메라는 사물의 시각정보를 짧은 순간 포착하여 2차원 평면에 재현한다. 그리고 나사(NASA)에서 개발한 허블 우주망원경은 천체의 시각정보를 짧게는 수시간에서 길게는 수일 동안 포착하여 2차원 평면에 재현한다. 3차원 카메라도 있다. 최근에 개발되고 있는 홀로그램 카메라는 사물의 시각정보를 입체적으로 포착하여 3차원 공간에 재현한다. 카메라가 시각정보만 담는 것은 아니다. 열화상 카메라는 방 안의 온도에 따라 여러 가지 색으로 재현하고, 소리 카메라는 소리가 나는 위치와 파장을 이미지로 재현하며, X-레이는 투과율이 강한 파장의 빛으로 사물의 내부를 재현한다.

누군가 이렇게 물었다고 하자. 이 중에서 어떤 카메라가 좋은 카메라인가?

이 질문에 정답은 없다. 아이들의 일상생활을 담는 카메라로는 보통의 디지털 카메라가 좋고, 우주를 탐구하는 과학자에게는 허블 우주망원경이 좋다. 그리고 필요에 따라 홀로그램 카메라, 소리 카메라, X-레이가 유용하다.

이번엔 누군가 이렇게 물었다고 하자. 그렇다면 어떤 카메라가 사물을 있는 그대로 재현하는가?

이 질문에도 정답은 없다. 그 어떤 카메라도 사물을 있는 그대로 재현할 수 없다. 심지어 어떤 카메라가 사물을 있는 그대로 더 잘 재현한다고 말할 수도 없다. 왜냐하면 모든 카메라는 각자의 내재되어 있는 방식으로 사물을 재현하는 것일 뿐이다. 여기에 우열을 정할 수는 없다. 그런데 각자의 재현 방식은 사물이 결정하는 것이 아니라 카메라가 결정하는 것이다.

인간의 인식도 이와 같다. 인간은 대상을 보거나 듣는 방식으로 인식하고, 박쥐는 대상을 초음파로 인식한다. 그리고 뱀은 열화상 카메라처럼 대상을 인식한다. 색맹인 개와 고양이는 흑백으로만 인식하고, 오징어와 문어는 음파를 통해서 대상을 인식한다. 그 어떤 인식주체도 대상을 있는 그대로 인식할 수 없다. 심지어 어떤 인식주체가 대상을 있는 그대로 더 잘 인식한다고 말할 수도 없다. 왜냐하면 모든 인식주체는 각자의 내재되어 있는 방식으로 대상을 인식하는 것일 뿐이다. 여기에 우열을 정할 수는 없다. 그런데 각자

형식	범주
시간 공간	단일성 실재성 실체와 속성 현실성

판다 그 자체

판다에 대한 지식

의 재현 방식은 대상이 결정하는 것이 아니라 인식주체가 결정하는 것이다.

이제 칸트의 말을 다시 보자. 인식주체(인간)는 대상으로부터 주어지는 감각자료를 수동적으로 받아들여 그것을 인식하는 것이 아니라, 자신에게 내재되어 있는 방식으로 감각자료를 능동적으로 구성하여 대상으로 인식한다. 이제 좀 쉬워진 것 같다.

인식의 과정은 두 단계로 나뉜다. 먼저 인식주체는 대상으로부터 주어지는 감각자료를 시간과 공간이라는 형식을 통해서 받아들인다. 그렇게 주어진 감각자료는 시간적으로 선후관계와 동시관계로 배치되고, 공간적으로 상하관계, 좌우관계로 배치된다.

이렇게 배치된 감각자료는 12개의 범주로 구성된다. 그래서 인간은 어떤 대상을 12개의 형식으로 판단한다. 판단의 형식은 네 개의 그룹으로 묶을 수 있다. 첫째 하나인지 다수인지에 대한 수량판단, 둘째 긍정인지 부정인지에 대한 성질 판단, 셋째 주어와 술어의 관계에 대한 관계 판단, 넷째 필연과 우연인지에 대한 양상 판단이다. 그래서 인간의 모든 판단은 "모든 인간은 죽는다", "엘비스는 날씬하다", "시간여행이 가능하면 엘비스는 날씬하다", "엘비스

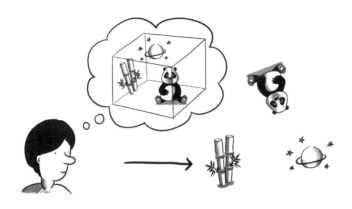

는 엘비스다"와 같은 판단을 하게 되는 것이다.

결국 칸트에게 시간이란 대상이 제공하는 감각자료를 받아들이는 형식일 뿐이다. 따라서 칸트의 시간이론은 절대주의처럼 대상들이 속해 있는 곳도 아니고, 관계주의처럼 대상들 사이의 관계가 만들어내는 것도 아니다. 그것은 어찌 보면 인식주체가 만들어낸 것이라고도 볼 수 있다. 그래서 칸트의 형식주의는 관념론적인 측면도 있다.

예를 들어보자. 광화문에서 남대문까지 거리는 2킬로미터다. 뉴턴은 광화문이 있는 공간적 지점과 남대문이 있는 공간적 지점이 2킬로미터 떨어져 있기 때문이라고 설명할 것이고, 라이프니츠는 광화문과 남대문 사이에 2킬로미터 떨어진 관계가 있기 때문이라고 설명할 것이다. 어쨌든 뉴턴과 라이프니츠는, 인간과 같은 인식주체가 존재하지 않아도 광화문에서 남대문까지 2킬로미터 떨어져 있다는 것을 객관적인 사실로 본다. 하지만 칸트는 다르다. 칸트에게는 인식주체가 존재하지 않으면 2킬로미터 떨어져 있다는 사실 자체가 없기 때문이다. 그런 의미에서 칸트의 시간이론을 관념론이라고 할 수 있다. 하지만 다음 절에서 나는 칸트의 시간이론의 관념론적 성격보다 경험적 실재성 측면을 강조할 것이다. 그래서 나는 칸트의 시간이론에 관념론이 아니라 형식주의라는 이름을 붙였다.

정리

지금까지의 논의를 간단히 정리해보자.

- 뉴턴의 절대주의에 따르면, 시간과 공간은 물체를 담는 일종의 콘테이너와 같다. 그래서 시간과 공간 속에 아무런 물체가 없어도 그 자체로서 존재할 수 있다.
- 라이프니츠의 관계주의에 따르면, 시간과 공간은 물체들 사이의 관계다. 그래서 시간과 공간 속에 아무런 물체가 없으면 시간과 공간은 존재할 수 없다.
- 칸트의 형식주의에 따르면, 시간과 공간은 인간이 감각자료를 받아들이는 형식이다. 따라서 시간과 공간은 실제로 존재하는 것이 아니라 실재하는 것으로 인식된 것일 뿐이다.

일부 독자들은 근대 시간이론을 논의하면서 내가 뉴턴과 라이프니츠와 함께 칸트를 다루는 점에 대하여 의아하게 생각할 수도 있다. 왜냐하면 서양철학사에서 근대 시간론은 뉴턴과 라이프니츠 양자 구도로 논의하는 것이 일반적이기 때문이다.

하지만 내가 이렇게 정리한 데는 두 가지 이유가 있다. 첫째, 나는 뉴턴과 라이프니츠의 시간이론만 가지고는 근대의 시간이론 전체를 포섭할 수 없다고 생각하기 때문이다. 왜냐하면 칸트의 시간이론은 일종의 관념론으로서 시간이론의 중요한 축을 차지하고 있기 때문이다. 둘째, 칸트의 시간이론은 앞으로 내가 주장하는 3차원주의를 옹호하는 데 빠질 수 없는 핵심 내용을 제공하기 때문이다. 다음 장에서 나는 뉴턴, 라이프니츠, 칸트를 한 줄기로 묶는 새로운 형태의 시간 개념을 제시할 것이다.

관계적 3차원주의

2

칸트에게서 뉴턴을 발견하다

✳   칸트의 코페르니쿠스 전환이란 한마디로 말해서, 대상이 인식을 규정하는 것이 아니라 인식이 대상을 구성하는 것으로 인식의 방향을 반대로 돌리는 것이다. 칸트가 이렇게 과감하게 인식론 전환을 한 이유는 당시 그가 해결하고 싶었던 문제가 있었기 때문이다. 그것은 바로 선험적/종합적 명제가 어떻게 가능한가, 하는 문제였다. 바로 이 질문에 대답하기 위해서 그는 『순수이성비판』이라는 무시무시한 책을 썼던 것이다.

하나의 명제는 선험적(a priori) 명제와 후험적(a posteriori) 명제로 구분된다. 여기에서 선험적이란 말 그대로 '경험 이전'이라는 말이다. 그래서 선험적 명제란 "삼각형은 세 직선으로 되어 있다"와 같이 삼각형을 보지 않아도 그것이 참이라는 것을 알 수 있는 명제를 말한다. 이와 반대로 후험적이란 말 그대로 '경험 이후'라는 말이다. 그래서 후험적 명제란 "창밖에 비가 온다"와 같이 창문을 열고

창밖을 봐야 그것이 참인지 거짓인지 알 수 있는 명제를 말한다.

이러한 구분 말고 또 다른 구분도 있다. 분석적(analytic) 명제와 종합적(synthetic) 명제로 구분하는 것이다. 분석적 명제란 "총각은 미혼 남자다"와 같이 주어를 분석해서 술어로 기술하는 명제다. 분석적 명제는 필연적으로 참이거나 거짓이지만 사실 아무런 지식을 담고 있지 않다. 주어를 분석해서 술어로 기술했으니 그것은 당연하다. 이와 반대로 종합적 명제란 "고양이가 양탄자에 앉아 있다"와 같이 경험을 통해서 알 수 있는 명제다. 종합적 명제는 우연히 참일 수도 있고 거짓일 수도 있지만 어쨌든 어떤 지식을 담고 있다. 고양이는 부뚜막에 올라가 앉아 있을 수도 있었고 쥐를 쫓아 밖으로 뛰쳐나갔을 수도 있지만, 우리는 고양이를 보고 고양이가 양탄자에 앉아 있다는 지식을 알게 된다.

스코틀랜드 철학자 흄(David Hume, 1711~1776)은 모든 선험적 명제는 분석적 명제이고, 모든 후험적 명제는 종합적 명제라고 보았다. 그런데 이렇게 보면 모든 명제에 문제가 있다. 왜냐하면 선험적/분석적 명제는 필연적으로 참이지만 술어는 주어를 동어반복한 것으로서 사실상 아무런 지식을 담고 있지 않고, 후험적/종합적 명제는 새로운 지식을 담고는 있지만 그러한 지식은 단지 우연한 지식일 뿐이기 때문이다.

데이비드 흄

하지만 칸트의 생각은 달랐다. 필연적이면서 새로운 지식을 담고 있는 선험적/종합적 명제가 있다고 보았다. 그는 "5+7=12"와 같은 수학 명제, "두 점 간에 최단거리는 직선이다"와 같은 기하학 명제, "모든 사건에 원인이 있다"와 같은 모든 경험과학의 기초가 되는 명제를 선험적/종합적 명제라고 본 것이다. 그런데 어떻게 이러한 명제들이 선험적/종합적 명제일 수 있는가? 이것이 바로 칸트의 문제의식이었다. 결국 칸트의 목적은 수학과 물리학의 기초가 되는 원리들이 어떻게 필연적으로 참일 수 있는지를 정초하는 데 있었다고 볼 수 있다.

이에 대한 칸트의 대답은, 인식주체가 자신에게 내재되어 있는 방식으로 대상을 인식하기 때문이라는 것이다. 앞에서 살펴본 카메라 이야기를 다시 해보자. 디지털 카메라는 사물의 시각정보를 짧은 순간 포착하여 2차원 평면에 재현한다. 디지털 카메라마다 성능의 차이는 있겠지만, 디지털 카메라로 찍은 모든 사진은 어쨌든 2차원 평면에 시각정보를 담고 있다. 즉, 디지털 카메라로 찍은 사진은 필연적으로 2차원 평면에 시각정보를 담고 있다. 그것은 찍히는 사물이 결정한 것이 아니라 디지털 카메라 구조상 그럴 수밖에 없다. 인식도 이와 마찬가지다. 이성적인 모든 인간은 모두 동일한 인식방식을 가지며, 인식방식에 따라 대상이 인식되므로, 수학 명제, 기하학 명제, 물리학 명제는 필연적으로 참이다. 이것이 바로 선험적/종합적 명제는 어떻게 가능한가, 에 대한 칸트의 대답이다.

이렇게 해서 칸트는 뉴턴의 역학을 정초하는 데에는 성공했다. 하지만 칸트는 또 다른 문제를 야기했다. 인식주체가 감각자료를 구성하여 대상으로 인식한다고 함으로써, 대상이 되기 이전 '물자체세계'와 대상으로 인식된 '현상세계'를 쪼개버린 것이다. 이렇게 해서 우리에겐 두 개의 세계가 주어졌다.

물자체세계를 우리는 알 수 없다. 그것은 인간에게 인식의 대상조차 아니기 때문이다. 우리가 알 수 있는 것은 현상세계다. 현상세계는 우리에게 보여지는 세계다. 그렇다고 해서 그것이 가짜라든가 허상이라는 것은 아니다. 현상세계는 엄연히 우리가 경험하는 실재 세계다. 이러한 현상세계를 기술하는 뉴턴의 법칙이 바로 선험적/

종합적 명제인 것이다. 이렇게 보면 뉴턴의 법칙이 상정하고 있는 시간과 공간 자체는 실제로 존재하는 것이다. 이것이 바로 '경험적 실재성' 개념이다. 현상세계는 보여지는 세계일 뿐이지만 인간에게는 실제로 존재하는 세계라는 것이다.

그러고 보면 칸트의 입장은 이중적이다. 왜냐하면 칸트는 뉴턴의 절대주의에 대해서는 명시적으로 반대했지만, 현상세계의 경험적 실재성을 인정함으로써 뉴턴의 절대시간과 절대공간 개념을 받아들이고 있기 때문이다. 그런 의미에서 칸트의 형식주의 속에는 뉴턴의 절대주의가 들어 있다고 말할 수 있다.

마치기 전에 한 가지만 부연하자. 원래 칸트가 경험적 실재성을 말할 때, 그가 의미한 것은 시간과 공간이 경험적으로 실재한다는 것은 아니었다. 그가 의미한 것은 시간과 공간 속에 존재하는 현상으로서의 세계가 경험적으로 실재한다는 것이었다. 하지만 나는 두 의미를 의도적으로 구분하지 않았다. 시간과 공간은 현상세계와 기원부터 본질적으로 다른 것이지만, 시간과 공간 속에 현상세계가 경험적으로 실재한다면 시간과 공간도 경험적으로 실재한다고 해석할 수 있다고 보기 때문이다.

칸트에게서 라이프니츠를 발견하다

＊   현상세계에서 어떤 것들은 항상 똑같은 시간적 관계를 가진다. 원인은 먼저이고 결과는 나중이며, 번개는 먼저 치고 천둥은 나중에 울린다. 그리고 어떤 것들은 항상 똑같은 공간적 관계를 가진

다. 눈은 위에 있고 코는 아래에 있으며, 심장은 왼쪽에 있고 간은 오른쪽에 있다. 왜 현상세계에는 이러한 시간적 공간적 관계가 항상 지켜지는 것일까?

러셀은 탁월한 비유를 제시한다.[5] 인천공항에 가면 동남아로 가는 여행객의 외투를 잠시 맡아주는 외투보관소가 있다. 외투보관소 점원은 여행객이 맡겨놓은 외투를 임의로 아무 데나 걸어서 보관하지 않는다. 외투를 보관하는 나름의 규칙이 있다. 남자 코트는 좌측 칸에 여자 코드는 우측 칸에 보관하고, 롱코트는 상단에 숏코트는 하단에 보관한다. 그리고 맡겨놓은 순서에 따라서 왼쪽에서 오른쪽으로 보관한다. 이런 식으로 보관하지 않으면 외투 정리가 엉망진창이 되고 나중에 외투를 찾는 데 애를 먹는다.

인식주체가 감각자료를 시간과 공간 속에 배치하는 방법도 마찬가지다. 들어온 감각자료의 성격에 따라서, 감각자료의 내용에 따라서 시간적 공간적으로 배치한다. 이런 식으로 정리하지 않으면 감각자료는 엉망진창이 될 것이다. 예컨대 어떤 경우에는 결과가 원인보다 먼저 일어나고, 어떤 경우에는 번개가 먼저 치고 천둥이 나중에 울리며, 어떤 사람의 눈은 아래에 있고 코는 위에 있고, 어떤 사람의 심장은 오른쪽에 있고 간은 왼쪽에 있게 된다. 간단히 말해서 외투보관소에서 외투들 사이의 (남자코트/여자코트, 롱코트/숏코트) 모종의 관계에 따라 그것이 걸릴 옷걸이 위치의 관계가 결정되듯이, 인식에 있어서 대상이 되기 이전의 감각자료들 사이의 모종의 관계에 따라 대상으로서 배치될 시간적 공간적 관계가 결정된다는 것이다.

칸트에 대한 여러 해석이 있지만, 러셀의 이러한 해석은 라이프니츠의 관계주의를 연상시킨다. 감각자료들 사이의 관계가 시간적 공간적 관계로 배치된다는 러셀의 설명과, 시간과 공간은 물질들 사이의 관계라는 관계주의는 비슷해 보이기 때문이다. 이렇게 보면 칸트의 형식주의 속에는 라이프니츠의 관계주의가 들어 있다고 할 수 있다.

라이프니츠에게서 다시 뉴턴을 발견하다

＊　라이프니츠는 시간과 공간을 물질들 사이의 관계라고 말했다. 그런데 이러한 관계를 보는 두 가지 관점이 있다. 하나는 시간과 공간을 물리적 존재자로 보는 관점이다. 자석의 N극과 S극이 있으면 그 관계에 의해서 실제로 전자기장이 생기는 것과 같이, 물질들 사이의 관계가 시간과 공간을 형성한다고 보는 것이다. 다른 하나는 시간과 공간을 일종의 관념적 존재자처럼 보는 관점이다. 로미오와 줄리엣 사이의 연인관계가 존재하고 있는 것처럼 말이다.

내가 보기에 라이프니츠는 자신의 입장이 무엇인지 애매한 태도를 취했다. 그 결과 뉴턴은 라이프니츠가 시간과 공간을 관념적 존재자처럼 생각하는 것으로 오해했다. 그래서 뉴턴은 관계주의에 반대하기 위해서 공간이 원심력과 같은 구체적이고 물리적인 힘과 관련이 있다는 것을 보여주려고 했던 것이다. 하지만 라이프니츠가 시간과 공간을 구체적으로 관념적 존재자로 생각한 것은 아니었다. 그의 관계주의는 보다 넓은 의미를 가지고 있었다. 그래서 그는 관계주의를 논증하기 위해서 충족이유율과 구별불가능자의 동일성 원리와 같은 논리적이고 추상적인 원리를 동원하였던 것이다. 어찌 보면 뉴턴과 라이프니츠는 서로 다른 타깃을 가지고 있었던 셈이다.

에른스트 마흐

아쉽게도 라이프니츠는 뉴턴의 양동이 사고실험에 대해서 반론을 제시하지 못했다. 이 편지를 받은 이듬해인 1716년에 사망했기 때문이다. 하지만 철학자들은 집요한 사람들이다. 오스트리아의 과학철학자 마흐(Ernst Mach, 1838~1916)는 그 후 약 200년이 지나서 라이프니츠를 대신하여 뉴턴에 대한 반론을 제시하였다.[6]

양동이 사고실험에서 뉴턴은 양동이의 물에 원심력이 발생하는 이유를 절대공간이 존재하기 때문이라고 생각했다. 하지만 마흐는 이에 동의하지 않았다. 그는 양동이 사고실험을 응용하여 다음과 같은 두 가지 사고실험을 제안했다.

(실험1)은 앞선 양동이 사고실험과 마찬가지로 양동이가 회전하는 경우다. 양동이를 돌려서 줄을 꼬았다가 손을 놓으면, 꼬인 줄이 풀리면서 양동이와 물이 함께 회전한다. 그리고 원심력에 의해서 양동이 바깥쪽 수면이 올라간다. (실험2)는 양동이는 정지 상태에 있고 우주 전체가 양동이를 중심으로 회전하는 경우다. 이 경우 양동이의 물이 원심력을 받아 바깥쪽 수면이 올라갈까?

마흐는 그렇다고 말한다. (실험1)에서 원심력이 발생한다면 (실

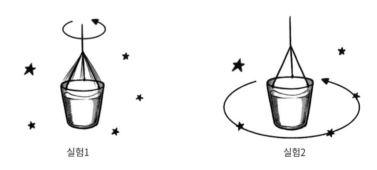

실험1   실험2

험2)에서도 원심력이 발생한다는 것이다. 따라서 양동이 물의 원심력은 절대공간에 대한 회전 때문에 생기는 것이 아니라 우주의 물질들(예컨대 우주의 모든 별들)에 대한 회전 때문에 생기는 것이라고 말한다. 따라서 양동이 사고실험으로부터 절대공간이 존재한다는 결론에 도달할 수 없고, 결국 뉴턴의 추론은 틀렸다는 것이다.

그렇다면 마흐의 반론은 뉴턴의 절대주의를 완전히 부정하는 것인가? 나는 그렇게 생각하지 않는다. 내가 보기에 뉴턴의 절대주의에 대한 마흐의 반론은 절반만 성공한 것이다. 그 이유는 다음과 같다.

뉴턴의 절대주의의 핵심 주장은 두 가지다. 첫 번째는 시간과 공간은 컨테이너와 같아서 그 안에 있는 모든 존재자를 없애버려도 남는 실체와 같다는 것이고, 두 번째는 어떤 대상의 운동은 다른 대상과의 관계에 의해서가 아니라 공간과의 관계에 의해서 결정된다는 것이다. 그런데 마흐는 시간과 공간이 우주의 물질들에 의해서 만들어진다는 것을 보여줌으로써 뉴턴의 첫 번째 주장을 반박하는 데 성공했지만, 반대로 그렇게 만들어진 시간과 공간이 어떤 대상의 운동의 기준이 된다는 것을 보여줌으로써 뉴턴의 두 번째 주장을 옹호하고 있는 셈이 됐다. 결국 마흐는 라이프니츠의 관계주의 속에서 뉴턴의 운동의 기준이 되는 공간을 발견한 셈이다.

보편시간과 보편공간

＊   서로 다른 이론처럼 보이는 뉴턴, 라이프니츠, 칸트의 시간 이론이 공유하고 있는 생각을 간단히 정리하면 다음과 같다. 첫째,

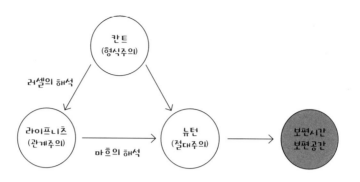

칸트 철학의 목적은 뉴턴 역학을 정초하는 것이므로, 결국 칸트는 경험과학으로서의 시간과 공간이 실재한다고 주장한다고 볼 수 있다. 둘째, 칸트에 대한 러셀의 해석을 받아들이면, 칸트의 형식주의도 라이프니츠처럼 시간과 공간이 물질들 사이의 관계라는 입장을 지지한다고 볼 수 있다. 셋째, 라이프니츠에 대한 마흐의 설명을 받아들이면, 관계주의도 시간과 공간이 물질의 운동의 기준이라고 주장하는 것이라고 볼 수 있다.

칸트로부터는 시간과 공간이 실재하는 것이라는 점을 받아들이고, 라이프니츠로부터는 시간과 공간은 물체들 간의 관계가 만들어내는 것이라는 점을 받아들이자. 그리고 뉴턴으로부터는 시간과 공간은 물체의 운동의 기준이라는 점을 받아들이자. 이렇게 각각의 입장을 받아들이면 새로운 시간과 공간 개념이 나타난다. 이것을 '보편시간(Universal Time)'과 '보편공간(Universal Space)'이라고 하자.

보편시간/보편공간은 물체의 운동의 기준이 된다는 점에서는 뉴턴의 절대시간/절대공간과 같다. 하지만 보편시간/보편공간은 독립적인 실체가 아니라 물체들 간의 관계가 만들어낸다는 점에서 절대시간/절대공간 개념과는 다르다.

보편시간/보편공간 개념에 대하여 어떤 사람은 이렇게 지적할 수 있다. 굳이 칸트의 관점을 받아들이지 않아도 라이프니츠의 관점과 뉴턴의 관점을 받아들일 수 있다고 말이다. 다시 말해서 시간과 공간이 굳이 경험적으로 실재한다고 하지 않아도, 시간과 공간이 물체들 간의 관계이고 그러한 관계가 물체 운동의 기준이 될 수 있다고 말이다.

이러한 지적은 일리가 있다. 그럼에도 불구하고 내가 보편시간/보편공간 개념이 경험적으로 실재한다는 입장을 취한 이유는, 물자체와 현상계를 구분하는 칸트의 입장을 받아들이지 않으면, 시간, 공간, 원자, 쿼크 등과 같은 모든 과학적 대상이 실재하는 것이냐 아니냐 하는 본질적인 물음으로부터 논의를 시작해야 하기 때문이다. 과학적 대상의 실재성 문제. 이것은 또 다른 이슈다. 여기에서 나는 이러한 이슈를 다룰 능력도, 다룰 생각도 없다. 그래서 나는 시간과 공간이 경험적으로 실재한다는 입장을 전제로 논의하겠다는 것이다.

보편시간/보편공간 개념을 받아들인 3차원주의를 기존의 3차원주의에 대비하여 관계적 3차원주의(Relationalistic 3-Dimensionalism)라고 하자. 관계적 3차원주의는 기존의 3차원주의보다 견고한 이론이다. 이제부터 이 점에 대해서 논의할 것이다.

기존의 3차원주의와 관계적 3차원주의

＊　　많은 4차원주의자들은 특수상대성이론에 대하여 3차원주의

가 매우 취약한 이론이라고 생각한다. 그래서 이들은 특수상대성이론을 근거로 하여 3차원주의의 문제점을 지적하는 데 많은 노력을 기울인다. 하지만 내가 보기에 그것은 4차원주의자들의 착각이다. 그리고 그러한 착각은 사소한 용어의 혼동과 몇 가지 오해에서 비롯한 것이라고 생각한다. 이제부터 그 오해의 과정을 분석해보자.

3차원주의는 한마디로 말해서 "시간이 흐른다"는 이론이다. 이로부터 우리는 3차원주의에서 "시간과 공간은 근본적으로 성격이 다른 차원이다"라고 추론할 수 있다. 시간은 흐르지만 공간은 흐르지 않기 때문이다. 그것은 4차원주의가 "시간이 흐르지 않는다"고 주장하면서 "시간과 공간은 근본적으로 유사한 차원이다"고 주장하는 것을 보면 알 수 있다.

그런데 여기에서 첫 번째 오해가 발생한다. 그것은 3차원주의가 "시간과 공간은 독립적인 차원이다"고 주장한다고 보는 것이다. 내가 보기에 이러한 오해는 4차원주의가 "시간과 공간은 독립적인 차원이 아니라 시공간 연속체다"는 점을 강조하면서 생긴 착각이다. 그러나 3차원주의가 반드시 시간과 공간의 독립성을 주장해야 하는 것은 아니다. 시간이 흐르고 시간과 공간이 근본적으로 다른 차원이라고 해도, 시간과 공간은 상호 영향을 줄 수 있기 때문이다.

여기에서 3차원주의에 대한 두 번째 오해가 발생한다. 그것은 3차원주의가 "절대시간과 절대공간이 존재한다"고 주장한다고 보는 것이다. 이러한 오해는 4차원주의가 시공간 연속체 개념을 받아들이고 절대시간과 절대공간 개념에 반대하면서, 3차원주의가 마치 절대시간과 절대공간 개념을 받아들이는 것으로 덮어씌웠기 때문이다. 나아가 3차원주의는 마치 뉴턴의 절대주의처럼 간주되었다. 그런데 사실 3차원주의와 뉴턴의 절대주의는 완전히 무관한 이론이다. 3차원주의는 시간이 흐른다는 이론이고, 절대주의는 시간은 물질들 사이의 관계가 아니라 물질에 독립적인 실체라는 이론일 뿐이다.

하지만 이렇게 한번 절대주의로 낙인찍힌 3차원주의는 아주 무기력한 이론이 되어버렸다. 왜냐하면 마이켈슨-몰리의 실험에 의해서 절대시간과 절대공간의 기준이 되는 에테르가 존재하지 않는다는 점이 밝혀졌고, 뉴턴의 역학은 아인슈타인의 상대성이론에 의해서 폐기된 이론이 되어버렸기 때문이다. 그러자 뉴턴이 아인슈타인에 의해서 대체된 것처럼, 3차원주의가 4차원주의에 의해서 대체되었다고 사람들이 생각하게 되었다. 그리고 3차원주의를 이미 죽은 낡은 유물처럼 간주했다.

나는 3차원주의에 대한 오해를 걷어내고 3차원주의를 견고한 이론으로 만들 필요가 있다고 생각한다. 그러기 위해서는 우리는 두 가지 과제를 해결해야 한다. 첫 번째 과제는 3차원주의와 뉴턴의 절대주의가 별개의 이론이라는 점을 구체적으로 보여주는 것이고, 두 번째 과제는 시간이 흐르고 시간과 공간이 근본적으로 다른 차원이라고 해도 시간과 공간은 서로 영향을 주고받을 수 있다는 점을 보여주는 것이다.

그런데 보편시간/보편공간 개념을 전제로 하는 관계적 3차원주의를 받아들이면 첫 번째 과제는 자연스럽게 해결된다. 왜냐하면 절대주의는 절대시간/절대공간 개념을 전제로 하지만, 관계적 3차원주의는 보편시간/보편공간 개념을 전제로 하기 때문이다. 절대시간/절대공간은 물체들 없이도 존재할 수 있는 실체라는 입장이지만, 보편시간/보편공간은 물체들 간의 관계가 만들어내는 것이라는 입장이다. 이 둘을 명백하게 구분함으로써 관계적 3차원주의와 뉴턴의 절대주의가 구분된다는 것을 충분히 보여줄 수 있다.

이제 두 번째 과제는, 시간이 흐르고 시간과 공간이 근본적으로 다른 차원이라고 해도 시간과 공간은 서로 영향을 주고받을 수 있다는 점을 보여주는 것이다. 사실 이것은 보여주고 말고 할 것도 없다. 시간과 공간이 서로 영향을 주는지 아닌지와 시간이 흐르는지 하는 문제는 별개의 것이기 때문이다. 관계적 3차원주의에서는 시간이 공간의 영향을 받지만 여전히 시간이 흐른다는 입장을 가진다.

기존의 3차원주의와 관계적 3차원주의를 이미지로 설명해보자.

3차원주의   관계적 3차원주의   4차원주의

기존의 3차원주의에서 현재의 순간은 공간에 독립적이다. 그래서 여기에서 현재순간은 평면 이미지로 기술된다. 하지만 관계적 3차원주의에서 현재는 공간의 영향을 받는다. 그래서 여기에서 현재순간은 굴곡된 이미지로 보인다. 4차원주의는 시간이 흐르지 않으므로 블록 이미지로 기술된다. 관계적 3차원주의는 시간이 흐르고 오직 현재만이 존재한다고 주장한다는 점에서 기존의 3차원주의와 맥락을 같이하지만, 절대시간/절대공간이 아니라 보편시간/보편공간을 전제로 한다는 점에서 기존의 3차원주의와 다르다.

정리

지금까지의 논의를 간단히 정리해보자.

- 칸트로부터는 시간/공간이 경험적으로 실재한다는 점을, 라이프니츠로부터는 시간/공간이 물체들 간의 관계라는 점을, 뉴턴으로부터는 시간/공간이 물체의 운동의 기준이라는 점을 받아들일 수 있다. 이렇게 해서 나타난 개념이 보편시간/보편공간이다. 그래서 보편시간/보편공간의 정의를 이렇게 내릴 수 있다. "물체들 간의 관계에 의해서 만들어져 경험적으로 실재하는, 다른 물체의 운동의 기준이 되는 시간/공간이다."
- 보편시간/보편공간 개념을 전제로 하는 3차원주의를 기존의 3차원주의와 구별하여 관계적 3차원주의라고 하자.
- 기존의 3차원주의는 뉴턴의 절대주의로 오해를 받을 수 있지만, 관계적 3차원주의는 뉴턴의 절대주의와 명백하게 구별된다.

기존의 3차원주의는 현대 물리학과 관련된 쟁점에서 4차원주의자들의 공세에 취약했다. 왜냐하면 많은 철학자와 과학자들은 3차원주의가 에테르와 같은 물리 대상을 기준으로 하는 절대시간/절대공간 개념을 전제로 하고 있다고 생각했기 때문이다. 사실 에테르는 원래 빛을 전달하는 매질이 필요하기 때문에 상정한 개념일 뿐인데 그것을 절대시간/절대공간의 기준으로 보게 된 것이다. 그리고 마이켈슨-몰리 실험이 에테르가 존재한다는 것을 증명하지 못하자 그로부터 절대시간/절대공간이 존재하지 않는다는 결론에 도달하고, 그것을 3차원주의에 대한 결정적인 반론으로 생각한 것이다.

하지만 관계적 3차원주의는 절대시간/절대공간 개념과 거리를 둠으로써 에테르의 존재 여부와 무관한 이론이 되었다. 그런 의미에서 관계적 3차원주의는 기존의 3차원주의보다 훨씬 견고한 이론이 되었다.

그렇다고 해서 관계적 3차원주의가 기존의 3차원주의가 가지는 문제점을 해결하기 위해서 등장한 새로운 이론이라는 말은 아니다. 왜냐하면 그 어떤 3차원주의들도 기존의 3차원주의가 절대시간/절대공간을 전제로 하고 있다고 명시적으로 주장한 적은 없기 때문이다. 그러한 주장은 4차원주의자들이 의도했든 의도하지 않았든 3차원주의를 공격하기 위해서, 3차원주의와 절대시간/절대공간 개념을 억지로 연결지은 것이다. 그런 의미에서 관계적 3차원주의는 기존의 3차원주의와 다른 이론이 아니라, 기존의 3차원주의가 살 수 있는 오해를 해소하기 위해서 보편시간/보편공간 개념을 명시적으로 전제하는 이론이라고 할 수 있다.

이제 우리에게 남은 과제는 명백해졌다. 그것은 보편시간/보편공간의 존재를 어떻게 설명하느냐는 것이다. 앞으로 나는 보편시간/보편공간을 이용하여 우주선 사고실험과 쌍둥이 사고실험을 설명할 것이다. 나의 설명이 그럴듯하다면 기존의 3차원주의는 관계적 3차원주의로 그 모습을 바꾸어 다시 힘을 얻게 될 것이다.

우주선 사고실험과 쌍둥이 사고실험

3

시간지연과 길이수축

*   특수상대성이론에 따르면 관성계 기준틀 K에 있는 관찰자가 K에 대하여 상대운동을 하는 관성계 기준틀 K'를 보면, K'에서 시간은 느려지고 길이는 줄어드는 것으로 관찰된다. 이것을 시간지연(Time Dilation)과 길이수축(Length Contraction)이라고 한다.

예를 들어보자. 영희는 지구에 서 있고 민수는 우주선을 타고 빛에 가까운 속도로 지구를 스쳐 지나가고 있다고 하자. 영희와 민수는 원통형 모양의 빛시계를 들고 있다. 빛시계 원통의 위/아래 안쪽에 거울이 붙어 있어서 빛이 계속해서 상하로 왕복한다. 편의상 빛이 한 번 왕복하는 데 1초가 걸린다고 하자.

영희와 민수는 똑같은 빛시계를 가지고 있다. 하지만 영희는 민수의 빛시계가 더 느리게 흐르는 것으로 관찰한다. 왜냐하면 영희의 관점에서 보면 민수가 가진 시계의 빛은 대각방향으로 더 긴 경로를 왕복운동하기 때문이다. 경로의 길이가 늘어났다고 해서 빛의

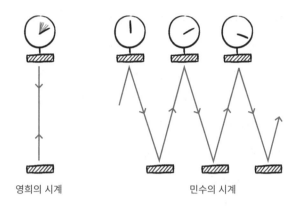

영희의 시계   민수의 시계

속도가 빨라지는 것은 아니다. 빛의 속도는 누가 관찰하든 간에 초속 30만 킬로미터이기 때문이다. 그래서 영희는 민수의 빛시계가 느려졌다고 관찰하게 된다. 이것을 시간지연이라고 한다.

길이수축은 시간지연의 관점을 바꾼 것이다. 영희의 관점에서 민수의 시간은 지연되었다. 그런데 민수의 우주선의 속도는 거리를 시간으로 나눈 값이다. 우주선의 속도가 똑같으려면 시간이 지연된 우주선이 날아간 거리가 수축되어야 한다. 그것이 길이수축이다. 그래야 민수의 우주선은 목적지에 제시간에 도착할 수 있다.

팀 모들린
출처: quantamagazine.org

물리적 현상과 좌표적 현상

﹡   미국의 과학철학자 모들린(Tim Maudlin, 1958~)은 시간지연과 길이수축을 바라보는 두 가지 관점을 제시하였다. 첫째, 물리적(physical) 또는 실제적(real) 현상으로 보는 관점이다. 시간지연

과 길이수축을 실제로 물리적으로 시간이 느려지고 길이가 수축하는 현상으로 보는 것이다. 둘째, 좌표적(coordinate-based) 또는 추상적(abstract) 현상으로 보는 관점이다. 시간지연과 길이수축을 관찰하는 좌표계와 관찰되는 좌표계가 다르기 때문에 발생하는 일종의 추상적인 현상으로 보는 관점이다.[7]

모들린은 물리적 현상과 좌표적 현상을 어떻게 구분해야 하는지에 대하여 구체적으로 설명하지 않았지만, 그의 구분은 시간지연/길이수축에 대한 또 다른 관점을 제공한다. 나는 새로운 관점에 따라 물리적 현상과 좌표적 현상의 의미를 다음과 같이 규정할 것을 제안한다.

먼저 물리적 시간지연/길이수축의 의미를 다음과 같이 보자. 물리적 시간지연은 관찰대상의 시간이 지연되는 것이며, 물리적 길이수축은 관찰대상의 공간이 수축되는 것이다. 시간 자체가 지연되거나 공간 자체가 수축되는 것은 아니다. 어떤 것이 물리적으로 시간이 지연되거나 물리적으로 길이가 수축될 수 있으려면 그 기준이 되는 시간 자체와 공간 자체는 변하지 않아야 하기 때문이다. 이러한 시간 자체와 공간 자체가 보편시간/보편공간이다. 따라서 물리적 시간지연/공간수축은 보편공간에 대한 관찰대상의 상대적 운동으로 인하여 발생하는 것이다.

그리고 좌표적 시간지연/길이수축의 의미를 다음과 같이 보자. 좌표적 시간지연은 시간 자체와 함께 관찰대상의 시간이 지연되는 것이며, 좌표적 공간수축은 공간 자체와 함께 관찰대상의 공간이 수축되는 것이다. 즉, 좌표적 시간지연/공간수축은 시간 자체와 공간 자체의 변화인 동시에 관찰대상의 시간과 공간의 변화인 셈이다. 어떤 좌표계가 변하면 좌표계 내에 존재하는 관찰대상의 수치도 변하기 때문이다. 따라서 좌표적 시간지연/길이수축은 관찰자와 관찰대상의 상대적 운동으로 발생하는 것이다.

물리적 시간지연/길이수축은 보편시간과 보편공간의 존재를 상정한다는 점에서 특수상대성이론의 로렌츠 해석가들이 지지할 법한 입장이다. 그리고 좌표적 시간지연/길이수축은 공간 자체와 시간 자체를 상정하지 않아도 관찰대상의 시간과 공간만으로도 설명이 된다는 점에서 특수상대성이론의 민코프스키 해석가들이 지지할 법한 입장이다.

우주선 사고실험을 이용한 보편공간의 추론

❋   1959년 미국의 물리학자 드원(Edmond Dewan)과 베란(Michael Beran)은 다음과 같은 우주선 사고실험을 제안했다. 모양과 크기가 같은 두 개의 우주선이 팽팽한 줄로 연결되어 하늘에 정지해 있다고 하자. 이때 두 우주선이 동시에 똑같은 가속도로 출발한다면 두 우주선 사이에 연결된 줄은 끊어질까?[8]

존 스튜어트 벨
출처: cds.cern.ch

아일랜드의 물리학자 벨(John Stewart Bell, 1928~1990)은 유럽의 입자물리연구소(CERN)에서 연구할 당시, 자신의 동료인 저명한 실험물리학자와 이 문제를 가지고 구내식당에서 논쟁을 벌인 적이 있다고 한다. (벨은 그 저명한 물리학자가 누구인지 밝히고 있지 않다.) 벨은 우주선 줄이 끊어진다고 주장했고, 익명의 동료 물리학자는 끊어지지 않는다고 주장했다. 이들은 합의점을 찾지 못하고 연구소 내 이론분과 위원회를 열어 토론을 벌였다. 위원회에서는 결국 줄

이 끊어지지 않는다는 결론에 도달했다고 한다. 벨이 틀렸다는 것이다.[9]

그때부터 지금까지 약 60년 동안 수많은 과학자들이 이 퍼즐에 대한 풀이를 제시했다. 그런데 이들은 모두 서로 다른 방식으로 우주선 줄이 끊어진다는 것을 보여주었다. 벨이 옳았다는 것이다. 그 중에서 일본의 물리학자 마쓰다(松田卓也)와 키노시타(木下篤哉)가 제시한 증명이 주목할 만하다.[10]

마쓰다 타쿠야
출처: koushihaken.com

이들은 줄이 끊어지는 이유를 두 개의 관점에서 제시하였다. 먼저 지구의 관점에서 보자. 우주선은 동시에 같은 가속도로 출발했다. 따라서 두 우주선 사이의 거리는 출발하기 이전이나 출발한 이후나 똑같을 것이다. 그런데 우주선을 연결한 줄은 특수상대성이론의 길이수축에 의해서 줄어든다. 우주선의 거리는 그대로인데 줄의 길이는 줄어든 것이다. 따라서 줄은 응력을 받고 끊어진다.

이번엔 우주선의 관점에서 보자. 지구의 관점에서 보면 두 우주선이 동시에 출발한 것이지만, 우주선의 관점에서 보면 앞의 우주선이 먼저 출발하고 뒤의 우주선이 나중에 출발한 것이다. 상대적 동시성 때문이다. 따라서 우주선의 거리는 벌어졌다. 그런데 줄의 길이는 그대로이므로 줄은 응력을 받고 끊어진다.

그렇다면 우주선의 줄이 끊어진다는 것은 무슨 의미인가? 그것은 길이수축이 좌표적 현상이 아니라 물리적 현상이라는 것을 의미한다. 왜냐하면 줄이 응력을 받는 것은 줄을 구성하는 원자들 사이에 물리적인 힘이 작용한 것인데, 그러려면 줄은 수축하고 줄이 점유하고 있는 공간 자체는 수축하지 않아야 하기 때문이다. 만약에 줄도 수축하고 줄이 점유하는 공간도 수축하면 줄은 응력을 받지 않을 것이다.

길이수축을 물리적 현상으로 보는 것은 로렌츠 해석을 받아들이는 입장이라고 앞에서 말한 바 있다. 하지만 정작 벨은 이 점에 대해서 애매한 입장을 취했다. 우주선의 줄이 끊어지는 것은 분명하지만 그렇다고 해서 그것이 물리적 수축이라고 말할 수 없다는 것이다.[11] 다시 말해서 길이수축을 로렌츠 식으로 설명은 하지만, 로렌츠 해석은 받아들이지 않겠다는 것이다. 벨의 이러한 애매한 입장은 사고실험을 설명하는 방법과 그것이 함축하는 철학적 의미를 구분하겠다는 의도로 보인다. 왜냐하면 그는 어떤 특정 물리법칙이 특정 철학을 받아들이라고 강요할 수 있다고 생각하지 않았기 때문이다.

하지만 옥스포드 대학의 물리철학자 브라운(Harvey Brown, 1950~)과 풀리(Oliver Pooley)는 벨의 이러한 생각에 반대했다. 그의 주장이 앞뒤가 맞지 않는다는 것이다.[12] 내가 보기에 우주선의 줄이 끊어진다고 주장하면서 그것이 물리적 현상이 아니라고 말하는 것은 이상해 보인다. 줄이 끊어지는 것은 줄이 줄어들기 때문이고, 줄이 줄어드는 것은 새로 산 청바지를 세탁하고 나니 그 길이가 줄어들

하비 브라운
출처: twitter.com/
notredameias

었다는 것과 같은 의미다. 청바지가 줄어들었다는 데에 무슨 복잡한 설명이 필요한가.

정리하면 이렇다. 우주선 사고실험에서 줄이 물리적으로 수축할 때 줄이 점유하고 있는 공간 자체는 수축하지 않아야 한다. 줄과 함께 공간까지 수축하면 그것을 물리적 수축이라고 할 수도 없고 줄이 끊어질 리도 만무하기 때문이다. 따라서 길이수축이 물리적 현상이라는 의미로부터 우리는 공간 자체가 존재한다는 것을 추론할 수 있다. 그리고 그것이 바로 우리가 찾던 보편공간이라고 할 수 있다. 즉, 우주선의 줄이 끊어진다는 결론이 옳다면, 보편공간이 존재한다고 말할 수 있다.

우주선 사고실험의 응용

＊　보편공간의 존재를 설명하기 위한 또 다른 사고실험을 보자.

(실험1) 하늘에는 줄로 연결된 두 우주선이 떠 있고, 지구에는 두 사람이 줄을 잡고 서 있다고 하자. 두 우주선은 L1으로 연결되어 있고, 두 사람은 L2를 잡고 있다고 하자. 그런데 갑자기 두 우주선이 동시에 같은 가속도로 출발했다. 이때 L1과 L2는 끊어지는가?

앞서 우리는 벨을 비롯하여 많은 물리학자들이 이 경우에 L1이 끊어진다는 것을 증명했다는 것을 보았다. 그런데 L2는 끊어지지 않을 것 같다. 두 사람이 더 세게 잡아당기지 않는 이상 멀쩡하던 줄이 갑자기 끊어질 리가 만무하기 때문이다.

(실험2) 이번엔 우주선이 출발하는 것이 아니라 우주선을 제외

한 우주의 모든 물질이 어디론가 출발했다고 하자. 이때 L1과 L2는 끊어지는가?

보편공간의 존재를 받아들이면 L1은 끊어지고 L2는 끊어지지 않을 것이다. L1이 끊어지는 이유는 보편공간이 왼쪽으로 이동했기 때문이다. 보편공간은 우주의 물질이 만들어낸 것이므로 우주의 모든 물질이 이동하는 것은 보편공간이 이동하는 것과 같기 때문이다. 그것은 마치 마흐의 양동이 실험에서 우주의 모든 물질이 양동이를 중심으로 회전하면 양동이의 물이 원심력을 받는 것과 같다.

(실험3) 우주의 모든 물질이 사라지고 우주선과 사람만 남았다고 하자. 그런데 갑자기 두 우주선이 동시에 같은 속도로 출발했다고 하자. 이때 L1과 L2는 끊어지는가?

우주의 모든 물질들을 제거하고 우주선과 사람만 남는다면 L1과 L2는 대칭적 상황이다. 따라서 L1과 L2 둘 다 끊어지거나 둘 다 끊어지지 않는다고 해야 한다. 그런데 둘 다 끊어지지 않는다는 대답은 잘못된 대답이다. 그것은 길이수축이 물리적 현상이라는 점을 정면으로 위배하는 것이기 때문이다. 그러므로 가능한 유일한 대답은 둘 다 끊어진다는 것이다. 그런데 이렇게 보면, 운동도 하지 않고 아무런 힘도 가하지 않은 L2가 왜 갑자기 끊어지는가 하는 문제

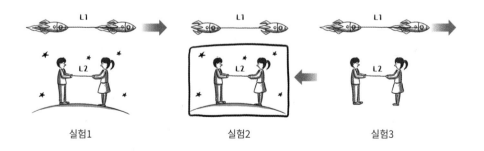

실험1   실험2   실험3

가 생긴다.

이 문제는 보편공간이 존재한다고 보면 쉽게 해결된다. (실험3)의 경우 우주에 존재하는 것은 두 개의 우주선과 두 명의 사람뿐이다. 따라서 이런 우주에서 보편공간은 우주선과 사람 사이의 관계가 만들어낸 것이다. 그래서 만약에 우주선이 이동한다면 그에 따라 보편공간이 이동한 것이고, 그렇기 때문에 비록 움직인 것은 우주선뿐이지만, 사람도 사실상 운동을 한 셈이 된다. 그래서 L1과 L2 모두 끊어진다고 말할 수 있다.

쌍둥이 사고실험

＊ 1911년 프랑스의 물리학자 랑주뱅(Paul Langevin, 1872~1946)은 시간지연은 단지 물리적 시간뿐 아니라 심리적 시간, 생물학적 시간 등 모든 시간이 느려지는 것이라는 점을 지적하였다. 그리고 이러한 시간지연이 야기하는 다음과 같은 쌍둥이 패러독스(Twin Paradox)를 제시하였다.[13]

민수와 영희는 쌍둥이 남매다. 민수는 우주선을 타고 우주 놀이 공원까지 갔다가 지구로 돌아왔다. 그동안 영희는 지구에 남아 있었다. 두 사람이 만났을 때 민수는 더 젊어져 있을 것이다. 민수는 영희에 대해서 운동을 했으므로 시간지연이 발생하였고 따라서 나이를 덜 먹었을 것이기 때문이다. 그러나 모든 운동은 상대적이다. 민수의 관점에서 보면 운동을 한 사람은 오히려 지구에 남은 영희다. 그래서 민수와 영희는 모두 상대방이 더 젊어졌다고 보아야 한

폴 랑주뱅

다. 그런데 어떻게 둘 다 상대방보다 더 젊어질 수 있는가? 이것이 쌍둥이 패러독스다.

일반상대성이론이 나오기 전까지만 해도 아인슈타인도 쌍둥이 패러독스를 어떻게 해명할지 몰랐다. 실제로 그는 많은 버전의 특수상대성이론을 제시했는데(1905, 1907, 1910, 1911, 1912, 1916), 그 중 어떤 버전에서는 시간지연은 실제로 시간이 느려지는 물리적인 현상이 아니라 단지 겉보기 현상이라고 말하기도 했다. 그래야만 쌍둥이 패러독스를 피할 수 있을 것 같았기 때문이다.[14]

최근에는 아인슈타인을 비롯하여 많은 물리학자와 철학자들은 쌍둥이 패러독스가 발생하지 않는 이유는 중력 때문이라고 생각한다. 왜냐하면 일반상대성이론에 따르면 중력이 강할수록 시간이 느리게 흐르기 때문이다. 미국의 물리학자 파인만(Richard Feynman, 1918~1988)의 말을 인용해보자.

리처드 파인만

> (두 쌍둥이가 시간을 비교할 수 있으려면) 여행자 쌍둥이는 여행지 끝에서 정지한 후 시간을 비교하거나, 보다 간단하게는 지구로 다시 돌아와야 한다. 그리고 다시 돌아오는 사람은 자신이 움직인다는 것을 알아야 한다. 왜냐하면 그는 반환점을 돌아야 하기 때문이다. 그가 반환점을 돌 때 그의 우주선에서는 모든 종류의 비일상적인 것들이 발생한다.…… 그러므로 가속을 느꼈던 사람(혹은 사물들이 벽에 떨어지는 것을 본 사람 등등)은 더 젊은 사람일 것이다.[15]

민수와 영희 중에서 실제로 중력의 영향은 받은 사람은 민수이므로 시간지연은 민수에게서만 일어나고 따라서 민수가 더 젊어진다는 것이다.

그러나 모들린은 이에 반대한다. 그는 "위대한 파인만(the great Feynman)"이라고 추켜세우면서도 이 점에서는 그의 생각이 틀렸다고 말한다.[16] (위대하다는 말이나 하지 말지.) 그의 이유를 들어보자.

민수가 지구로부터 8광년이 떨어져 있는 우주 놀이공원까지 갔다가 왔다고 하자. 지구시간 2020년에 출발하여 20년 후인 2040년에 지구로 돌아왔다고 하자. 이때 민수의 시공간 여행 경로는 O→P→Q가 된다. 민수가 혼자 우주 놀이공원에 가서 시샘이 난 영희도 지구로부터 2광년 떨어져 있는 우주공원에 갔다 왔다고 하자. 지구시간 2025년에 출발하여 10년 후인 2035년에 돌아왔다고 하자. 이때 영희의 시공간 여행 경로는 O→O'→R→Q'→Q가 된다.

이 경우 민수와 영희는 같은 크기의 가속운동과 감속운동을 했고 따라서 중력의 영향을 똑같이 받았다. 그러나 이 두 사람이 만났을 때 민수보다 영희의 나이가 더 먹었다. 두 사람은 똑같은 크기의 중력의 영향을 받았지만 두 사람의 나이는 다르다. 그러므로 시간지연의 원인이 중력이라고 말할 수 없다는 것이다.

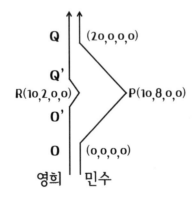

내가 보기에 파인만에 대한 모들린의 지적은 절반은 옳고 절반은 틀리다. 여전히 중력이 시간지연의 원인이라는 점에서 파인만이 옳지만, 시간지연이 중력 자체의 영향을 받는 것이 아니라는 점에서 모들린이 옳다. 시간지연의 정도는 중력의 크기에만 영향을 받는 것이 아니라 언제, 어디서, 얼마나 중력을 받았는가에 영향을 받기 때문이다. 어쨌든 중요한 점은 시간지연이 발생하려면 중력을 받아야 한다는 것이다.

그런데 한 가지 의문이 생긴다. 시간지연이 발생하는 경우는 두 가지다. 첫 번째는 특수상대성이론에 따라 관찰자와 관찰대상이 상대적으로 운동하는 경우고, 두 번째는 일반상대성이론에 따라 관찰대상이 중력을 받는 경우다. 그런데 쌍둥이 패러독스는 원래 관찰자와 관찰대상의 상대적 운동 때문에 발생하는 문제다. 그런데 왜 갑자기 중력에 의한 시간지연으로 패러독스를 해결하려 하는가?

이러한 반론에 대한 적절한 대답이 될는지 모르겠으나, 나는 특수상대성이론에 의한 시간지연과 일반상대성이론에 의한 시간지연이 명백하게 구분되지 않는 것이 아닌가 하는 생각이 든다. 그 이유는 다음과 같다. 앞선 사고실험에서 민수는 O, P, Q 지점에서 중력을 받았고 O~P 사이와 P~Q 사이에서는 등속운동을 했다. 그리고 영희는 O', R, Q' 지점에서 중력을 O'~R 사이와 R~Q' 사이에서는 등속운동을 했다. 민수와 영희가 겪은 중력의 정도는 똑같았지만, 민수의 시간지연이 영희의 시간지연보다 더 컸다. 그것은 중력을 겪은 지점들 사이의 등속운동을 더 많이 했기 때문이라고 대답할 수 있다. 그것 말고는 다른 점이 없기 때문이다. 따라서 등속운동의 길이가 중력에 의한 시간지연에 영향을 미쳤다고 말할 수 있다. 그것이 바로 내가 특수상대성이론에 의한 시간지연과 일반상대성이론에 의한 시간지연을 명백하게 구분할 수 없다고 보는 이유다.

쌍둥이 사고실험의 응용

＊　쌍둥이 사고실험을 응용하여 세 가지 사고실험을 해보자.

(실험4) 영희가 지구에 남아 있는 동안 민수가 우주여행에서 돌아왔다고 하자. 이 경우에 민수와 영희 중 누가 더 젊어져 있을까? 이 경우 민수가 더 젊어져 있다는 것을 보았다.

(실험5) 이번엔 민수가 여행을 하고 돌아오는 것이 아니라 민수를 제외한 우주의 모든 물질이 왼쪽 어디론가 갔다가 돌아왔다고 하자. 이 경우에 민수와 영희 중 누가 더 젊어져 있을까?

보편공간의 존재를 받아들이면, 민수가 더 젊어져 있을 것이다. 그 이유는 보편공간은 우주의 물질이 만들어낸 것이고 이 경우 보편공간이 어딘가 갔다가 돌아왔다는 것이므로 시간지연을 한 사람은 영희가 아니라 민수이기 때문이다.

(실험6) 우주의 모든 물질이 사라지고 민수와 영희만이 남았다고 하자. 이 경우 민수가 여행을 하고 돌아오면 민수와 영희 중 누가 더 젊어져 있을까?

우주의 모든 물질들을 제거하고 민수와 영희만이 남는다면 두 사람은 대칭적 상황이다. 따라서 민수와 영희는 나이가 같다고 해야 한다. 그렇다면 시간지연 현상은 어디로 간 것인가?

이 문제는 보편공간이 존재한다고 보면 쉽게 해결된다. (실험6)

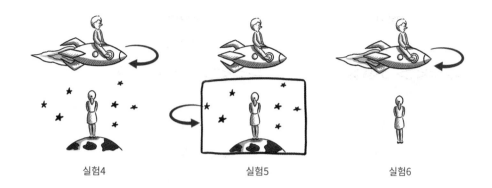

실험4 실험5 실험6

의 경우 우주에 존재하는 것은 민수와 영희뿐이다. 따라서 이런 우주에서 보편공간은 두 사람 사이의 관계가 만들어낸 것이다. 그래서 만약에 민수가 여행을 한다면 그동안 영희도 여행을 했다고 볼수 있기 때문이다. 민수가 여행하는 동안 보편공간이 이동했고 따라서 영희도 마찬가지로 반대방향으로 여행을 한 것이다.

(실험6)의 사고실험을 좀 더 구체적으로 보자. 우주에 모든 물질이 사라지고 민수와 영희만 남았다고 하자. 이때 (실험7)과 같이 민수가 우주여행을 하고 돌아와서 10년의 시간지연이 발생할 수 있을까?

그것은 불가능하다. 왜냐하면 민수가 우주여행을 하면 보편공간이 이동하므로 동시에 영희도 그 반대방향으로 우주여행을 한 셈이 되기 때문이다. 따라서 (실험8)에서와 같이 민수의 시간은 5년이 지연되고 영희의 시간도 5년이 지연된다. 그래서 두 사람의 나이가 같아지게 된다.

한 걸음 더 나아가보자. 민수와 영희의 시간이 지연되어서 젊어졌다는 것은 단지 생물학적으로나 심리적으로 젊어진 것만이 아니라 물리적으로 더 젊어졌다는 말이다. 이는 시간지연이 좌표적 현상이 아니라 물리적 현상이라는 것을 의미한다. 민수의 시간이 물

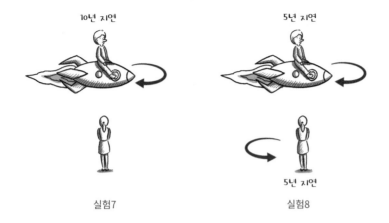

10년 지연   5년 지연

5년 지연

실험7   실험8

리적으로 지연될 수 있으려면 민수의 시간지연의 기준이 되는 시간은 지연되지 않아야 한다. 기준시간까지 지연되면 민수의 시간은 지연될 수 없기 때문이다. 그 기준시간은 영희의 시간이 아니다. 영희의 시간도 민수와 똑같이 지연되었기 때문이다. 그렇다면 민수와 영희의 시간은 도대체 무엇에 대해서 지연된 것일까? 그것이 바로 우리가 찾고 있던 보편시간이다.

보편시간의 추론

＊　　앞서 우리는 마쓰다와 키노시타가 우주선 사고실험을 길이수축과 상대적 동시성 현상으로 설명했다는 것을 보았다. 마쓰다와 키노시타의 설명을 받아들이면 우리는 두 현상이 관점에 따라 달라 보이는 것일 뿐 본질적으로 같은 현상이라는 점을 유추할 수 있다. 그런데 그렇게 보면 시간지연도 마찬가지다. 빛의 속도는 일정

하므로 길이가 수축한 비율만큼 시간이 팽창되었다고 볼 수 있기 때문이다.

로버트 슐러
출처: researchgate.net

나사(NASA)의 연구원인 슐러(Robert Shuler)도 이와 비슷한 결론에 도달했다.[17] 그는 1911년부터 2014년까지 약 백여 년간 발표된 쌍둥이 패러독스에 관한 200여 편의 학술논문에 대한 통계자료를 분석하면서, 시간지연과 길이수축은 동등한 현상이며 이것은 동시성이 이동할 때 발생한다는 결론에 도달했다. 즉, 상대적 동시성, 시간지연, 길이수축이 사실 같은 현상이라는 것이다.

따라서 공간수축에 물리적 현상인 측면이 있다면, 시간지연에도 물리적 현상인 측면이 있다고 보아야 한다. 그리고 길이수축이 물리적 현상이라는 사실로부터 보편공간의 존재를 추론할 수 있듯이, 시간지연이 물리적 현상이라는 사실로부터 보편시간의 존재를 추론할 수 있다.

그렇다면 보편시간이 존재한다는 것은 무슨 의미인가? 그것은 시간이 흐른다는 의미다. 생각해보라. 앞서 우리가 살펴본 오로라 공주 논증의 요지는, 모든 관찰자는 자신만의 현재를 가지므로 객관적인 현재는 존재하지 않고 따라서 시간은 흐르지 않는다는 것이었다. 따라서 보편시간이 존재한다면 그것은 오로라 공주 논증에 대한 결정적인 반론이 된다. 보편시간이 존재한다는 것은 보편적인 현재가 존재한다는 말이고, 이는 곧 시간이 흐른다는 의미를 가지기 때문이다.

보편시간/보편공간이 존재한다는 나의 주장에 대하여 4차원주의자들은 이렇게 반문할 것이다. 시간지연과 길이수축은 관찰자와 관찰대상 사이의 상대속도에 따라 계산되는 것이므로 보편시간/보편공간 없이도 특수상대성이론을 유도할 수 있다고 말이다. 게다가 시간지연 현상은 이미 경험적으로 검증까지 되었다고 말이다.

예컨대 1971년 하펠(Hafele)과 키팅(Keating)이 4개의 세슘 원자시계를 비행기에 싣고 지구를 몇 바퀴 돌고 와서 지상에 남겨놓았던 4대의 세슘 원자시계와 시간을 비교함으로써 실제로 시간지연이 발생하였다는 것을 확인하였다는 것이다.

하펠과 키팅

그 뿐만이 아니다. 지상에서 2만 킬로미터 상공에 있는 인공위성에서는 지상에서의 중력보다 약하기 때문에 매일 45마이크로초가 '실제로' 빨리 흐른다는 것이다. 그래서 이러한 시간 차이를 보정해주지 않으면 GPS를 이용한 내비게이션이 제 기능을 하지 못하게 된다는 것이다.

이때 원자시계나 인공위성에서 나타나는 시간지연은 관찰자와 관찰대상 사이에 나타나는 좌표적 현상이다. 이때 관찰자는 지구에 남아 있는 사람이고, 관찰대상은 원자시계나 인공위성이다. 다시 말해서 우리가 계산한 시간지연은 지구의 관점에서 원자시계나 인공위성에서 발생하는 좌표적 현상이라는 말이다.

그렇다고 해서 물리적 현상이 사라진 것은 아니다. 물리적 현상이 없는 것처럼 보이는 이유는, 내가 보기에 물리적 현상은 좌표적 현상에 포함되어 있는 것이기 때문이다. 이것을 앞선 실험으로 설명하면 이렇다. (실험7)에서 민수의 시간은 영희에 대해서 10년이 느려졌고, (실험8)에서 민수의 시간은 보편시간에 대해서 5년이 느려졌다. 영희에 대한 민수의 시간지연의 값인 10년은 좌표적 시간지연이고, 보편시간에 대한 시간지연의 값인 5년은 물리적 시간지연이다. 10년은 5년을 포함하고 있는 것이다.

비유를 하나 들어보자. 다섯 명의 학생이 100미터 달리기 시합을 했다고 하자. 1등부터 5등까지 차례로 15초, 16초, 18초, 19초,

20초에 결승선에 들어왔다고 하자. 이 경우 우리는 각각의 학생은 다른 학생들과 비교하여 몇 초 빠르거나 몇 초 느리게 왔다고 말할 수 있다. 예컨대 1등은 5등보다 5초 빠르게 들어왔고, 3등은 2등보다 2초 느리게 들어왔다. 이처럼 모든 학생들은 다른 어떤 학생들에 대하여 상대적으로 그 속도를 비교할 수 있다. 이것이 일종의 좌표적 빠르기다. 다섯 명의 평균 기록은 17.6초다. 1등은 평균 시간보다 2.6초 빨리 들어왔고, 5등은 평균 시간보다 2.4초 늦게 들어왔다. 이것이 물리적 빠르기다. 1등은 5등보다 5초 빠르게 들어왔고 평균 시간보다는 2.6초 빨리 들어왔다. 5초 안에 2.6초가 포함되어 있는 것이다. 이처럼 각각의 달리기 속도는 다른 학생들과 상대적으로 비교할 수도 있고, 평균 속도와 절대적으로 비교할 수도 있다.

시간지연도 이와 마찬가지다. 모든 관찰자는 각자의 시간의 속도를 가진다. 그래서 모든 관찰자는 다른 관찰자에 대하여 시간이 얼마나 느려지고 빨라졌는지 상대적으로 비교할 수 있다. 그렇다고 해서 (일종의) 절대적인 비교가 불가능한 것은 아니다. 모든 관찰자의 관계가 만드는 보편시간이 존재하기 때문이다. 그래서 모든 관찰자는 다른 관찰자의 시간과 상대적으로 비교할 수도 있고, 보편시간과 절대적으로 비교할 수도 있다.

마치기 전에 한 가지 짚어둘 것이 있다. 우리가 '좌표적'이라는 용어를 '물리적'이라는 용어에 대비하여 사용했기 때문에, 좌표적 현상을 자칫 겉보기 현상이라거나 착시현상인 것처럼 오해할 수도 있다. 하지만 그렇게 간단하게 설명할 수 있는 것이 아니다. 사실 '좌표적'이라는 개념은 상대성이론을 이해하는 데 필요한 핵심 개념이다. '좌표적'이라는 용어를 어떻게 보느냐에 따라서 상대성이론의 의미가 달라진다는 말이다. 그럼에도 불구하고 굳이 '좌표적'이라는 용어의 의미를 설명하자면, 그것은 '물리적'이라는 의미와 '겉보기'라는 의미 그 중간 정도의 의미가 아닐까 생각한다. 모호하지만 이 정도밖엔 설명할 수가 없다.

정리

지금까지의 논의를 간단히 정리해보자.

- 특수상대성이론에 따르면 상대적으로 운동하는 관찰대상의 시간은 지연되고 길이는 수축된다. 이것을 시간지연/길이수축이라고 한다.
- 시간지연/길이수축을 물리적 현상과 좌표적 현상으로 구분할 수 있다. 물리적 현상은 보편공간에 대하여 관찰대상이 겪는 현상이고, 좌표적 현상은 관찰자에 대하여 관찰대상이 겪는 현상이다.
- 보편시간/보편공간을 통해서 여러 가지 우주선 사고실험과 쌍둥이 사고실험을 설명할 수 있다.
- 원자시계와 인공위성에서와 같이 실험으로 관찰 가능한 시간지연은 좌표적 현상이고, 그 안에 물리적 현상이 포함되어 있다고 볼 수 있다.

4장에서 보편시간/보편공간을 전제로 하는 관계적 3차원주의를 제안하였다. 그렇다고 해서 내가 관계적 3차원주의가 기존의 3차원주의의 문제를 모두 해결했다고 주장하는 것은 아니다. 그리고 우주선 사고실험과 쌍둥이 사고실험이 3차원주의에 대한 결정적인 증거라거나 4차원주의에 대한 결정적인 반증이라고 주장하는 것도 아니다.

나는 4장에서의 이러한 작업은 두 가지 점에서 의미가 있다고 생각한다. 첫째, 3차원주의에 대한 오해, 즉 3차원주의가 에테르를 기준으로 하는 절대시간/절대공간을 전제로 한다는 오해를 종식시킴으로써 관계적 3차원주의를 보다 견고한 이론으로 만들었다는 점이다. 그리고 그렇게 함으로써 거의 사라져가는 3차원주의를 되살릴 수 있는 불씨를 만들었다는 것이다. 둘째, 형이상학 이론에 대한 분석적 방법론을 보여주었다는 점이다. 여기에서 내가 보여준 방법론은 수리적, 논리적 분석에 의해서 사고실험을 정합적으로 설명하는 것이다.

시간여행 다시보기

딕스 다시보기

✳   특수상대성이론에 따르면 관찰자에 대하여 상대운동을 하는
관찰 대상의 시간은 느리게 흐른다. 그리고 일반상대성이론에 따르
면 중력이 강한 지역에서는 상대적으로 중력이 약한 지역에서보다
시간이 느리게 흐른다. 이것을 시간지연(Time Dilation)이라고 한다.

그래서 우주여행을 하고 돌아온 민수는 지구에 남아 있었던 영
희보다 더 젊어져 있을 수 있고, 영화 〈인터스텔라〉에서처럼 우주
여행을 하고 돌아온 주인공 쿠퍼(Cooper)는 자신의 딸보다 더 젊어
져 있을 수도 있다. 이런 가상의 시나리오뿐만이 아니다. 실제로 대
기권 상층부에서 생성되어 빛에 가까운 속도로 떨어지는 뮤온 입
자의 시간은 지구의 시간보다 훨씬 느리게 흐르고, 지구 위에서보
다 중력의 영향을 덜 받는 인공위성에서의 시간은 지구의 시간보
다 빠르게 흐른다.

ⓒ Warner Bros. Pictures

시간지연과 관련된 사고실험을 하나 생각해보자. 민수, 쿠퍼, 뮤온, 인공위성이 각자의 여행을 마치고 다시 지구에 도착했다고 하자. 지구시간으로 10년이 흐르는 동안 민수의 시간은 6년, 쿠퍼의 시간은 4년, 뮤온의 시간은 2년, 인공위성의 시간은 12년이 흘렀다고 하자. 이러한 상황을 그림으로 나타내보자.

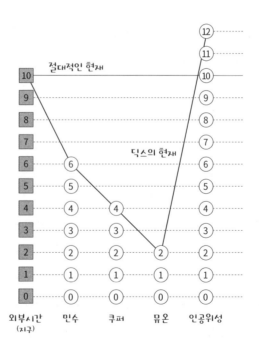

지구에서의 현재와 민수, 쿠퍼, 뮤온, 인공위성의 현재가 다르다. 그런데 이런 그림을 어디선가 본 것 같다. 그렇다. 포악한 오로라 공주 이야기를 하면서 본 그림이다. 바로 딕스(Dieks)의 3차원주의다. (2장 5절) 기존의 3차원주의에는 절대적인 현재순간이 존재하지만, 딕스의 3차원주의에는 절대적인 현재순간은 없다. 오직 개별자의 현재순간만이 존재할 뿐이다. 민수에게는 민수의 현재가 존재하고, 쿠퍼에게는 쿠퍼의 현재가 존재하며, 뮤온에게는 뮤온의 현재가 존재하고, 인공위성에게는 인공위성의 현재가 존재한다.

도위 다시보기

*   그런데 사실 이것은 표현의 차이일 뿐이다. 보편시간이 개별자들의 관계에서 만들어진다는 점을 받아들이면, 개별자의 현재를 위아래로 움직이고 잡아당겨서 현재순간을 일치시킬 수 있기 때문이다. 그리고 이렇게 만들어진 현재를 보편적인 현재라고 정의할 수 있다. 다시 말해서 절대적인 현재가 먼저 있고 그 순간에 존재하는 것을 현재-존재자라고 보는 것이 아니라, 현재-존재자의 집합을 보편적인 현재로 보자는 것이다.

여기에서 민수, 쿠퍼, 뮤온, 인공위성은 시간여행을 한 것인가? 아닌 것 같다. 이것들이 시간여행을 했다면 민수, 쿠퍼, 뮤온은 미래-존재자이고 인공위성은 과거-존재자라고 말할 수 있어야 하는데, 아무리 보아도 그것들이 미래-존재자이거나 과거-존재자는 아닌 것 같기 때문이다. 다시 말해서 민수의 개별시간이 아무리 과거

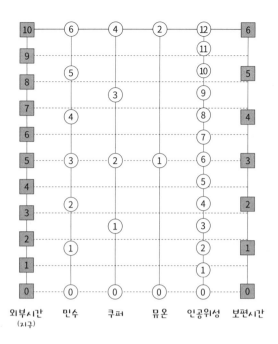

로 뒤처졌다고 해도 민수가 과거에 존재한다고 말할 수 없고, 인공위성의 개별시간이 아무리 미래로 앞질러갔다고 해도 인공위성이 미래에 존재한다고 말할 수 없다. 그 어떤 것도 과거나 미래에 존재할 수 없다. 어떤 것이 존재하면, 그것은 항상 현재에 존재한다.

잠깐. 이 얘기 어디서 들었던 것 같다. 그렇다. 앞서 도위(Dowe)가 터미네이터 이야기를 하면서 이와 비슷한 말을 했었다. (2장 2절) 2029년 터미네이터가 시간여행을 출발한 때에는 2029년이 현재고, 1984년 터미네이터가 시간여행에서 도착한 때에는 1984년이 현재다. 터미네이터는 현재에 출발하고 현재에 도착한 것이다. 왜냐하면 터미네이터가 존재하는 곳은 항상 현재이기 때문이다.

말하자면 민수가 6년을 여행하고 돌아왔어도 현재고, 쿠퍼가 4년을 여행하고 돌아왔어도 현재다. 그리고 뮤온이 2년을 이동했어도 현재고, 인공위성의 시간이 12년이 흘렀어도 현재다. 그런데 이렇듯 각자가 겪은 개별시간이 모두 다른데 어떻게 모두 현재에 존재할 수 있을까?

그것은 민수의 6년과 쿠퍼의 4년, 뮤온의 2년과 인공위성의 12년이 모두 개별시간이기 때문에 그렇다. 각자가 경험한 개별시간은 모두 다르지만 보편적인 현재에 있을 수 있기 때문이다. 그렇다면 개별시간이란 무엇인가?

개별시간에 대한 한 가지 정의는, 개별자의 변화의 속도를 기준으로 하는 시간이라는 것이다. 예컨대 쿠퍼의 수염이 자라는 속도, 쿠퍼의 우주선이 녹스는 속도, 쿠퍼가 마시는 커피가 식는 속도, 쿠퍼의 손목시계가 돌아가는 속도가 쿠퍼의 개별시간의 기준이 되는 것이다. 그래서 쿠퍼가 우주여행을 하고 돌아왔을 때 쿠퍼의 시간이 4년이 흘렀다는 것은, 쿠퍼가 탄 우주선 안에서 벌어진 모든 사건의 과정이 보통의 상황에서라면 10년 동안에 벌어질 과정이 벌어졌다는 것이다. 그래서 쿠퍼의 신체 나이가 4년이 늙었고 쿠퍼의 손목시계는 4년이 흘렀던 것이다.

우리는 앞에서 이와 비슷한 논의를 한 적이 있다. 엘비스 문제로 다시 돌아가보자. (2장 4절) 켈러와 넬슨, 호위츠는 "엘비스는 날씬하면서 뚱뚱하다"는 문장이 모순이 아니라고 말했다. 왜냐하면 개별시간 개념을 도입하면 날씬한 엘비스와 뚱뚱한 엘비스가 '동시에' 존재하는 것이 아니라는 것이다.

이에 대하여 사이더는 반대했다. 개별시간은 물리적 시간이 아니라 사실상 편의상 측정된 양(defined quantity)일 뿐이라는 것이다. 그리고 그렇게 편의상 측정된 양을 객관적인 시간처럼 사용할 수 없다는 것이었다. 사이더의 반론은 간단히 말해서, 변화의 속도를 시간의 속도처럼 보아서는 안 된다는 것이다.

사이더의 주장을 제대로 다루기 위해서, 우리는 슈메이커의 결빙파티 반론을 다시 보아야 한다. (3장 2절) 슈메이커는 '변화 없는 텅 빈 시간'이 개념적으로 가능하다는 점을 보이기 위하여 결빙파티 반론을 제시한 적이 있다. 즉, 변화와 무관하게 시간이 흐를 수 있다는 것이다. 그래서 변화와 시간이 무관하다는 슈메이커의 주장을 받아들이면, 변화의 속도를 시간의 속도로 보아서는 안 된다는 사이더의 반론은 힘을 얻게 된다.

김한승 교수는 슈메이커의 주장에 동의하는 척하다가, 슈메이커의 허점을 찔렀다. 그것은 변화와 시간이 무관할 수 있지만, 그러려면 시간이 흘러야 한다는 것이었다. 우리도 이러한 전략을 사용할 수 있다. 변화는 개별시간과 무관할 수 있지만, 변화를 설명하기 위해서는 보편시간이 존재해야 한다고 말이다. 왜냐하면 '변화의 속도'는 '변화한 정도'를 '변화하는 데 걸린 시간'으로 나눈 값이다. 따라서 민수, 쿠퍼, 뮤온, 인공위성의 변화의 속도가 느려졌다고 말하려면, 그것의 기준이 되는 시간이 있어야 한다. 그것이 바로 보편시간이다. 다시 말해서 보편시간이 존재하지 않는다면 변화의 속도를 말할 수도 없기 때문이다.

어떤 4차원주의자들은 이러한 반응을 보일 것이다. 그래서 고대 그리스의 파르메니데스가 변화가 불가능하다는 결론을 내리지 않았느냐고 말이다. (3장 1절) 이러한 반론을 받아들인다면, 우리는 다시 2,500년 전 논의로 돌아가야 한다.

정말로 이 싸움은 끝날 기미가 안 보인다. 이쯤에서 우리는 형이상학이라는 싸움터에서는 논쟁의 승패가 그렇게 쉽게 결정되지 않는다는 칸트의 말을 새겨들을 필요가 있다.

(형이상학이라는 싸움터에서는) 아직 어느 전사도 최소한의 땅이나마 싸워서 빼앗아 갖지 못했고, 어느 전사도 승리를 기반으로 해 영구적인 점유를 확립하고 있지 못한다.[18]

여기에서 보편시간은 무엇인가? 설명을 간단히 하기 위하여 우주에 민수, 쿠퍼, 뮤온, 인공위성 이렇게 네 개의 존재자밖에 없다고 하자. 그러면 이것들이 여행을 하는 동안에 흐른 보편시간은 이것들의 관계에 의해서 만들어진다. 편의상 민수, 쿠퍼, 뮤온, 인공위성의 여행시간을 산술평균하여 6년이라고 하자. (보편시간이 이렇듯 산술평균으로 계산되는 것도, 모든 공간에서 균일하게 흐르는 것도 아니다. 쉽게 설명하기 위하여 가정한 것일 뿐이다.)

이때 각각의 존재자들 사이의 시간 차이는 좌표적 시간지연으로 발생한 것이고, 각각의 존재자와 보편시간 사이의 차이는 물리적 시간지연으로 발생한 것이다. 예컨대 쿠퍼와 뮤온이 만났을 때 쿠퍼의 시간은 4년이 지났고 뮤온의 시간은 2년이 지났으므로, 뮤온이 쿠퍼의 시간에 대해서 2년의 좌표적 시간지연이 일어났다고 볼 수 있다. 그리고 쿠퍼와 보편시간의 차이도 2년이므로, 쿠퍼의 물리적 시간지연도 2년이 일어났다고 볼 수 있다. 마찬가지로 뮤온과 보편시간의 차이는 4년이므로, 뮤온의 물리적 시간지연도 4년이 일어났다고 볼 수 있다.

루이스 다시보기

＊　앞에서 우리는 루이스(Lewis)의 시간여행에 관한 정의를 살펴보았다. (2장 1절) 그는 시간여행을, 시간여행자의 개별시간과 외부시간이 일치하지 않는 여행으로 정의하였다. 우리는 그의 정의에 따라 시간여행을 세 가지 유형으로 구분하였다. 점프 형 시간여행, 시간지연형 시간여행, 순환형 시간여행. 그중에서 시간지연형 시간여행은 시간여행자의 시간이 빠르게 흘러 외부시간을 앞질러가서 미래로 가거나, 시간여행자의 시간이 느리게 흘러 외부시간에 뒤처져서 과거로 가는 여행이다. 특수상대성이론과 일반상대성이론 때문에 발생하는 시간지연 현상을 이용한 시간여행이다.

　루이스의 정의를 받아들이면, 민수, 쿠퍼, 인공위성, 뮤온입자는 시간여행을 한 것이다. 민수, 쿠퍼, 뮤온의 개별시간은 지구의 외부시간보다 길기 때문에 미래로 시간여행을 한 것이고, 인공위성의 개별시간은 지구의 외부시간보다 짧기 때문에 과거로 시간여행을 한 것이다. 그것을 기술한 것이 다음 그림이다.

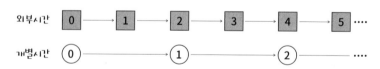

민수, 쿠퍼, 뮤온의 미래로의 시간여행

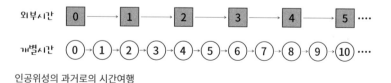

인공위성의 과거로의 시간여행

처음에는 이 그림을 보고 의심 없이 시간여행을 기술한 것이라고 생각했겠지만, 이제는 좀 달리 보일 것이다. 이것은 민수, 쿠퍼, 뮤온의 변화의 속도가 느려지고, 인공위성의 변화의 속도가 빨라진 것을 기술하는 그림이다. 따라서 시간지연형 시간여행은 진짜 시간여행이 아닌 셈이다. 결국 루이스의 시간여행에 관한 정의는 틀렸다고 보아야 한다.

정리

지금까지의 논의를 간단히 정리해보자.

- 민수, 쿠퍼, 뮤온, 인공위성의 시간지연은 딕스의 3차원주의를 연상시킨다.
- 도위는 존재하는 모든 것은 현재라는 입장을 제시했었다. 이러한 점을 받아들이면 민수, 쿠퍼, 뮤온, 인공위성의 시간의 속도가 느려지는 것이 아니라 변화의 속도가 느려지는 것이라고 볼 수 있다.
- 개별시간을 변화의 속도로 정의할 수 있는지에 대한 논란이 있을 수 있다. 하지만 그렇게 할 수 없다고 하더라도, 보편시간은 존재한다고 말할 수 있다. 변화의 속도가 느려질 수 있기 위해서는 보편시간이 필요하기 때문이다.
- 이러한 설명이 옳다면, 시간지연형 시간여행은 진짜 시간여행이 아니다. 따라서 루이스의 시간여행 정의는 수정되어야 한다.

도위의 주장은 간단히 말해서, 어떤 것이 존재한다면 그것은 현재에 존재한다는 것이다. 기존의 3차원주의가 현재 시점에 개별자들이 존재한다고 주장하는 데 반해, 도위의 3차원주의는 개별자들의 존재하는 시점을 현재시점이라고 규정하자는 것이다. 현재가 존재를 규정하는 것이 아니라 존재가 현재를 규정한다는 말이다. 내가 보기에 딕스의 입장도 이와 비슷해 보인다. 딕스는 보편적인 현재시점 같은 것은 없고 개별자가 존재하는 순간이 개별자의 현재 순간이라는 것이다.

사실 도위(Dowe)는 시간지연형 시간여행이 실제로 가능하다고 생각했었다.[19] 그래서 3차원주의를 주장하기 위해서 3차원주의 세계에서도 시간여행이 가능하다고 억지를 부렸던 것이다. 그런데 도위의 주장을 받아들이면 시간지연형 시간여행은 진짜 시간여행이 아니라는 것을 알 수 있다. 세상 일이 다 그렇다. 어떤 행위를 하게 만든 의도와 그 행위의 결과가 일치하는 경우가 사실 그리 많지 않다.

아무튼 도위의 주장은 볼수록 재미있다. 뭔가 이상하긴 한데, 솔직히 그게 뭔지 잘 모르겠다.

형이상학이 모든 학문들의 여왕이라 불리던 시절이 있었다.
그러나 지금은 형이상학에게 온갖 멸시를 표시하는 것이 시대의 유행이 되어서,
내쫓기고 버림받은 형이상학이라는 노녀(老女)는 헤쿠바처럼 탄식하고 있다.

_칸트의 『순수이성비판』 중에서

V

에필로그

철학과 과학의 공존과 대립

＊   16, 17세기 과학혁명의 시기에 유럽에서 활동했던 과학자들
은 혁명가에 가깝다. 그 이유는 그들이 혁명적인 사상을 가졌기 때
문이 아니라, 그들의 사상이 자신들을 위험에 빠뜨릴 수 있다고 생
각하는 로마교회의 탄압으로부터 자신의 사상을 목숨 걸고 지키려
했기 때문이다.

    당시 로마교회는 천동설을 지지하고 있었다. 그들에게 태양이
지구를 중심으로 돈다는 것은 양보할 수 없는 믿음이었다. 우주의
중심은 지구이고 지구의 중심은 바티칸이며 바티칸의 중심은 교황
이어야 하기 때문이다. 그래서 그들은 자신들의 그러한 신념에 반
대하는 과학자들을 힘과 권위로 탄압했다.

    그래서 코페르니쿠스(Nicolaus Copernicus, 1473~1543)는 최초의 지
동설을 주장한 『천구의 회전에 관하여』서문에다 자신의 이론이
'사실'이 아니라 '가설'이라는 단서를 달아야 했고, 목성의 달을 발

견한 갈릴레오(Galileo Galilei, 1564~1642)는 지동설을 주장하다 이단
으로 몰려 재판에 회부되어 자신의 이론을 철회해야 했다. 그리고
범신론자였던 브루노(Giordano Bruno, 1548~1600)는 우주가 무한하
다는 자신의 주장을 철회하지 않다가 화형을 당해야 했다.

　이러한 위기에서 과학자들을 구한 사람은 프랑스의 철학자 데카
르트(René Descartes, 1596~1650)였다. 그는 "나는 생각한다. 고로 존
재한다"는 (세상에서 가장 오해가 많은) 명제로부터 이원론을 논증
했다. 이원론이란 세상에 존재하는 것은 정신과 물질, 두 실체라는
입장이다. 이원론은 현실적으로 철학과 과학이 충돌하는 현장에서
결정적인 역할을 했다. 정신은 철학의 영역에 남겨두고 물질은 과
학의 영역에 남겨둠으로써, 철학과 과학은 각자 영역에 남겨진 실
체에 대한 권한을 부여받고 잠정적인 휴전에 들어갈 수 있게 된 것
이다. 그래서 과학자들은 더 이상 종교재판에 회부되지 않을 수 있
었고, 더 이상 화형대를 두려워하지 않을 수 있게 되었다. 이렇게
해서 철학과 과학이 서로의 영역을 침범하지 않는 평화로운, 하지
만 어색한 공존의 시대가 열렸다.

코페르니쿠스

갈릴레오

브루노

르네 데카르트

철학

과학

데카르트가 칼로 물을 베다

18, 19세기에 들어와 상황이 조금씩 바뀌기 시작했다. 과학이 다루는 영역의 스펙트럼이 점점 넓어지기 시작한 것이다. 자연의 탐구에만 머물러 있었던 과학이 사회에 대한 탐구를 하기 시작했고 급기야는 인간의 영혼을 탐구하기에 이르게 되었다. 이렇게 해서 등장한 학문이 사회과학과 심리학이다. 과학에게 물질의 영역만을 내주었던 철학에게 이제 남은 것이 별로 없게 되었다. 결국 철학은 '만학의 왕'이라는 허울 좋은 칭호를 가지는 것으로 만족할 수밖에 없는 처지로 전락해버렸다.

20세기에 들어와 상황은 더 심각해졌다. 현대 물리학으로 무장한 과학자들이 이제는 자신들이 철학을 하겠다고 나선 것이다. 고전 물리학의 시대까지만 해도 과학과 철학 사이에 큰 충돌은 없었지만, 현대 물리학의 시대에 들어오면서 과학과 철학이 계속해서 충돌했기 때문이다. 상대성이론은 시간과 공간, 중력과 힘 등에 대하여, 양자역학은 존재자의 존재방식, 확률 등에 대하여 철학과는 다른 완전히 새로운 개념을 제시하였기 때문이다.

드디어 과학의 시대가 열렸다. '과학적'이라는 말은 '진리를 찾는 옳은 방법'이라는 의미가 되었고, '과학자'는 '진리를 좇는 사람'이 되었다. 이제 사람들은 철학자의 말은 들은 체 만 체 하지만, 과학자의 말은 귀 귀울여 듣는다. 철학과 과학이 대결할 때 사람들이 과학에 판돈을 거는 시대가 되었다.[1]

이 말은 단지 비유만이 아니다. 유럽은 우주 초기를 재현해보기 위하여 대형 강입자 충돌기(LHC) 프로젝트에 4조6천억 원을 쏟아부었고, 미국은 중력파를 탐지하기 위하여 라이고(LIGO)를 건설하고 유지하는 데 1조 원을 투자하였다. 그리고 미국은 뇌과학(brain science) 연구에 3조5천억 원을 투입하였다. 물리이론을 검증하는 대

신에 아리스토텔레스의 문헌을 번역하고, 뇌의 지도를 그리는 대신에 정신분석적 심리치료를 연구하는 것에 대해 당신은 얼마나 투자할 가치가 있다고 생각하는가? 인문학이 중요하다고들 하면서, 왜냐고 물으면 과학기술과 인문학이 융합되어야만 더 구매력이 좋은 상품을 만들 수 있다거나, 인문학을 알아야 더 경쟁력 있는 인재가 된다는 이유밖에 대지 못하는 우리들이 아닌가?

이전의 모든 권위를 움켜쥐고 있었던 철학은 이제 적어도 지식에 관한 한 자신의 권위를 과학에 양도하기 시작했다. 1992년 교황은 갈릴레오의 종교재판에 대하여 사과했고, 2008년에는 갈릴레오의 지동설을 공식적으로 인정했다. 그리고 2014년 교황은 빅뱅은 우연한 사건이 아니라 신의 계획 속에서 일어났다고 함으로써 철학과 과학이 양립할 수 있다는 입장으로까지 물러났다. 이제 지식권력은 철학에서 과학으로 넘어갔다. 일찍이 칸트는 철학의 이러한 상황을 트로이의 몰락한 왕비 헤쿠바(Hecuba)에 비유하고 있다.

형이상학이 모든 학문들의 여왕이라 불리던 시절이 있었다.…… 그러나 지금은 형이상학에게 온갖 멸시를 표시하는 것이 시대의 유행이 되어서, 내쫓기고 버림받은 형이상학이라는 노녀(老女)는 헤쿠바처럼 탄식하고 있다.[2]

과학이 진리에 대한 권위를 가지게 되면서 과학은 이제 스스로 '독단의 잠'에 빠져들었다. 형이상학을 내쫓고 그의 잠자리를 빼앗은 것이다. 독단의 잠에 빠져든 과학은 이제 스스로를 돌아보지 않고 질주했다.

과학에 많은 영역을 빼앗긴 철학이 할 일은 이제 이전처럼 많지 않았다. 그러자 20세기에 들어와 철학은 새로운 임무를 자임하며 돌파구를 마련한다. 그 임무란 전통적인 형이상학적 문제에 천착하는 것이 아니라, 언어분석을 통하여 철학적 문제를 논리적으로 분석하는 것이었다. 즉, 철학적 방법론을 철학적 대상으로 삼은 것이다.

그러다 보니 갑자기 철학의 할 일이 많아졌다. 왜냐하면 수학은 수학의 언어를 이용해서, 물리학은 물리학의 언어를 이용해서, 심리학은 심리학의 언어를 통해서 이루어지는데, 그러한 언어의 용법이 타당한지에 대한 판단은 수학이나 물리학이나 심리학이 할 수 있는 것이 아니기 때문이다. 그것은 철학만이 할 수 있는 일이다. 그래서 결국 연구의 대상은 개별 과학에게 넘어갔지만 개별 과학은 철학의 감시하에 놓이게 되었다. 그렇게 해서 등장한 철학의 한 분야가 물리학의 철학(The Philosophy of Physics)이다.

3차원주의와 4차원주의 사이의 공방

✳   철학과 과학 사이에 벌어진 양상의 한 단면을 3차원주의와 4차원주의의 관계에서 찾아볼 수 있다. 4차원주의는 역사적으로 오래된 이론이지만, 본격적으로 지지를 받기 시작한 것은 20세기 현대 물리학이 등장하면서부터다. 그 주축이 된 사람들은 아인슈타인의 상대성이론이 갖는 수학의 아름다움에 매료된 과학자들이었다. 여기에 일부의 철학자들, 특히 수학이 자연의 실재를 기술한다고 생각하는 친-과학 철학자들이 가세했다. 이들은 자연과학(physics)과 형이상학(metaphysics)은 본질적으로 다른 학문이 아니며 따라서 자연과학자들이 형이상학 이론을 제시하는 것이 당연하다고 생각했다. 그래서 이들은 철학과 과학의 경계를 넘나들며 자신들의 이론을 확장시켜나갔고, 이러한 움직임은 4차원주의라는 새로운 형이상학적 세계관의 확장으로 이어졌다.

   3차원주의자들은 처음에는 4차원주의의 등장을 심각하게 여기지 않았다. 이들은 형이상학은 자연과학의 너머(meta)의 영역이므로 과학이론을 형이상학으로 확대 해석할 수 없다고 하면서, 4차원주의를 외면하였다. 물론 이들의 외면이 진짜로 철학과 과학은 별개의 영역이라고 생각했기 때문일 수도 있고, 과학 따위가 뭐라 하든 인간의 직관은 여전히 자신들의 편이라고 생각했기 때문일 수도 있다. 아니면 현대 물리학을 직접 다루기가 벅찼기 때문일 수도 있다. 이유야 어쨌든 3차원주의자들은 상대성이론과 관련된 과학의 쟁점들을 방임했다.

   이러한 방임이 문제였다. 4차원주의자들은 상대성이론을 근거로 자신들의 세계관을 거침없이 확장하고 나선 것이다. 그들은 마

제논

치 "날아가는 화살은 날지 않는다"는 제논(Zenon, BC 490~BC 430)의 전통을 이어받은 것처럼 "시간은 흐르지 않는다"는 반직관적인 4차원주의 이론을 확장해나갔다.

이제 데카르트가 구분한 철학과 과학 사이의 경계가 사라졌다. 애초에 그것은 칼로 물 베기였다. 3차원주의자들은 더 이상 철학(형이상학)이라는 자신들의 영역 안에만 숨어 있을 수 없었다. 그래서 일부 철학자들은 3차원주의 관점에서 물리학을 다루기 시작했다. 물리학은 자연현상을 기술하는 수학적 법칙을 발견하지만, 수학적 법칙을 어떻게 해석해야 하는지는 철학의 영역이라고 볼 수 있기 때문이다. 말하자면 물리학 자체를 철학의 대상으로 삼은 것이다.

그중에서 크레이그(Craig)는 상대성이론에 대한 새로운 해석을 제시하면서 3차원주의를 지지하였고, 맥스웰(Maxwell), 스타인(Stein), 딕스(Dieks) 등과 같은 철학자들도 상대성이론을 3차원주의의 입장으로 해석했다. 그리고 비록 소수이지만 아이브스(Ives), 빌더(Builder), 프로코프닉(Prokovnik) 등과 같은 물리학자들도 3차원주의에 가담했다.

내가 보기에 4차원주의자의 대부분은 과학자들이다. 물론 여기에 과학적 방법론을 진리 탐구의 가장 최적한 방법론이라고 생각하는 친-과학적 철학자들도 포함된다. 그리고 3차원주의의 대부분은 현대 분석철학자들이다. 열성적인 3차원주의자거나 4차원주의자들의 분포가 그렇다는 말이다. 하지만 여전히 많은 철학자나 과학자들은 특정한 입장을 가지고 있지 않다. 어떤 점에서는 3차원주의가 그럴듯하고, 어떤 점에서는 4차원주의를 지지할 만하기 때문이다.

하지만 3차원주의와 4차원주의의 전체 지형을 그릴 수는 있다. 과학자들과 친-과학적 철학자들 사이에서만 보면 4차원주의가 우세하고, 전통적인 철학자를 포함한 철학자들 사이에서만 보면 3차원주의가 우세하다. 물론 하나의 이론을 지지하는 사람이 많다고 해서 그 이론이 더 좋은 이론이라고 말할 수는 없다. 하지만 숫자는 3차원주의와 4차원주의 사이에 적어도 치열한 대립이 있다는 것을 보여준다.

철학과 과학으로서의 3차원주의와 4차원주의

＊   아인슈타인의 상대성이론에 영향을 받은 많은 과학자들은 4차원주의의 근거로서 상대성이론의 상대적 동시성 개념과 민코프스키의 4차원 시공간 개념을 들고 있다. 4차원주의를 하나의 과학 이론으로만 본다면 그 근거로 충분해 보인다. 그러나 3차원주의와 4차원주의는, 상대성이론과 관련이 있긴 하지만, 하나의 과학이론이라고 말하기에는 너무나 포괄적인 이론이다. 3차원주의와 4차원주의는 오히려 철학과 과학, 언어와 논리가 다양한 방식으로 엮여 있는 하나의 세계관에 가깝다.

세계를 바라보는 다양한 관점이 있다. 철학자는 형이상학과 논리의 관점에서 세계를 조망하고, 과학자는 과학과 분석의 관점에서 세계를 관찰한다. 예술가는 아름다움과 추함으로 세계를 주시하고, 성직자는 종교와 도덕으로 세계를 가늠한다. 그리고 사람들은 모두 각자의 방식으로 세계와 대면하고 세계를 이해한다.

하나의 세계관을 가진다는 것은 다양한 관점들을 통합하여 이해한다는 것을 뜻한다. 비록 그것이 과학으로부터 시작된 하나의 이론이라고 하더라도, 그것이 하나의 세계관으로 나아가기 위해서는 다양한 관점이 고려되어야 한다. 그러한 고려를 하지 않을 때 그것은 독단적이 될 수밖에 없다.

우리는 왜 그토록 많은 철학자들이 3차원주의를 고수했는지 그 이유를 생각해보아야 한다. 그들이 상대성이론을 몰라서 그런 것도 아니고, 더욱이 과학의 권위를 받아들이고 싶지 않아서 그런 것도 아니었다. 어떤 사람은 철학적 이유에서, 어떤 사람은 신학적인 이유에서, 또 어떤 사람은 다른 과학적 이유에서 3차원주의자가 되었던 것이다.

내가 특히 주목하는 사람은 맥스웰이다. 맥스웰은 3차원주의에 대한 세 가지 근거를 제시한 바 있다.[3] 맥스웰이 제시한 근거를 보면 그가 어떤 철학적, 과학적 이유에서 3차원주의를 지지하게 되었는지 알 수 있다. 약간의 추측을 덧붙여 그의 입장을 생각해보자.

맥스웰은 3차원주의에 대한 첫 번째 근거로서 자연의 인과법칙을 제시하였다. 그는 4차원주의를 받아들이면 자연의 인과율이 설 땅을 잃을 것이라고 생각했다. 3차원주의 세계에서는 자연이 필연적으로 인과법칙의 지배를 받지만, 4차원주의 세계에서는 그렇지 않다고 보았기 때문이다. 이러한 그의 생각이 옳든 그르든 간에, 그에게는 자연이 인과법칙에 의해서 지배를 받는다는 믿음이 4차원주의를 반대할 이유로 충분했다고 본 것이다.

그가 제시한 두 번째 근거는 인간의 자유의지다. 4차원주의 세계에서는 인간의 자유의지가 개입할 여지가 없다. 인간이 어떤 선택을 하든 과거/현재/미래가 이미 다 벌어지고 있기 때문이다. 그렇다면 인간은 자신의 행위에 대하여 도덕적 책임을 질 필요가 없다. 자유의지와 도덕의 문제가 그렇게 도식적으로 정리되는 것은 아니지만, 적어도 직관적으로는 그렇다. 조금 과장해서 말하면 4차원주의를 받아들이면 인간은 자신의 행위에 대해서 도덕적 책임을 져야 할 이유가 없는 것이다. 따라서 맥스웰은 도덕적 세계를 구하기 위해서 3차원주의를 선택했다고 추론할 수 있다.

맥스웰의 이러한 입장은 전형적인 도덕주의적 오류(moralistic fallacy)라고 말할 수 있다. 도덕주의적 오류란, 당위로부터 사실을 추론하는 오류를 말한다. 예컨대 "남녀는 평등해야 한다"는 당위의 명제로부터 "남녀의 능력은 똑같다"는 사실의 명제를 추론하는 오류를 말한다. 맥스웰의 입장이 도덕주의적 오류를 범하고 있건 아니건 간에, 그에게는 세계가 도덕적이어야 한다는 믿음이 4차원주의를 반대할 이유로 충분했다고 본 것이다.

그가 제시한 세 번째 근거는 양자역학이다. 맥스웰은 양자역학에 대한 자신만의 해석을 제시한 바 있다. 이른바 성향적 양자역학이다. 그런데 그의 주장에 따르면 성향적 양자역학과 특수상대성이론은 양립할 수 없다. 따라서 그는 자신의 양자역학을 지키기 위해서 특수상대성이론을 포기해야 하고, 따라서 4차원주의를 믿을 만한 근거가 없어졌다고 생각한 것이다. 나는 그의 성향적 양자역학이 옳은지 아닌지에 대해서 논할 생각은 없다. 내가 말하고자 하는 요지는, 3차원주의와 4차원주의를 선택하는 데 우리는 상대성이론뿐만 아니라 다른 과학이론 또한 고려해야 한다는 점이다.

오늘날 현대 물리학에 남겨진 중요한 과제 중의 하나는 상대성이론과 양자역학을 통합하는 것이라고 한다. 게다가 양자역학의 해석에 관해서는 아직 많은 논쟁거리가 남아 있다. 이런 와중에 상대성이론이 설명하는 몇몇 현상을 근거로 해서, 3차원주의와 4차원주의 사이에 어떤 결론을 내리는 것은 성급하다고 생각한다. 앞으로 갈 길이 멀다는 말이다.

우리는 지금까지 3차원주의와 4차원주의를 다루면서 철학과 과학 사이에 난 길을 아슬아슬하게 걸어왔다. 이 길을 오는 동안 우리는 시간여행에 관한 여러 쟁점들을 살펴보기도 하고, 고대로부터 현대에 이르기까지 철학사의 맥락에서 두 이론을 조망해보기도 했다. 언어의 관점으로도 접근해보았고, 각각의 이론이 논리적으로 모순이 없는지도 살펴보았다. 그리고 상대성이론에 대한 해석의 관점으로도 들여다보았다. 이렇게 함으로써 나는 3차원주의와 4차원주의를 다양한 관점에서 전체적으로 조망하려 하였다. 나는 3차원주의와 4차원주의 사이에서 대체로 균형을 잡고자 노력하였다.

하지만 4장에서 나는 3차원주의를 변호하는 입장에 섰다. 뉴턴, 라이프니츠, 칸트와 같은 근대 철학자의 시간이론과 3차원주의를 연결한 관계적 3차원주의를 제안하였고, 이를 우주선 사고실험과 쌍둥이 사고실험을 통해서 설명하였다. 물론 시간을 다시 되찾으려는 나의 이러한 시도가 충분한 설득력을 갖춘 것은 아닐 것이다. 논증이 어딘가 잘못되어 있을 수도 있고, 내가 상대성이론을 잘못 이해한 부분도 있을 수 있다.

솔직히 말해서 그렇다고 내가 3차원주의가 옳다고 확신하는 것은 아니다. 4차원주의를 받아들여야만 설명이 되는 더 많은 현상이나 사고실험이 있다. 몇몇 사고실험을 근거로 제시하였다고 해서 갑자기 3차원주의가 증명되는 것도 아니다. 그 점을 나도 잘 안다. 그럼에도 불구하고 내가 3차원주의를 비교적 적극적으로 변호하는 입장에 선 이유는, 상대성이론과 관련된 몇몇 현상들 때문에 3차원주의가 과소평가를 받고 있고, 믿기 어려운 이론일수록 더 믿는 요즘 사람들의 경향 때문에 4차원주의가 과대평가를 받고 있다고 생각하기 때문이다.

특수상대성이론은 현대 물리학의 일부분일 뿐이다. 맥스웰이 생각했듯이 3차원주의와 4차원주의 논의를 확장하기 위해서는 일반상대성이론과 양자역학까지 고려해야 한다. 나는 앞으로 일반상대성이론과 양자역학의 관점에서 3차원주의와 4차원주의를 좀 더 생각해볼 것이다. 이에 관심 있는 독자는 앞으로 이 책의 증보판을 기대해도 좋다. 여기서는 이쯤으로 하자.

주석

1장 프롤로그

1. 철학자에 따라서 3차원주의와 4차원주의를 부르는 명칭은 달라진다. 반 클리브(van Cleve)는 이를 역동적(dynamic) 시간론과 정태적(static) 시간론 으로 부르기도 하고, 발라쇼프 & 얀센(Balashov & Janson)은 이를 실재적 (realistic) 시간론과 공간적(spacelike) 시간론이라고 부르기도 한다. 3차원주 의와 4차원주의라는 명칭은 사이더(Sider)에 따른 것이다.

2. Thomson, J. J., "Parthood and Identity Across Time", *The Journal of Philosophy 80*, 1983, p. 210.

3. Dainton, B., *Time and Space*, McGill-Queen's University Press, 2010, p. 27.

4. Dieks, D., "Special Relativity and the Flow of Time", *Philosophy of Science*, 1988, p. 457.

2장 시간여행에 관한 이야기

1. Lewis, D., "The Paradoxes of Time Travel", *American Philosophical Quarterly*, 1976, p. 145.

2. Sider, T., *Four-Dimensionalism: An Ontology of Persistence and Time*, Oxford University Press, 2001, pp. 107-108.

3. Van Cleve, J., "Space and Time", in *A Companion to Metaphysics*, John Wiley & Sons, 2009, p. 82.

4. Smith N. J. J., "Time Travel", *Standanford Encyclopedia of Philosophy*, 2013, pp. 2-3.

5. Van Cleve, J., "Space and Time", in *A Companion to Metaphysics*, John Wiley & Sons, 2009, p. 82.

6. Keller, S. & Nelson, M., "Presentists Should Believe in Time Travel", *Australasian Journal of Philosophy 79(3)*, 2001, pp. 334-335.

7. Godfrey-Smith, W., "Traveling in Time", *Analysis 40*, 1980. p. 72. 원문에서 는 4차원주의를 블록우주(block universe)라고 말한다. 블록우주에 대해서는

3장에서 논의할 것이다.

8. Grey, W., "Troubles with Time Travel", *Philosophy 74*, 1999, pp. 56-57.

9. Carroll Website, "Nowhere Argument" http://www.timetravelphilosophy.net

10. Dowe, P., "The Case for Time Travel", *Philosophy 75*, 2000, p. 444.

11. Dowe, P., "The Case for Time Travel", *Philosophy 75*, 2000, p. 443.

12. Miller, K., "Time Travel and the Open Future", *Disputatio: International Journal of Philosophy 1(19)*, 2005, pp. 201-202.

13. Daniels, Paul R. "Back to the Present: Defending Presentist Time Travel", *Disputatio 4*, 2012, pp. 474-475.

14. Miller, K., "Time Travel and the Open Future", *Disputatio: International Journal of Philosophy 1(19)*, 2005, p. 202.

15. Daniels, Paul R. "Back to the Present: Defending Presentist Time Travel", *Disputatio 4*, 2012, p. 475.

16. Grey, W., "Troubles with Time Travel", *Philosophy 74*, 1999, p. 57.

17. Hawking, S. W., "Chronology protection conjecture", *Phys Rev D.*, 1992, p. 04.

18. 호프스태터, 박여성 옮김, 『괴델, 에셔, 바흐: 영원한 황금 노끈』, 까치글방, 1999, p. 26.

19. Smith, N. J. J., "Time Travel", *Stanford Encyclopedia of Philosophy*, 2013.

20. Lewis, D., "The Paradoxes of Time Travel", *American Philosophical Quarterly*, 1976, pp. 149-151.

21. Vihvelin, K., "What Time Travelers Cannot Do", *Philosophical Studies 81*, 1996, pp. 317-321.

22. Vranas, P. "What time travelers may be able to do", *Philosophical Studies 150*, 2010, pp. 116-117.

23. Sider, T., "Time Travel, Coincidences and Counterfactuals", *Philosophical Studies 110*, 2002, p. 116.

24. Sider, T., "Time Travel, Coincidences and Counterfactuals", *Philosophical Studies 110*, 2002, pp. 122-125.

25. Sider, T., "Time Travel, Coincidences and Counterfactuals", *Philosophical Studies 110*, 2002, pp. 122-125.

26. Sider, T., "Time Travel, Coincidences and Counterfactuals", *Philosophical*

Studies 110, 2002, pp. 125-128.

27. Vivehlin "Time Travel: Horwich vs Sider", Kadri Vihvelin's Philosophy Blog, http://www.Vihvelin.com

28. Markosian, N., "Two Arguments from Sider's Four–Dimensionalism", *Philosophy and Phenomenological Research 68(3)*, 2004, p. 671.

29. Sider, T., *Four-Dimensionalism: An Ontology of Persistence and Time*, Oxford University Press, 2001, p. 101.

30. Sider, T., *Four-Dimensionalism: An Ontology of Persistence and Time,* Oxford University Press, 2001, pp. 101-102.

31. Effingham, N., "Temporal Parts and Time Travel", *Erkenntnis 74*, 2011, p. 228-229.

32. Markosian, N., "Two Arguments from Sider's Four–Dimensionalism", *Philosophy and Phenomenological Research 68(3)*, 2004, pp. 671-672.

33. Miller, K., "Traveling in Time: How to Wholly Exist in Two Places at the Same Time", *Canadian Journal of Philosophy 36*, 2006, pp. 314-315.

34. Keller, S. & Nelson, M., "Presentists Should Believe in Time-Travel", *Australasian Journal of Philosophy 79(3)*, 2001, pp. 339-340.

35. Horwich, P., "On Some Alleged Paradoxes of Time Travel", *Journal of Philosophy 72*, 1975, pp. 434-435.

36. Sider, T., *Four-Dimensionalism: An Ontology of Persistence and Time*, Oxford University Press, 2001, p. 106.

37. Carroll, J., "Self Visitation, Traveler Time, and Compatible Properties", *Canadian Journal of Philosophy 41*, 2011, p. 11-12.

38. 임일환, 「서평: 정대현 교수의 필연성의 이해」, 『철학연구』, 1995, pp. 329-336.

39. Einstein, A., *Relativity: the Special and General Theory — The Original Classic Edition*, Emereo Publishing, 2012, pp. 25-26.

40. Penrose R., *The Emperor's New Mind: Concerning Computers, Minds and the Laws of Physics*, Oxford University Press, 1989, pp. 303-304.

41. Putnam, H., "Time and Physical Geometry", *The Journal of Philosophy 64(8)*, 1967, pp. 240-243.

42. Putnam, H., "Time and Physical Geometry", *The Journal of Philosophy 64(8)*, 1967, p. 247.

43. Stein, H., "On Einstein-Minkowski Space-Time", *The Journal of Philosophy 65*, 1968, pp. 12-20.

44. Prior, A. N., "Some Free Thinking About Time", in *Logic and Reality*, Oxford University Press on Demand, 1996, p. 107.

45. Maxwell, N., "Are Probabilism and Special Relativity Incompatible?", *Philosophy of Science*, 1985, pp. 23-28.

46. 정확히 말하자면 스타인은 다중우주(multi-universe)를 말하는 것이 아니라 '가지치는 우주(branching universe)'를 말하고 있다. 가지치는 우주이론에서 과거와 현재는 현실적으로 존재하고 미래는 다수 가능성 상태로만 존재한다. 그러다가 미래가 현재가 되면서 그중에 하나가 현실이 된다는 이론이다. 맥스웰과 스타인의 논의의 맥락에서 보면 가지치는 우주이론은 다중우주이론으로 보아도 무방하다.

47. Maxwell, N., "Are Probabilism and Special Relativity Incompatible?", *Philosophy of Science*, 1985, p. 29.

48. Maxwell, N., "Are Probabilism and Special Relativity Incompatible?", *Philosophy of Science*, 1985, pp. 31-36.

49. Dieks, D., "Special Relativity and the Flow of Time", *Philosophy of Science*, 1988, pp. 458-459.

50. Maxwell N., "Are probabilism and special relativity compatible?", *Philosophy of Science*, 1988, pp. 640-645.

51. Stein H., "On Relativity Theory and Openness of the Future", 1991, p. 151-162.

52. Maxwell N., "On relativity theory and openness of the future", *Philosophy of Science*, 1993, pp. 342-343.

53. Gödel, K., "A Remark about the Relationship between Relativity Theory and Idealistic Philosophy", in *Kurt Gödel: Collected Works Vol. II*, Oxford University Press, 2003, p. 203. 각주5.

54. Putnam, H., "Time and Physical Geometry", *The Journal of Philosophy 64(8)*, 1967, p. 241.

55. Stein, H., "On Einstein-Minkowski Space-Time", *The Journal of Philosophy*, 1968, p. 19.

3장 3차원주의와 4차원주의

1. Van Cleve, J., "Space and Time", in *A Companion to Metaphysics*, John Wiley & Sons, 2009, p. 79. 반 클리브의 분류에다가 내가 약간의 각색과 살을 보탰다. 이러한 분류에 모든 철학자들이 동의하는 것은 아니다. 어떤 철학자들은 영원주의와 함께 이동지속이론을 주장하기도 하고, 어떤 철학자는 현재주의와 함께 시간적 부분이론을 지지하기도 하기 때문이다. 하지만 우리의 논의에서 이 정도로 분류하면 충분하다고 본다.

2. McTaggart, J., "The Unreality of Time", *Mind 17(4)*, 1908, pp. 457-474. 아래 맥타가트 논증은 김한승 교수와 한우진 교수의 논증을 합하고 일부를 수정한 것이다.

3. 임일환, 「시간의 시작」, 『언어, 진리, 문화 1』, 1994, p. 342.

4. Shoemaker, S., "Time Without Change", *The Journal of Philosophy 66(12)*, 1969, pp. 369-371.

5. 김한승, 「맥타가트의 시간 역설에 관한 재고찰」, 『철학』81, 한국철학회, 2004, pp. 101-102.

6. McTaggart, J., "The Unreality of Time", *Mind 17(4)*, 1908, pp. 468-469.

7. Prior, A. N., "Changes in Events and Changes in Things", *The Philosophy of Time*, USA: Oxford University Press, 1993, pp. 36-43.

8. 한우진, 「맥타가트의 시간 역설이 함축하는 문제점」, 『철학탐구』, 2013, pp. 212-217.

9. Sider, T., *Four-Dimensionalism: An Ontology of Persistence and Time*, Oxford University Press, 2001, pp. 12-13.

10. Russell, B., "On the Experience of Time", *Monist 25(2)*, 1915, p. 212.

11. Mellor, D. H., "The Unreality of Tense", *The Philosophy of Time*, in Robin Le Poidevin & Murray MacBeath (eds.), Oxford University Press, 1993, pp. 53-57.

12. Priest, G., "Tense and Truth Conditions", *Analysis 46(4)*, 1968, pp. 164-166.

13. Prior, A. N., "Thank Goodness That's Over", *Philosophy 34(128)*, 1959, p. 106.

14. 선우환, 「시간에 대한 태도와 무시제적 시간 이론: 프라이어의 퍼즐을 중심으로」, 『철학연구』92, 철학연구회, 2011, pp. 62-69. 이하 내용의 전개는 이 페이퍼를 요약한 것이다.

15. 그림은 Savitt, S. F., "Being and Becoming in Modern Physics", *Stanford Encyclopedia of Philosophy*, 2006을 수정한 것이다. 사빗의 이미지에는 스포트라이트 이론은 빠져 있다.

16. Broad, C. D., *Scientific Thought*, New York: Harcourt, Brace, 1923, pp. 67-68.

17. 선우환, 「시간에 대한 태도와 무시제적 시간 이론: 프라이어의 퍼즐을 중심으로」, 『철학연구』92, 철학연구회, 2011, pp. 76-79.

18. Dainton, B., *Time and Space*, McGill-Queen's University Press, 2010, pp. 36-37.

19. https://en.wikipedia.org/wiki/Michele_Besso

20. Gödel, K., "A Remark about the Relationship between Relativity Theory and Idealistic Philosophy", in *Kurt Gödel: Collected Works Vol. II*, Oxford University Press, 2003, p. 202.

21. Smart, J. J. C., *Philosophy And Scientific Realism*, Humanities Press, 1963, p. 132.

22. Davies, P., *About Time: Einstein's Unfinished Revolution*, Penguin UK, 1996, p. 275.

23. Dainton, B., *Time and Space*, McGill-Queen's University Press, 2010, pp. 29-30.

24. Davies, P., *About Time: Einstein's Unfinished Revolution*, Penguin UK, 1996, p. 253.

25. Dainton, B., *Time and Space*, McGill-Queen's University Press, 2010, pp. 31-32.

26. Dainton, B., *Time and Space*, McGill-Queen's University Press, 2010, pp. 89-90.

27. Kurtz, R. M., "Introduction to Persistence: What's the Problem?", in

Haslanger, S. A., & Kurtz, R. M., *Persistence: contemporary readings*, Bradford Books/MIT Press, 2006, pp. 5-12.

28. Oderberg, D., "Persistence", in Kim, J., Sosa, E., & Rosenkrantz, G. S., ed., *A Companion to Metaphysics*, John Wiley & Sons, 2009. pp. 59-60.

29. Hawley, K. J., *How things persist*, Oxford: Clarendon Press; New York: Oxford University Press, 2001, p. 156.

30. Nagel, T., "Brain Bisection and the Unity of Consciousness", *Syntheses 22*, 1971, pp. 397-340. 뇌분리 사고실험은 인간 의식의 본질에 대해 논의하기 위해서 네이글이 제시한 것이다.

31. Oderberg, D., "Persistence", in Kim, J., Sosa, E., & Rosenkrantz, G. S., ed., *A Companion to Metaphysics*, John Wiley & Sons, 2009, pp. 59-60.

32. Oderberg, D., "Persistence", in Kim, J., Sosa, E., & Rosenkrantz, G. S., ed., *A Companion to Metaphysics*, John Wiley & Sons, 2009, p. 60.

33. Oderberg, D., "Persistence", in Kim, J., Sosa, E., & Rosenkrantz, G. S., ed., *A Companion to Metaphysics*, John Wiley & Sons, 2009, pp. 56-59.

34. Sider, T., *Four-Dimensionalism: An Ontology of Persistence and Time*, Oxford University Press, 2001, pp. 6-10.

35. Youtube: PHILOSOPHY, Metaphysics: Ship of Theseus. https://www.youtube.com/watch?v=dYAoiLhOuao.

36. Craig, W. L., *Time and the Metaphysics of Relativity*, Kluwer Academic Publishers, 2001, p. 69.

37. 홍성욱 외, 『뉴턴과 아인슈타인 ― 우리가 몰랐던 천재들의 창조성』, 창작과비평사, 2004, p. 25.

38. 송진웅 옮김, 『물리학의 역사와 철학』, (주)북스힐, 2004, p. 25.

39. van Fraassen, B. C., "The Pragmatics of Explanation", *American Philosophical Quarterly 14(2)*, 1977. reprinted in Boyd, R., Gasper, P., & Trout, J. D., *The Philosophy of Science*, MIT Press, 1991, p. 320.

40. Craig, W. L., *Time and the Metaphysics of Relativity*, Kluwer Academic Publishers, 2001, p. 181.

41. Balashov, Y. & Janssen, M., "Presentism and Relativity", *The British Journal for the Philosophy of Science 54*, 2003, p. 332 재인용.

42. http://cafe.naver.com/twsci/2182 의 그림을 각색한 것이다.

43. Minkowski, H., *Space and Time: Minkowski's Papers on Relativity*, Montreal: Minkowski Institute Press, 2012, pp. 39.

44. Craig, W. L., *Time and the Metaphysics of Relativity*, Kluwer Academic Publishers, 2001, pp. 175-178.

45. Wikipedia, "Hermann Minkowski" https://en.wikipedia.org/wiki/Hermann_Minkowski.

46. 이한구, 송대현, 이창환 옮김, 『파르메니데스의 세계: 소크라테스 이전 철학자들의 계몽에 관한 논문들』, 영림카디널, 2009, p. 303.

47. Craig, W. L., *Time and the Metaphysics of Relativity*, Kluwer Academic Publishers, 2001, pp. 176-183.

48. Craig, W. L., *Time and the Metaphysics of Relativity*, Kluwer Academic Publishers, 2001, pp. 173-174.

4장 잃어버린 시간을 찾아서

1. Van Cleve, J., "Space and Time", in Kim, J., Sosa, E., & Rosenkrantz, G. S., ed., *A Companion to Metaphysics*, John Wiley & Sons, 2009, p. 74.

2. 임일환, 「공간에 대한 형이상학 이론과 칸트의 비합동적 등가물」, 한국철학자 연합학술대회, 1899, pp. 261-263.

3. 김필영, 「특수상대성이론과 칸트의 시간이론」, 2011, 한국외국어대학교 석사학위논문, pp. 11-14.

4. Van Cleve, J., "Space and Time", in Kim, J., Sosa, E., & Rosenkrantz, G. S., ed., *A Companion to Metaphysics*, John Wiley & Sons, 2009, p. 75.

5. Russell, B., *History of Western Philosophy*, Simon & Schuster/Touchstone, 1967, p. 714.

6. Mach, E., *The science of mechanics: a critical and historical account of its development*, Chicago: The Open Court publishing company, 1919, translated by McCormack, T. J., p. 543.

7. Maudlin, T., *Philosophy of Physics*, Princeton University Press, 2012, p. 114.

8. Dewan, E. & Beran, M., "Note on Stress Effects Due to Relativistic

Contraction", *American Journal of Physics 27*, 1959, pp. 517-518.

9. Bell, J. S., *Speakable and Unspeakable in Quantum Mechanics*, Cambridge University Press, 2004, p. 68.

10. Matsuda, T., & Kinoshita, A., "A paradox of Two Space Ships in Special Relativity", *AAPPS Bulletin 14(1)*, 2004, pp. 4-6.

11. Bell, J. S., *Speakable and Unspeakable in Quantum Mechanics*, Cambridge University Press, 2004, p. 77.

12. Brown, H. R. & Pooley, O., "Minkowski Space-time: A Glorious Non-entity", in Dieks, D., *The ontology of spacetime Vol. 1*, Elsevier, 2006, pp. 77-78.

13. Langevin, P., "The Evolution of Space and Time", *Scientia 10*, 1911, translated by Sykes, J. B., pp. 41-42.

14. Twin Paradox Report, Website http://worknotes.com/Physics/SpecialRelativity/TwinParadox/htmlpage2.aspx

15. Feynman, R. P., Leighton, R. B., & Sands, M. L., *The Feynman Lectures on Physics Vol. 1*, Addison Wesley Publishing Company, 1965, chap. 16-2.

16. Maudlin, T., *Philosophy of Physics*, Princeton University Press, 2012, pp. 81-83.

17. Shuler, R. L., Jr., "The Twins Clock Paradox History and Perspectives", *Journal of Modern Physics*, 2014, pp. 1069-1070.

18. 칸트, 백종현 옮김, 『순수이성비판1』, 아카넷, 2006, p.181.

19. Dowe, P., "The Case for Time Travel", *Philosophy 75*, 2000, p. 443.

5장 에필로그

1. Sider, T., *Four-Dimensionalism: An Ontology of Persistence and Time (Mind Association Occasional Series)*, Oxford University Press, 2001, p. 42.

2. 칸트, 백종현 옮김, 『순수이성비판1』, 아카넷, 2006, p. 166.

3. Maxwell, N., "Are Probabilism and Special Relativity Incompatible?", *Philosophy of Science*, 1985, pp. 31-36.

참고문헌

- 김재영, 「벨의 우주선 사고실험과 시공간에 대한 동역학적 관점의 비판」, 『철학사상』49, 서울대학교 철학사상연구소, 2013.
- 김필영, 「특수상대성이론과 칸트의 시간이론」, 2011, 한국외국어대학교 석사학위논문.
- 김한승, 「맥타가트의 시간 역설에 관한 재고찰」, 『철학』81, 한국철학회, 2004.
- 박제철, 「라이프니츠의 관계적 시간론」, 『철학』109, 한국철학회, 2011.
- 선우환, 「시간에 대한 태도와 무시제적 시간 이론: 프라이어의 퍼즐을 중심으로」, 『철학연구』92, 철학연구회, 2011.
- 소광희, 『시간의 철학적 성찰』, 문예출판사, 2011.
- 손병홍, 「개체의 변화와 존속」, 『동서철학연구』29, 한국동서철학회, 2002.
- 손병홍, 「개체의 변화와 시간적 부분」, 『논리연구』5(2), 한국논리학회, 2004.
- 양경은, 「시간과 공간의 본질에 대한 연구」, 연세대학교 석사학위논문, 1999.

    —, "What Is Not the Controversy on the Ontology of Space", 2011.

    —, "Critique against Space-Time Centered View on Einstein's Special Relativity", 2012a.

    —, "Space-Time Centred View vs. Dynamical Perspective on the Newton-Einstein Theory-Change", 2012b.
- 오캄, 이경희 옮김, 『오캄 철학 선집』, 간디서원, 2004.
- 임일환, 「공간에 대한 형이상학 이론과 칸트의 비합동적 등가물」, 한국철학자 연합학술대회, 1989.

    —, 「시간의 시작」, 『언어, 진리, 문화 1』, 1994.

    —, 「서평: 정대현 교수의 필연성의 이해」, 『철학연구』, 1995.

    —, 「형이상학에서 가치론까지 — 김영정 교수를 그리며」, 『철학사상』, 2010.
- 칸트, 백종현 옮김, 『순수이성비판1』, 아카넷, 2006.
- 쿠싱, 송진웅 옮김, 『물리학의 역사와 철학』, (주)북스힐, 2004.
- 틸리, 김기찬 옮김, 『서양철학사』, 현대지성사, 1999.

- 포퍼, 이한구 · 송대현 · 이창환 옮김, 『파르메니데스의 세계: 소크라테스 이전 철학자들의 계몽에 관한 논문들』, 영림카디날, 2009.
- 한우진, 「맥타가트의 시간 역설이 함축하는 문제점」, 『철학탐구』, 2013.
- 한성일, 「과거개체 존재에 대한 허구론적 접근」, 『철학논구』32, 2004.
- 호프스태터, 박여성 옮김, 『괴델 · 에셔 · 바흐 ― 영원한 황금 노끈』, 까치글방, 1999.
- 힐쉬베르거, 강성위 옮김, 『서양철학사 1』, 이문출판사, 2004.
- Aristotle, *Physics, Complete Works of Aristotle, Volume 1, 2*: The Revised Oxford Translation. Princeton University Press, 2014.
- Balashov, Y. & Janssen, M., "Presentism and Relativity", *The British Journal for the Philosophy of Science 54*, 2003.
- Bell, J. S., "Bertlmann's Socks and the Nature of Reality", *Le Journal De Physique Colloques 42(C2)*, 1981.

  ―, *Speakable and Unspeakable in Quantum Mechanics*, Cambridge University Press, 2004.
- Bourne, C., *A Future for Presentism*, Oxford University Press, 2006.
- Boehner, P., *Ockham ― Philosophical Writings: A Selection*, Hackett Pub Co., 1990.
- Broad, C. D., *Scientific Thought*, New York: Harcourt, Brace, 1923.
- Brown, H. R. & Pooley, O., "The Origin of the Spacetime Metric: Bell's "Lorentzian Pedagogy" and its Significance in General Relativity", in Craig, C., & Nick, H., *Physics Meets Philosophy at the Planck Scale, Contemporary Theories in Quantum Gravity*, Cambridge University Press, 2001.

  ―, "Minkowski Space-time: A Glorious Non-entity", in Dieks, D., The ontology of spacetime Vol. 1, Elsevier, 2006.
- Builder, G., "Ether and Relativity", *Australian Journal of Physics 11(3)*, 1958.
- Callender, C., "Shedding Light on Time", *Philosophy of Science 67*, 2000.
- Carroll, J., "Self Visitation, Traveler Time, and Compatible Properties", *Canadian Journal of Philosophy 41*, 2011.
- Conee, E. & Sider, T., *Riddles of Existence: A Guided Tour of Metaphysics*, Oxford University Press, USA, 2007.

- Craig, W. L., *Time and the Metaphysics of Relativity*, Kluwer Academic Publishers, 2001.

- Cushing. T., *Philosophical Concepts in Physics: The Historical Relation Between Philosophy and Scientific Theories*, Cambridge University Press, 1998.

- Dainton, B., *Time and Space*, McGill-Queen's University Press, 2010.

- Daniels, Paul R., "Back to the Present: Defending Presentist Time Travel", *Disputatio 4*, 2012.

- Davies, P., *About Time: Einstein's Unfinished Revolution*, Penguin UK, 1996.

- Dewan, E. & Beran, M., "Note on Stress Effects Due to Relativistic Contraction", *American Journal of Physics 27*, 1959.

- DiSalle, R., "On Dynamics, Indiscernibility and Spacetime Ontology", 1994.
  —, "Spacetime Theory as Physical Geometry", *Erkenntnis 42(3)*, 1995.

- Dieks, D., "Special Relativity and the Flow of Time", *Philosophy of Science*, 1988.

- Dorato, M., "Relativity Theory between Structural and Dynamical Explanations", 2006.

- Dowe, P., "The Case for Time Travel", *Philosophy 75*, 2000.

- Dowden, B. H., *The metaphysics of time: a dialogue*, Lanham: Rowman & Littlefield Publishers, 2009.

- Effingham, N., "Temporal Parts and Time Travel", *Erkenntnis 74*, 2011.

- Einstein, A., "Zur Elektrodynamik bewegter Körper", *Annalen der Physik 17*, 1905.
  — "Prinzipielles zur allgemeinen Relativitätstheorie", *Annalen der Physik 55*, 1918.
  —, "My Theory", *The Times* (28 Nov 1919)
  —, "A Brief Outline of the Development of the Theory of Relativity", *Nature 106*, 1921.
  —, "Autobiographical Notes", In Schilpp PA ed. *Albert Einstein: Philosopher-Scientist*, LaSalle, 1982.
  —, *Relativity: the Special and General Theory — The Original Classic Edition*, Emereo Publishing, 2012.

- Fernflores, F., "Bell's Spaceships Problem and the Foundations of Special Relativity", *International Studies in the Philosophy of Science 25(4)*, 2011.

- Feynman, R. P., Leighton, R. B., & Sands, M. L., *The Feynman Lectures on Physics Vol. 1*, Addison Wesley Publishing Company, 1965.

- Flores, F. J., "Bell's Spaceships: A Useful Relativistic Paradox", *Physics Education 40*, 2005.

- Franklin, J., "Lorentz Contraction, Bell's Spaceships and Rigid Body Motion in Special Relativity", *European Journal of Physics 31(2)*, 2010.

- Gödel, K., "A Remark about the Relationship between Relativity Theory and Idealistic Philosophy", in *Kurt Gödel: Collected Works Vol. II*, Oxford University Press, 2003.

- Godfrey-Smith, W., "Special Relativity and the Present", *Philosophical Studies 36*, 1979.

  —, "Traveling in Time", *Analysis 40*, 1980.

- Grey, W., "Troubles with Time Travel", *Philosophy 74*, 1999.

- Grunbaum, A., "The Pseudo-Problem of Creation in Physical Cosmology", *Philosophy of Science 56*, 1989.

- Hafele, J. C. & Keating, R. E., "Around-the-World Atomic Clocks: Observed Relativistic Time Gains", *Science 177*, 1972.

- Harrison, J., "Report on Analysis "Problem" no. 18", *Analysis 40*, 1980.

- Haslanger, S., "Persistence Through Time", *Oxford Handbook of Metaphysics*, Eds. Loux, M. and Zimmerman, D., Oxford University Press, 2003.

- Haslanger, S. A., & Kurtz, R. M., *Persistence: contemporary readings*, Cambridge, Mass: Bradford Books/MIT Press, 2006.

- Hawking, S. W., "Chronology protection conjecture", Phys Rev D., 1992.

- Hawley, K. J., *How things persist*, Oxford: Clarendon Press; New York: Oxford University Press, 2001.

- Hempel, C. G., *Philosophy of natural science*, Prentice Hall, 1966.

- Hinchliff, M., "The Puzzle of Change", *Philosophical Perspectives 10*, 1996.

  —, "A Defense of Presentism in a Relativistic Setting", *Philosophy of Science 67(3)*, 2000.

- Hirschberger, J., *The History of Philosophy Vol. 1*, Bruce Publish Co., 1981.

- Hoefer, C., "Causal Determinism", *Stanford Encyclopedia of Philosophy*, 2016.

- Hoffmann, B. & Dukas, H., *Albert Einstein: Creator & Rebel*, New American Library, 1972,

- Horwich, P., "On Some Alleged Paradoxes of Time Travel", *Journal of Philosophy 72*, 1975.

  —, *Asymmetries in Time: Problems in the Philosophy of Science*, Cambridge MA: MIT Press. Disputatio 1, 1987.

- Huggett, N., *Everywhere and Everywhen*, Oxford University Press, 2010.

- Janssen, M., "The Einstein-Besso Manuscript: A Glimpse Behind the Curtain of the Wizard", *Program in History of Science and Technology*, 2002.

- Kant, I., *Critique of Pure Reason*, Cambridge University Press, 1998.

- Keller, S. & Nelson, M., "Presentists Should Believe in Time-Travel", *Australasian Journal of Philosophy 79(3)*, 2001.

- Kim, J., Sosa, E., & Rosenkrantz, G. S., *A Companion to Metaphysics*, John Wiley & Sons, 2009.

- Kurtz, R. M., "Introduction to Persistence: What's the Problem?", in *Persistence: contemporary readings*, Bradford Books/MIT Press, 2006.

- Langevin, P., "The Evolution of Space and Time", *Scientia 10*, 1911. translated by Sykes, J. B.

- Leibniz, G. W. & Clarke. S., Ariew, R., ed., *The Liebniz-Clarke Correspondence*, Hackett Publishing Company, 2000.

- Le Poidevin, R. & MacBeath, M., *The Philosophy of Time (Oxford Readings in Philosophy)*, Oxford University Press, USA, 1993.

- Lewis, D., "The Paradoxes of Time Travel", *American Philosophical Quarterly*, 1976

- Lorentz, H. A., "Alte und neue Fragen der Physik", *Physikalische Zeitschrift 11*, 1234ff. Reprinted in H. A. Lorentz, Collected Papers 7, 1910, Edited by P. Zeeman and A. D. Fokker. The Hague: Martinus Nijhoff, 1934.

  —, "Conference on the Michelson-Morley Experiment", *Astrophysical Journal 68*, 1928.

  —, *The Einstein Theory of Relativity*, New York: Brentano's, 1920.

  —, "Electromagnetic Phenomena in a System Moving with any Velocity Smaller than that of Light", *Proceedings of the Royal Academy of Amsterdam 6, 1904*, 809ff. Reprinted in H. A. Lorentz, Collected Papers 5. Edited by P. Zeeman and A. D. Fokker. The Hague: Martinus Nijhoff, 1934.

—, *Problems of Modern Physics*, Edited by H. Bateman. Boston, Ginn, 1927.

—, "The Relative Motion of the Earth and the Ether", *Verslagen Koninklijke Akadamie van Wetenschappen Amsterdam 1*, 1892, 74ff. Reprinted in H. A. Lorentz, Collected Papers 4, The Hague: Martinus Nijhoff, 1935–1939.

—, *The Theory of Electrons, Reprint Edition*, New York: Dover, 1909.

- Loux, M. J., *Metaphysics: A Contemporary Introduction: Third Edition*, New York & London: Routledge, 2006.

- MacBeath, M., "Mellor's Emeritus Headache", *Ratio 25*, 1983.

- Mach, E., *The science of mechanics; a critical and historical account of its development*, Chicago, The Open Court publishing company, 1919, translated by McCormack, T. J.

- Markosian, N., "Two Arguments from Sider's Four-Dimensionalism", *Philosophy and Phenomenological Research 68(3)*, 2004.

—, "Time", *Stanford Encyclopedia of Philosophy*, 2008.

- Matsuda, T., & Kinoshita, A., "A paradox of Two Space Ships in Special Relativity", *AAPPS Bulletin 14(1)*, 2004.

- Maxwell, J. C., *The Scientific Papers of James Clerk Maxwell*, Cambridge University Press, 1890.

- Maxwell, N., "Are Probabilism and Special Relativity Incompatible?", *Philosophy of Science*, 1985.

—, "On relativity Theory and Openness of the Future", *Philosophy of Science*, 1993.

- Maudlin, T., *Philosophy of Physics*, Princeton University Press, 2012.

- McTaggart, J., "The Unreality of Time", *Mind 17(4)*, 1908.

- Mellor, D. H., "The Unreality of Tense", *The Philosophy of Time*, in Robin Le Poidevin & Murray MacBeath (eds.), Oxford University Press, 1993.

—, *Real Time*, London; London: Routledge, 1981.

—, *Real Time II*, London; New York: Routledge, 1998.

- Miller, K., "Time Travel and the Open Future", *Disputatio: International Journal of Philosophy 1(19)*, 2005.

—, "Traveling in Time: How to Wholly Exist in Two Places at the Same Time",
Canadian Journal of Philosophy 36, 2006.

- Minkowski, H., *Space and Time: Minkowski's Papers on Relativity*, Montreal: Minkowski Institute Press, 2012.

- Monton, B., "Presentists Can Believe in Closed Timelike Curves", *Analysis 63*, 2003.

- Nagel, T., "Brain Bisection and the Unity of Consciousness", *Syntheses 22*, 1971.

- Nerlich, G., *What Spacetime Explains: Metaphysical Essays on Space and Time*, Cambridge University Press, 1994.

  —, "Can Parts of Space Move? On Paragraph Six of Newton's Scholium", *Erkenntnis 62(1)*, 2005.

  —, "Bell's 'Lorentzian Pedagogy': A Bad Education", 2010. [Preprint]

- http://philsci-archive.pitt.edu/5454/

  —, "Why Spacetime is not a Hidden Cause: A Realist Story", 2010.

- Newton, I., *Mathematical Principle of Natural Philosophy*, Trans by F. Cajory, University of California Press, 1962.

- Oderberg, D. S., "Temporal Parts and the Possibility of Change", *Philosophy and Phenomenological Research 69(3)*, 2004.

  —, "Persistence", in Kim, J., Sosa, E., & Rosenkrantz, G. S., ed., *A Companion to Metaphysics*, John Wiley & Sons, 2009.

- Penrose R., *The Emperor's New Mind: Concerning Computers, Minds and the Laws of Physics*, Oxford University Press, 1989.

- Peregoudov, D. V., "Comment on 'Note on Dewan-Beran-Bell's Spaceship Problem'", *European Journal of Physics 30(1)*, 2009.

- Perry, J., *Personal Identity*, University of California Press, 2008.

- Petkov, V., "Simultaneity, Conventionality, and Existence", *British Journal for the Philosophy of Science 40*, 1989.

  —, "Accelerating Spaceships Paradox and Physical Meaning of Length Contraction", 2009.

- Pooley, O., "Time and Relativity", (Metaphysics Class Handout), 2003.
- Popper, K., *The World of Parmenides: Essays on the Presocratic Enlightenment*, Psychology Press, 1998.
- Priest, G., "Tense and Truth Conditions", *Analysis 46(4)*, 1968.

  —, *Logic: A Very Short Introduction*, Oxford University Press, 2000.
- Prior, A. N., "Thank Goodness That's Over", *Philosophy 34(128)*, 1959.

  —, "Changes in Events and Changes in Things", *The Philosophy of Time (Oxford Readings in Philosophy)*, USA: Oxford University Press, 1993.

  —, "Some Free Thinking About Time", in *Logic and Reality*, Oxford University Press on Demand, 1996.
- Putnam, H., "Time and Physical Geometry", *The Journal of Philosophy 64(8)*, 1967.
- Radden G., "The Metaphor TIME as SPACE Across Languages", 2004.
- Redžić, D. V., "Note on Dewan-Beran-Bell's Spaceship Problem", *European Journal of Physics 29(3)*, 2008.

  —, "Reply to 'Comment on 'Note on Dewan-Beran-Bell's Spaceship Problem'", *Eur. J. Phys 30*, 2009.
- Rice, H., "Fatalism", *Stanford Encyclopedia of Philosophy*, 2014.
- Rietdijk, C. W., "A Rigorous Proof of Determinism Derived from the Special Theory of Relativity", 1966.

  —, "Special Relativity and Determinism", 1976.
- Russell, B., "On the Experience of Time", *Monist 25(2)*, 1915.

  —, *History of Western Philosophy*, Simon & Schuster/Touchstone, 1967.
- Savitt, S. F., "There's No Time Like the Present (in Minkowski spacetime)", *Philosophy of Science*, 2000.

  —, "Being and Becoming in Modern Physics", *Stanford Encyclopedia of Philosophy*, 2006.
- Saunders, S., "How Relativity Contradicts Presentism", *Royal Institute of Philosophy Supplement,* 2002.
- Seahwa Kim & Takeshi Sakon, "Instantaneous Temporal Parts and Time Travel", 『논리연구』 20(1), 2017.

- Sellars, W., "Time and World Order", *Minnesota Studies in the Philosophy of Science 3*, 1962.

- Shoemaker, S., "Time Without Change", *The Journal of Philosophy 66(12)*, 1969.

- Shuler, R. L., Jr., "The Twins Clock Paradox History and Perspectives", *Journal of Modern Physics*, 2014.

- Sider, T., *Four-Dimensionalism: An Ontology of Persistence and Time (Mind Association Occasional Series)*, Oxford University Press, 2001.

  —, "Time Travel, Coincidences and Counterfactuals", *Philosophical Studies 110*, 2002.

  —, "Traveling in A- and B- time", *Monist 88*, 2005.

- Simon, J., "Is Time Travel a Problem for the Three-Dimensionalist?", *Monist 88*, 2005.

- Slater, M. H., "The Necessity of Time Travel (on pain of indeterminacy)", *Monist 88*, 2005.

- Smart, J. J. C., *Philosophy And Scientific Realism*, Routledge & Kegan Paul Ltd., 1963.

- Smith, N. J. J., "Bananas Enough for Time Travel?", *Philosophy of Science 48*, 1997.

  —, "Time Travel", *Stanford Encyclopedia of Philosophy*, 2013.

- Stein, H., "On Einstein-Minkowski Space-Time", *The Journal of Philosophy 65*, 1968.

  —, "On Relativity Theory and Openness of the Future", *Philosophy of Science 58(2)*, 1991.

- Steinhart, E., *More Precisely*, Broadview Press, 2009.

- Thilly, F., *A History of Philosophy*, Holt Rinehart and Winston, 1914.

- Thomson, J. J., "Parthood and Identity Across Time", *The Journal of Philosophy 80*, 1983.

- Torretti, R., *Relativity and Geometry*, Oxford, New York, Toronto, Sydney, Paris, Frankfurt: Pergamon Press, 1983.

- Van Cleve, J., "Space and Time", in Kim, J., Sosa, E., & Rosenkrantz, G. S., ed., *A Companion to Metaphysics*, John Wiley & Sons, 2009.

—, "Noumenal/Phenomenal", in *A Companion to Epistemology*, John Wiley & Sons. 2009.

- van Fraassen, B. C., "The Pragmatics of Explanation", *American Philosophical Quarterly 14(2)*, 1977. reprinted in Boyd, R., Gasper, P., & Trout, J. D., The Philosophy of Science, MIT Press, 1991.

- Vaidya, Anand, "The Epistemology of Modality", *Stanford Encyclopedia of Philosophy*, 2007.

- Vihvelin, K., "What Time Travelers Cannot Do", *Philosophical Studies 81*, 1996.

- Vranas, P., "What time travelers may be able to do", *Philosophical Studies 150*, 2010.

- Weingard, R., "Relativity and the Reality of Past and Future Events", *British Journal for the Philosophy of Science 23(2)*, 1972.

- Weinstein, G., "A Discussion of Special Relativity", arXiv.org, 1912a.
   —, "Einstein"s Clocks and Langevin's Twins", arXiv.org, 1912b.

Internet Website

- Brigham Young University Website, "Is Time Travel Logical?"
   https://humanities.byu.edu/is-time-travel-logical/

- Craig Website, "Response to McCall and Balashov"
   http://www.reasonablefaith.org

- Carroll Website, "Nowhere Argument", "Self-Visitation Paradox"
   http://www.timetravelphilosophy.net

- Nature Website
   http://www.nature.com/scientificamerican/journal/v21

- The Search for New Physics
   http://www.conspiracyoflight.com/SagnacRel/SagnacandRel.html

- Twin Paradox Report
   http://worknotes.com/Physics/SpecialRelativity/TwinParadox/htmlpage2.aspx

- Verbal Enfilade Website, "The Grandfather Paradox"
   http://verbalenfilade.wordpress.com

- Vihvelin Website, "Time Travel: Horwich vs. Sider"

http://www.Vihvelin.com

- Wikipedia, "Bell's Spaceship Paradox"
  http://en.wikipedia.org/wiki/Bell's_spaceship_paradox

- Wikipedia, "Hermann Minkowski"
  https://en.wikipedia.org/wiki/Hermann_Minkowski

- Wikipedia, "Michele Besso"
  https://en.wikipedia.org/wiki/Michele_Besso

- Wikipedia, "Spacetime"
  https://en.wikipedia.org/wiki/Spacetime